"十四五"普通高等教育精品教材

酒店会计
JIUDIAN KUAIJI

王磊 倪璇/主编

西南财经大学出版社

四川·成都

图书在版编目(CIP)数据

酒店会计/王磊,倪璇主编.—成都:西南财经大学出版社,2021.10
(2023.1 重印)
ISBN 978-7-5504-5067-7

Ⅰ.①酒… Ⅱ.①王…②倪… Ⅲ.①饭店—财务会计 Ⅳ.①F719.2

中国版本图书馆 CIP 数据核字(2021)第 188482 号

酒店会计
王磊 倪璇 主编

策划编辑:李邓超
责任编辑:王青杰
封面设计:墨创文化
责任印制:朱曼丽

出版发行	西南财经大学出版社(四川省成都市光华村街55号)
网　　址	http://cbs.swufe.edu.cn
电子邮件	bookcj@ swufe.edu.cn
邮政编码	610074
电　　话	028-87353785
照　　排	四川胜翔数码印务设计有限公司
印　　刷	郫县犀浦印刷厂
成品尺寸	185mm×260mm
印　　张	13
字　　数	310 千字
版　　次	2021 年 10 月第 1 版
印　　次	2023 年 1 月第 2 次印刷
印　　数	2001—3000 册
书　　号	ISBN 978-7-5504-5067-7
定　　价	39.80 元

1. 版权所有,翻印必究。
2. 如有印刷、装订等差错,可向本社营销部调换。
3. 本书封底无本社数码防伪标识,不得销售。

前言

为了满足应用型本科人才培养的要求，成都银杏酒店管理学院立足自身的办学优势，精心编著了本教材。本书适用于酒店管理、旅游管理、财务管理等经济与管理学专业本科和专科在校生，同时也可作为酒店管理从业人员的职业培训教材及相关考试参考用书。

酒店会计是一门融酒店管理、会计核算、收入审计和经营决策等领域于一体的交叉学科。本书系统介绍了酒店会计工作的原理与实务，在讲解理论知识的同时，从酒店会计一线工作中选取了一系列实例，内容丰富，可操作性强；坚持"国际视野""实事求是"的原则，在教学内容中融入了财政部新颁布的企业会计准则以及美国饭店业会计准则的有关规定，并结合酒店财务部门工作岗位的要求，充分体现了本教材的应用性特色。

本教材在内容编排上以酒店经营管理的流程为对象，依据相关法律法规，对酒店在经营过程中所开展的财务活动进行有效的组织和处理，旨在提升酒店经营管理效益。全书共分为八章，第一章是概论，即酒店会计的基本知识。内容主要包含酒店会计概述、酒店会计核算的特点，还有常用的会计科目和明细等基本内容。第二章和第三章分别是客房的管理和核算与餐饮的管理和核算。客房和餐饮是酒店的主营业务，其管理和核算当然重要了。第四章至第六章主要是对酒店会计岗位实际操作的训练，包括收入审计日常操作、应收账款管理和成本控制。这三个岗位在酒店管理中都属于关键岗位，需要重点掌握岗位职责和岗位要求。第七章是酒店财务分析，主要是基于对酒店管理的实际业务的理解，针对酒店财务报表讲解展开分析的方法。第八章针对酒店会计实务工作中的关键问题进行阐述。

通过本书的学习，学生将认识到会计工作在酒店管理中的重要意义，对酒店管理行业建立起更清晰和深刻的认识；学生将掌握到酒店会计核算、预测、决策、审计及报表分析等相关专业知识，经过循序渐进的练习，将理论联系实际，其工作技能就会得到提高。

  本教材由成都银杏酒店管理学院王磊和倪璇老师主编，他们负责设计全书章节结构、组稿及审稿，并与课程组其他成员，包括杨洋、范玲、齐骥霆、秦芸、唐莉、张彤、徐乐、刘凤佳、张际萍等老师分工合作撰写而成。由于团队水平有限，加之策划不尽周全，故本教材在安排与论述上可能仍有不足，恳切期望读者不吝指正。

编者

2021 年 8 月

目录

第一章 概论 …………………………………………………… 1

  第一节　酒店会计概述 ………………………………………… 3
  第二节　酒店会计核算的特点 ………………………………… 8

第二章 客房的管理和核算 ……………………………… 17

  第一节　宾客入住和离店的管理 ……………………………… 19
  第二节　客房营业收入的核算 ………………………………… 25
  第三节　客房费用的管理和核算 ……………………………… 29
  第四节　客房费用的性态分析 ………………………………… 42
  第五节　客房保本点和保利点的测算 ………………………… 49

第三章 餐饮的管理和核算 ……………………………… 59

  第一节　酒店餐饮的基本常识 ………………………………… 60
  第二节　酒店餐饮营业收入的管理和核算 …………………… 66
  第三节　餐饮原材料的管理和核算 …………………………… 75
  第四节　餐饮成本的管理和核算 ……………………………… 89
  第五节　餐饮制品毛利率和销售价格计算 …………………… 98

第四章　收入审计日常操作 …… 106

第一节　日常审计操作——客房 …… 106
第二节　日常审计操作——餐饮 …… 113
第三节　收入审计风险防控 …… 119

第五章　酒店应收账款管理 …… 126

第一节　酒店应收账款的基本情况 …… 127
第二节　酒店应收账款的成本及管理措施 …… 129
第三节　制定合理的信用政策 …… 131
第四节　酒店应收账款的日常管理 …… 133

第六章　酒店餐饮成本控制 …… 142

第一节　餐饮成本控制概述 …… 146
第二节　收货管理与仓库管理 …… 152
第三节　餐饮成本控制实务 …… 156

第七章　酒店财务分析 …… 165

第一节　酒店财务分析概述 …… 166
第二节　资产负债表分析 …… 171
第三节　利润表分析 …… 176
第四节　现金流量表分析 …… 181
第五节　所有者权益变动表分析 …… 185

第八章　酒店会计实务工作中的几个关键问题 …… 190

第一节　酒店会计工作如何支撑酒店销售业绩的提升 …… 190
第二节　酒店会计工作如何加强供应商关系的管理 …… 192
第三节　酒店会计工作如何促进客户关系的管理 …… 196
第四节　酒店如何加强财务预算管理 …… 199

参考文献 …… 202

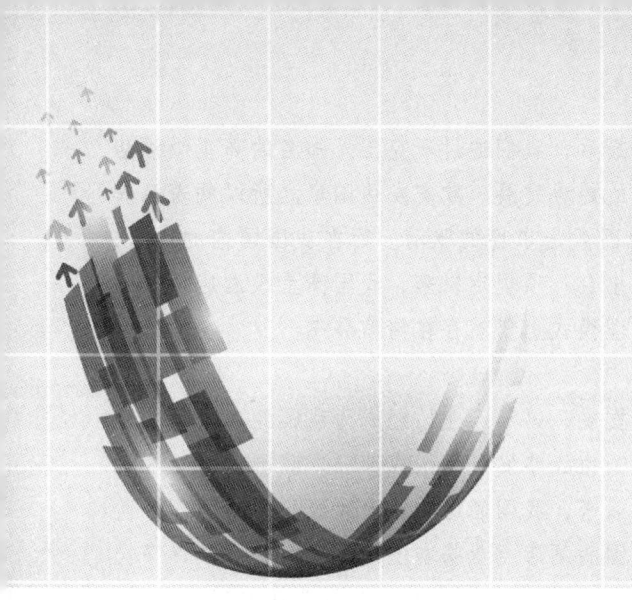

第一章 概论

学习目标
1. 了解酒店会计工作的概念和特点。
2. 掌握酒店管理岗位的组织结构。
3. 掌握酒店财务部的职能与岗位设置。
4. 熟悉酒店营业收入的分类。
5. 熟悉酒店成本与费用核算的特点。
6. 了解酒店应收账款核算的特点。

案例导读

中外星级饭店管理模式的比较

一、酒店行业发展现状

（一）国外酒店行业发展现状

就目前来看，我国的酒店行业并没有形成特有的管理模式，因此国内酒店在管理模式上一直在效仿国外酒店的管理模式。首先，自第二次世界大战结束以来，国外发达国家的酒店行业迎来了发展的良机，伴随着科技的进步以及汽车产业的迅速发展，人们对连锁酒店提出了更高的需求。根据马斯洛需要层次理论我们可以得知，在人们满足了最基本的需要时，人们便会追求更高层次的需要。其次，国外酒店行业的发展离不开旅游行业发展的推动和促进。欧美发达国家是最早实施带薪休假制度的，欧美政府通过政策性条例，促进了当地旅游行业的快速发展，也使欧美等国家成为国际旅游的胜地。以经济迅速发展为前提，欧美国家的国际旅游市场受到广大旅游爱好者的追捧，而欧美发达国家也将知名高星级酒店设置在旅游胜地。最后,我们通过研究国外知名的高星级酒店发现,高星级酒店正在朝着品牌化、集团化的趋势发展。欧美发达国家之所以朝着品牌化、集团化的发展趋势转变,其主要的影响因素是市场的驱动。而在我国国内的酒店,受到我国政策的影响较大,例如自中共中央出台八项规定以来,我国高星级酒店迎来了发展的寒冬,这就说明我国高星级酒店在管理模式上仍然存在诸多弊端。

(二)国内酒店业发展现状

现如今,随着我国经济结构的不断转型发展,第三产业已经成为我国经济发展的最重要支柱产业,酒店业实属服务行业,也是国家战略发展的组成部分。我国酒店行业的发展主要集中于改革开放以后。自改革开放以来,我国酒店行业大致经历了以下四个阶段:第一阶段为起步阶段。在这个阶段,我国的酒店行业基本上处于垄断状态,许多民营企业家已经看到酒店行业在我国发展的重大潜力,都想进入酒店行业获取经济利益。在起步阶段,由于我国酒店行业发展基数较少,经济力量较薄弱,在一定程度上限制了我国酒店行业的发展。第二阶段为波动阶段。在酒店行业的波动阶段,民营企业家已经突破垄断限制,纷纷加入酒店行业的竞争中。在这一阶段,各酒店都面临很大的竞争压力,此时酒店行业已由卖方市场进入买方市场,各大酒店为了获得市场占有率,纷纷采取各种优惠政策来吸引消费者,在这种情况下,难免会出现恶性竞争。第三阶段为起飞阶段。在起飞阶段,酒店行业在整体水平上都得到了发展,这也为我国知名酒店获取资金积累打下了坚实的基础。第四阶段主要是指1997年至今。就目前来看,我国酒店行业的特征是酒店行业不断壮大,但也呈现出区域发展不平衡的状况。

二、国内外具有代表性的星级酒店管理模式

(一)喜达屋酒店集团管理模式

喜达屋酒店集团是全球较大的饭店及娱乐休闲集团之一。喜达屋饭店以豪华著称。喜达屋饭店与其他饭店一样,也注重利润现金流量的最大化。另外,喜达屋饭店,能够给广大消费者带来人性化的服务,满足消费者的个性化需求,因此,受到广大消费者的青睐。

(二)锦江酒店集团管理模式

锦江酒店集团在管理体制上,有以下三个特点:第一,产权责任特点。其酒店属于国家或国有部门所有。第二,政体责任特点。锦江酒店集团拥有酒店企业的法人财产权,能保证投资主体的资产收益。第三,管理体制特点。锦江集团的管理层主要包括董事会、监事会、总经理,管理层能够实现互相监督、互相制约。

三、国内外星级酒店管理模式对比

(一)经营宗旨比较

中国服务业的发展水平与发达国家相比仍然存在差距,这和中国经济体制由计划经济转型而来,同时现代服务业起步晚不无关系。目前,酒店行业的服务水平参差不齐,以顾客为中心的服务理念并没有得以普遍推广。

与中国酒店相比,国外酒店在经营理念和服务宗旨上更为科学。国外酒店,会首先把顾客的要求和感受放在首位,信奉的是"顾客就是上帝"。另外,国外酒店非常注重人性化管理,能够为酒店的服务人员提供优厚的待遇,这也能够增加酒店服务人员的工

作认同感。国外酒店会把自己的盈利放在最后，它们信奉的宗旨是：追求卓越，就能够获取经济利益。

（二）服务质量管理比较

首先，与国外酒店相比，我国酒店员工缺乏职业认同感，这导致酒店服务人员常常在工作中出现散漫无纪律性的情况。其次，国内酒店更加注重标准化服务，导致缺乏个性化发展，难以满足广大消费者的个性化需求。最后，国内酒店经营服务并不注重培养顾客的忠诚度，这也在一定程度上影响了我国酒店获取更高的经济利益。

（三）竞争形式比较

消费者在选择酒店时都会考虑酒店的品牌、服务质量、装饰等综合条件。因此，各大酒店在激烈的市场竞争环境下，也会充分考虑影响消费者消费的因素从而选择去升级和改进服务质量。调查显示，国内酒店的竞争主要在于价格竞争和产品服务质量的竞争。与国内酒店相比，国外酒店竞争更加注重综合性因素。例如，国外酒店会把物资属性、服务人员整体素质、品牌价值等因素作为竞争的着力点。近年来，虽然我国高星级酒店在世界上的影响越来越大，但是在经营理念与服务质量方面与国外高星级酒店仍然存在差距。经营理念上的差距主要表现在：相较于服务质量、优化内部结构等，我国的高星级酒店更加注重酒店的豪华程度。在这种经营理念的影响下，我国高星级酒店与国外高星级酒店相比出现了生产经营成本较高的弊端[1]。

通过该案例的阅读，我们可以了解国内外酒店行业的发展现状，进一步从经营、服务和竞争等方面对比国内外几家典型的企业。通过对比，我们可以帮助读者了解酒店行业经营管理的一般规律。

思考并回答：

1. 比较国内外酒店行业发展阶段有哪些异同。
2. 你认为国外高星级酒店经营管理模式中的哪些特点值得国内酒店企业借鉴？试说明原因。

第一节　酒店会计概述

一、酒店行业的基本特征

酒店行业是一个古老的行业，已有数千年的历史。现代的酒店行业，其业务范围较为广泛：既有传统性的住宿和饮食业务，又有扩展性的商品零售、交通票务服务；有些较大型的酒店还兼娱乐和旅游等业务。酒店在其经营业务上与工业、商业及其他行业有所不同，有其自身的特征，主要表现在以下四个方面：

（1）提供多种服务，经营多种项目。酒店的基本营业项目是为顾客提供食宿，这就涉及提供客房的服务、提供各类饮食的服务，以及为方便顾客提供小商品的零售服务。比较大型的酒店，还开设有夜总会、歌舞厅等娱乐、美容美发、桑拿健身等服务，

---

[1] 朴艳美. 中外星级饭店管理模式的比较[J]. 度假旅游，2018（2）：25-28.

有的还兼营旅游业务。可见，现代的酒店业务，经营项目繁多，涉及面广泛。

（2）既有商品的销售，也有劳务的服务。酒店一方面为消费者提供餐饮性商品、日用小商品，具有商业的某些特点；另一方面又为消费者提供劳务服务，即为消费者提供舒适的休息场所、娱乐、美容美发以及旅游等服务，具有提供劳务服务的特点。

（3）以人力操作、服务为主。酒店中的住宿业，基本上是人力操作；酒店中的餐饮业，基本以手工操作为主，技术工艺性强；酒店中的商品零售、娱乐及旅游业，也主要是人力的服务。

（4）经营过程与消费过程相统一。酒店业务的经营过程，就是顾客的消费过程。没有顾客的消费，酒店的业务开展就无从谈起。这一特征，说明酒店业务经营的物质设备、设施条件、饮食产品、工艺流程、质量和服务规范以及服务人员的素质极为重要。

二、酒店会计的基本含义

酒店会计是指酒店企业的一种经营管理活动。具体地讲，会计是适应社会生产的发展和管理要求而产生的，它是以货币为主要形式对经济活动进行反映和监督，通过收集、处理、传递和利用会计资料，对经济活动进行控制、调节和决策，提高经济效益的一种经济管理活动，是企业经济管理工作的重要组成部分。而酒店会计，就是会计工作的技术与方法在酒店行业中的应用，其主要工作是负责酒店企业各项业务的日常经营核算记录和监督的活动。

酒店会计的主要特点有如下五个方面：

（1）酒店企业均有系统配套的经营业务展开的特点。为了弄清各项业务的经营成果就要求分别核算和监督各项营业业务的收入、成本和费用。

（2）酒店企业除了以服务为中心外，还有商品的加工和销售。这样，酒店企业就具有生产、销售和服务三种职能。因此，在进行会计核算时，就需要根据经营业务的特点，采用不同的核算方法。如餐饮业务，根据消费者的需要，加工烹制菜肴和食品，这具有工业企业的性质；然后将菜肴和食品供应给消费者，这具有商品流通企业的性质；同时，为消费者提供消费设施、场所和服务，这又具有服务的性质。但这种生产、销售和服务是在很短的时间内完成的，并且菜肴和食品的花色品种多、数量零星。因此不可能像工业企业那样区分产品，分别计算其总成本和单位成本，而只计算菜肴和食品的总成本。售货业务则采用商品流通企业的核算方法。而纯服务性质的经营业务，如客房、娱乐、美容美发的业务，只发生服务费用，不发生服务成本，因此采用服务企业的核算方法。

（3）凡是上规模的酒店企业，既经营自制商品，又经营外购商品。为了分别考核自制商品与外购商品的经营成果，加强对自制商品的管理和核算，需要对自制商品和外购商品分别进行核算。

（4）酒店收入的结算以货币资金为主要的结算方式。在会计职能上，既有核算上的职能，更要加强货币资金各种结算方式的管理职能。现金结算是酒店企业最古老的一种结算方式，随着现代科技的不断更新与进步，银行卡、信用卡、餐卡等各种先进的结算方式纷纷登场，给酒店业会计的结算方式带来了前所未有的生机和活力。因此，现金结算有多种多样的方式，有的也存在潜在的风险。酒店企业的财务会计部门应采取相应的核算管理方法和制度。

（5）随着我国改革开放政策的实施，有相当多的酒店企业有外汇货币收入。在企业会计核算时，应按照国家外汇管理条例和外汇兑换的管理办法，办理外汇存入、转出和结算的业务，核算汇兑损益。

三、酒店会计的重要性

在旅游业的发展中，酒店行业的发展对其贡献巨大，而随着社会的发展、人口状况以及人们消费观念和生活习惯的变化，酒店行业的经营状况也发生了很大的改变。如今，随着中国经济的发展以及中国在国际社会上的地位日益提高，中国的旅游业发展迅猛，而酒店行业占据旅游业"吃、住、行、游、购、娱"六大要素中的关键位置，对旅游业所做的贡献举足轻重。

消费升级促进了旅游酒店行业需求的大幅增加。国家战略规划将旅游业定义为核心增长引擎之一，各地方政府也大力发展旅游业，鼓励向旅游房地产和旅游产业直接投资，同时扶持酒店企业，关注的重点是差异化、国际化、高端品牌和重大影响。虽然近期受到疫情影响而有短期下滑，但是随着经济回暖，不会改变旅游酒店行业长期增长的趋势。

然而，和酒店行业蓬勃发展不相称的是，国内酒店管理的人才仍然匮乏。酒店行业的迅速发展必然导致酒店之间激烈的人才竞争。大部分酒店都面临着"人员充足，人才缺乏"的困境，尤其是精通酒店管理业务的财务专业人才更是稀缺。酒店会计不同于工业企业的会计，酒店行业属于服务业，业务流程和工业企业有很大不同。酒店会计是基于服务业的业务流程，通过工业企业和服务行业的比较，可以更加深入地把握会计工作的业务流程。

四、酒店会计的工作内容

（一）酒店组织机构的设置

酒店会计工作需要与本单位内部各个部门协作，因此会计人员首先需要了解本单位组织机构的设置情况，还有各个部门开展业务的分工模式和协作流程以及酒店财务部门内容的岗位设置与分工。

酒店分为两大部门，第一类是业务部门，也可以叫作营业部门；第二类是行政管理部门。这两类部门的最大区别就在于，前者的工作会直接产生收入，而后者却没有收入。换句话说，业务部门是直接向客户提供服务的部门，而行政管理部门不直接与客户打交道。业务部门又主要分为三个部门，即前厅部、客房部和餐饮部。而行政管理部门主要有总经理办公室、人力资源部、财务部、工程部、保安部和市场销售部。

那么，酒店有哪些设施呢？酒店一般有大堂（前台、商场）、餐厅（中餐、西餐、自助）、客房（一般、行政）、咖啡厅、会议室、康体娱乐（spa、健身、棋牌）以及洗衣坊等。酒店设施的案例如图1.1所示。

图 1.1 酒店的基本设施

(二) 酒店管理岗位分类

如图 1.2 所示,这是酒店管理岗位的组织机构图,通过这个图可以看到酒店中每个部门的岗位设置。

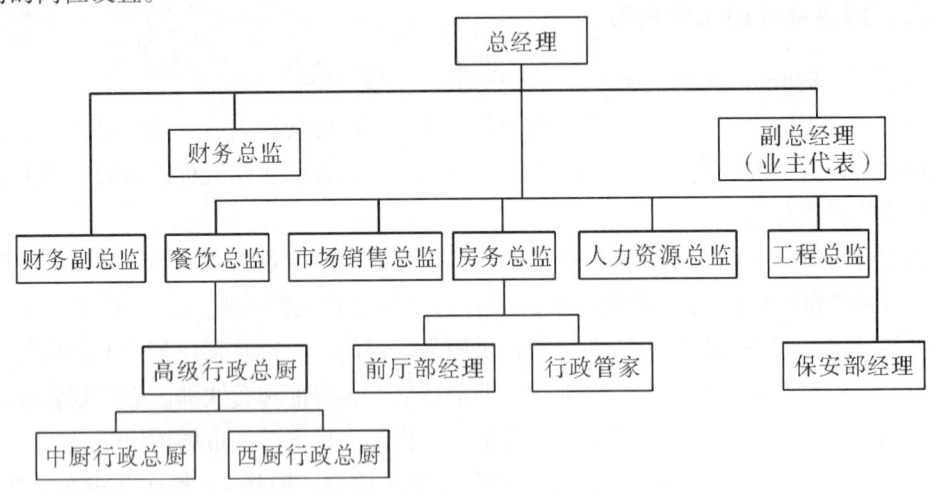

图 1.2 酒店管理岗位的组织机构图

行政管理的首席长官是总经理,接下来就是财务总监,另一个岗位就是由业主代表出任的副总经理,那么,什么是业主代表呢?现代酒店行业通常是所有权和经营权相分离的,也就是说,投资方出资聘请专业的酒店经营管理公司承担管理工作,而投资方不直接参与经营管理。例如，希尔顿、丽思卡尔顿、洲际等品牌就是专业的酒店管理公司，而酒店投资方的主营业务可能并不是酒店行业，比如一家地产商投资修建酒店后，聘请专业公司来经营，像成都的富力—丽思卡尔顿酒店就是由富力集团投资，丽思卡尔顿公司来经营的酒店。投资方虽然不参与管理，但是也需要对酒店经营给予指导和监督，因此，通常会选派一名代表进入酒店担任高层管理工作，这个岗位就是业主代表。

在财务总监和和副总经理这一层之下的就是财务副总监，还有餐饮总监等各个部门的负责人。可以看出，财务总监在酒店管理中的地位是很高的，与副总经理同级，这是因为在酒店管理中，各项业务都需要财务总监的审核或批准，其责任和权力都非常大。

保安部很特殊，该部门没有设立总监，所以保安部经理就是部门负责人。在总监层级之下的就是经理层，有高级行政总厨、前厅部经理和行政管家等。

(三) 酒店财务部的职能和岗位设置

首先是职能，财务部在酒店的经营中起着财务和计划管理、会计核算管理、资金管理、固定资产管理、物料用品管理、费用管理、成本控制管理、利润管理和商品、原料和物料的采购管理、仓库物资管理的重要作用。财务部门进行上述有效管理，能使酒店的经营活动获得更大的经济效益，从而促进企业不断向前发展。

其次，酒店财务部通常设立三个"三级部门"，即会计部、成本部和采购部。这不同于工业企业的核算，酒店管理中采购部的管理通常归属于财务部。

最后是酒店财务部的组织机构的岗位构成情况，如图1.3所示。最高负责人是财务总监，下一级是财务副总监，而财务秘书是为财务副总监做文秘工作的角色。再往下一级是财务副总监所管理的总账、采购经理和成本控制经理。总账，也就是财务经理，主要管理收入审计、应收主管和应付主管，有的酒店还有中餐厅收银员。采购经理和成本控制经理之下分别管理着相应工作的主管人员，再往下就是从事具体工作的人员。需要注意的是，酒店的采购人员一般都是文职工作，并不直接参与采购，只是在市场上询价、与供货商进行对账，做好账目管理。以后章节还会详细讲解成本控制的主要项目。

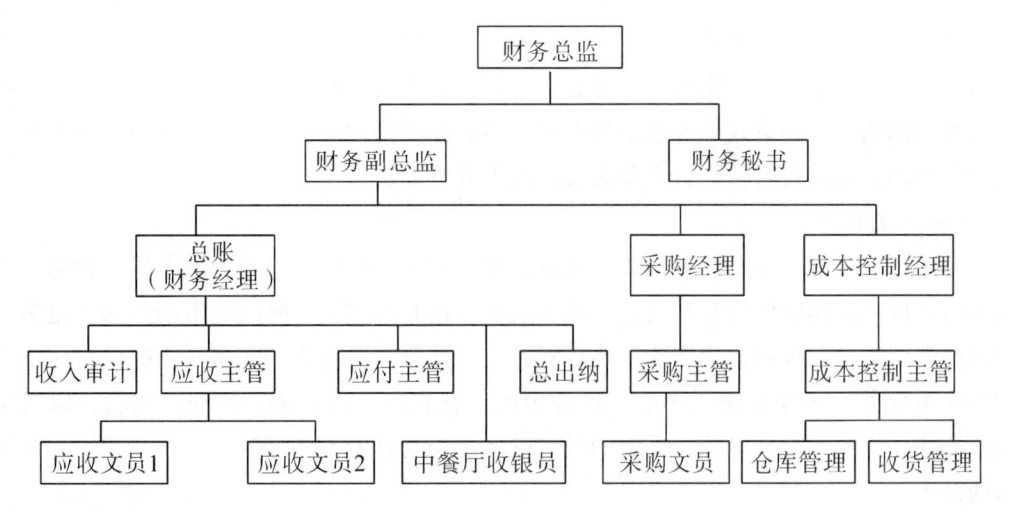

图1.3 酒店财务部岗位设置

综上所述，我们分四个部分对酒店会计工作做了概述：一是先介绍了酒店的主要部门，主要分为两类业务部门和行政管理部门，又介绍了酒店的主要设施；二是介绍了酒店管理岗位的组织机构，需要重点了解财务总监在酒店管理中的地位和职能；三是介绍了酒店财务部的工作职能；四是通过梳理酒店财务部的组织结构图，了解了财务部的工作运行流程以及主要岗位的职能划分，可以看出财务部在各个岗位中的重要性。

第二节 酒店会计核算的特点

一、企业会计与酒店会计

在企业，会计工作主要反映企业的财务状况、经营成果和现金流量，并对企业经营活动和财务收支进行监督。会计是随着人类社会生产的发展和经济管理的需要而产生、发展并不断完善起来的。酒店会计是以货币为主要计量单位，运用自身特有的一套专门方法对酒店的资金运动及其结果进行监督管理，以证明已经发生的经济业务的原始凭证为依据，通过记账、算账、报账和用账等专门的会计技术方法，全面、真实、连续地反映和监督酒店企业经济活动情况及经营成果的一种科学方法。酒店会计是企业会计的一个分支，借助会计特有的方法，对酒店的经营活动过程及其结果进行核算和监督。本书认为酒店会计是酒店所有者和经营者对酒店进行管理和控制的一种工具。

会计制度是指政府管理部门对处理会计事务所制定的准则、规章、办法等规范性文件的总称，包括对会计工作、会计核算、会计监督、会计人员、会计档案等方面所做出的规范性文件。酒店会计制度是以《企业会计准则》为基础，用以规范旅游、饮食服务企业制及传递程序、会计科目的设置和使用说明、会计账簿的格式和组织、记账方法和记账程序、成本核算方法、财产清查办法、会计分析内容、会计档案等管理的制度。

二、酒店业经营的特殊性

酒店行业是一个古老的行业，已有数千年的历史。现代酒店行业，其业务范围已较为广泛：既有传统性的住宿和饮食业务，也有扩展性的商品零售、交通票务服务，有些较为大型的酒店，还兼娱乐和旅游等业务。酒店在其经营业务上与工业、商业及其他行业有所不同，有其自身特征，主要表现在以下五方面：

（一）酒店功能的综合性

酒店是一种具有综合服务功能的企业，酒店的基本营业项目是为顾客提供食宿，但是酒店不仅要满足宾客住宿和饮食的基本需要，还必须在同一时间的不同空间满足客人的多种消费需求。因此，酒店除了要有舒适安全并具有吸引力的客房、能提供美味佳肴的各式餐厅外，还要有康乐中心、商务中心、礼宾部、商品部、邮局、银行，以及会议、洽谈、展览等配套设施。今天的酒店已经成为宾客的商务活动中心、社交中心和康乐活动中心。

（二）酒店服务的劳动密集性

酒店的各种设施、设备等硬件日趋现代化，但酒店的生产主要还是靠手工操作，酒店中的相当一部分人员必须面对面地为客人提供服务。现代化设施、设备不能代替人工服务，酒店的劳动现代化程度要比工业企业低得多。所以，酒店业人力资源开发和管理是一项需要耗费大量成本，关系到企业生存的重要工作。

（三）经营过程与消费过程的不可分割性

酒店业务的经营过程，同时也是顾客的消费过程。对于一般实物产品，消费者更多关心的是产品的质量和使用价值，至于产品的生产过程及生产者的状态通常与消费者无关。而在酒店行业，产品生产过程大多和顾客直接相关。一方面，酒店服务员在提供服务的同时，客人就在进行消费。酒店产品无法在销售前进行质量检查，酒店员工的素质、提供服务时的个人状态包括举止、言行都将影响到所提供产品的质量。另一方面，由于酒店员工提供与顾客面对面的直接服务，酒店企业有比其他工业企业更多的当场推销的机会，服务员与顾客当面交流沟通，有助于酒店产品的销售。酒店产品的这一特点，要求酒店应强调服务操作的规范与标准，要求酒店员工不仅具备良好的服务生成技能，还要懂得服务心理学，了解不同客人的需求规律和心理特点。酒店员工应既是合格的服务员，又是称职的推销员。

（四）酒店经营的高成本性

酒店是一种占有大量资金、经营费用较高的企业。建设一家标准的酒店，动辄要几千万元甚至上亿元的资金，而为了维持酒店正常运转，经营费用也相当高。所以，投资酒店的决策要谨慎，经营酒店的思路要清晰，管理酒店的人员要专业。这些基本要素的不完善则会给酒店的生存和发展带来极大困难，最终使酒店不堪重负，陷入经营困难、周转不灵、资不抵债的困境。

（五）酒店服务的差异性

由于软硬件条件的差异以及管理人员价值观、质量观的差异，不同酒店所提供的服务之间存在质量差异，这是毋庸置疑的。这里所说的差异性是指同一家酒店所提供的同一服务产品也不可避免地存在质量和水平的差异。这是因为酒店服务以手工劳动为主，使得同一员工在不同时间、不同场合或对不同对象所提供的同一种服务的水平也不尽相同。酒店服务产品的非物质化、非数量化特性以及宾客对服务生产过程、销售过程的直接参与也是酒店服务产生差异性的重要原因。

三、酒店业会计体系的特殊性

酒店经营的特殊性导致了酒店业会计体系不可能同于一般工业企业，必然有其特殊性：

（一）多行业会计核算方法的相互渗透性

酒店企业为顾客提供综合性服务，既有客房出租、饮食服务、商品零售，又有会议、谈判、宴会、洗衣、汽车出租、电话通信、理发美容、健美娱乐等多种服务项目，具有零售业和租赁业的特点。不同服务内容和方式，管理的要求和方法就有所不同。因此，酒店业会计必然是成本会计、租赁会计、饮食服务会计、零售会计等多种会计核算形式的综合，它们相互渗透、相互补充，构成复杂的会计核算体系。

（二）会计核算工作的复杂性和高难度性

酒店作为一个满足游客吃、住、行、游、购、娱等多方面需求的综合性企业，首先，需要大量的、各式各样的服务设施和原材料，大到一座多功能大厦，小至各种布草、餐具，无疑工作量很大，而且酒店存货品种多、数量多少不均，进出频繁，其管理控制和核算均有一定难度。其次，由于加工场所和营业场所比较多，且经营管理各有特色，所以收入和费用核算也较为烦琐。顾客消费有时为欠账消费，应收账款比例较大，发生坏账损失的可能性也较大。费用方面则有餐饮食品加工过程中发生的餐饮成本、商场的商品进价成本、客房的营业成本，费用项目多而不同，核算方法也有差异。虽然会计核算工作量大，但是因为酒店企业的服务对象是广大团体和零散客人，是面对面的服务，因此又要求走账迅速准确，手续应力求简便、尽量节省顾客时间、提高服务质量，保证企业收益及时走账。

（三）现金流量结算及会计核算流程的综合性

酒店经营的特点决定了酒店收入结算是以货币资金为主的。并且由于酒店企业营业部门多，对应的收款点多，进货品种多且渠道不一，所以更要加强货币资金各种结算方式的管理职能。首先，要建立严密的现金管理制度和内部牵制控制制度，出纳不能兼任稽核、会计档案保管和收入、支出、费用、债务债权账目的登记工作，明确分工，钱财分离，保证现金安全，防止现金被盗、挪用、短缺和其他舞弊行为的发生。其次，由于酒店收付主要以现金方式进行，决定了酒店财务各个环节必须使用较多的财务单据和表格，如客房有每日营业状况表、每日营业收入缴款表、楼层房间动态表以及现金单、酒水单、电话单等；餐厅有收银报告表、营业收入缴款表以及点菜单、取菜单、点心卡和堂沽单等。报表的传递要及时，保证传给准确的人员。最后，随着现代科技的不断更新与进步，银行卡、信用卡、餐卡等先进结算方式纷纷登场，给酒店业会计的结算方式带来了前所未有的生机和活力。因此，结算有多种多样的方式，有的也存在潜在风险。酒店企业财务会计部门应采取相应的核算管理方法和制度。

（四）重视财务物资的管理与核算

酒店企业的房屋、建筑物、机器设备等物质设施是其存在和发展的物质基础。酒店提供住宿、餐饮、娱乐等服务场所，固定资产在其全部资产中占有较大比重，另外各种日常用品、饮食材料以及制品又都容易损坏和丢失，因此，在会计核算上，应安排专门人员负责资产管理，设置完整、详细的资产账，建立健全财产物资的定期盘存制度。选择科学适宜的财产折旧、费用分摊方法，以便加强企业财产物资的核算与管理，保护企业财产的安全，提高企业机器设备的利用率。

四、酒店会计核算的工作内容

酒店的经营方式比较特殊，所以酒店会计核算与其他行业相比有很多不同之处。接下来，从收入、成本、费用以及应收账款四个方面来讲解酒店会计核算的特点。通过比较工业企业的会计核算，进一步深入理解酒店会计核算的独特之处。

（一）酒店营业收入的核算

首先，酒店营业收入的类型。根据酒店所提供的服务类型，其收入主要分为三大类：一是客房收入，二是餐饮收入。除了这两大收入类型之外，还有租车、电话、健身等服务的收入，统称为其他服务收入。也就是说，酒店营业收入主要有三部分：客房收入、餐饮收入和其他服务收入。

那么，酒店还可能产生哪些营业外收入呢？

某些酒店经营场所很宽松，于是将暂时闲置的经营场所对外出租，以达到增加收益的目的。收取的房租确认为营业外收入，包括酒店大厅售卖的土特产品、手工艺品，还有理发、美容室、航空公司柜台等营业场所。

酒店销售收入最重要的两大来源是客房部和餐饮部，接下来，分别从这两个部门经营的产品类型来了解收入核算的特点。

酒店营业收入最重要的一部分来自客房部出租房间以及设施。那么客房部为客人提供的产品主要有如下几种：

一是客房出租，具体包括不同房型房间的租金；有客人需要加床的话，还可以收取加床费；如果客人损坏房间里的物品还要收取相应的赔偿金，这些都属于客房出租的收入。如图1.4所示，这是一家五星级酒店标准间和大床房的室内布局。

图1.4　五星级酒店标准间和大床房的室内布局

二是客房迷你吧。迷你吧是在客房设置的，为客人提供酒类和冰箱储存食物的服务。如图1.5所示，这是一家客房内的迷你吧。客人在房间迷你吧的消费也计入销售收入。

图1.5　客房的迷你吧

三是客房部每天都会发给入住客人的免费早餐券，一人一券。免费早餐券的实质是房价折让。餐厅也会回收早餐券，在账务处理上，对收回来的早餐券的金额应该冲减客房的营业收入。这样处理，既没有重复计算营业收入，又能够合理避税。

四是还有酒店客房为客人提供的其他服务，例如客人拨打电话、高速上网，还有洗衣、租车等服务。

在账务处理上，我们需要根据各项产品收入的性质进行入账，不能笼统地全部列作客房营业收入。其中，客房出租收入确认为客房收入，迷你吧消费和免费早餐券确认为餐饮收入，电话、网络、劳动性服务确认为其他收入。除了客房部收入以外，还有餐饮部的销售收入,主要收入来自中餐厅、西餐厅、宴会厅等渠道,还有开瓶费、香烟、送餐服务、服务费等其他收入。

(二)酒店成本的核算

工业企业的成本要素包括直接材料、直接人工和制造费用,而成本核算较为复杂。酒店经营方式比较特殊,其会计核算与工业企业相比有很多不同之处。酒店客房是向顾客出租房间及设施,并伴以劳动性服务而取得收入,没有成本,只有费用。因此,酒店的营业成本主要是指餐饮成本。

餐饮成本核算的对象为各餐厅营业点的营业成本,如中餐厅、西餐厅、宴会厅、各吧台等。成本核算分为饮食制品成本核算和吧台酒水、香烟、食品零售成本核算两种类型。其中,吧台酒水、香烟、食品的成本核算和零售商业相似。如果采用售价核算,月末按售价结转销售成本的同时调整进销差价。

接下来,我们重点介绍一下饮食制品成本核算。饮食制品成本核算与工业企业不太相同。酒店饮食制品成本要素为构成饮食制品实体的原材料、辅料、调料等购进价值。酒店饮食制品成本计算通常使用倒轧法,一般是月末对厨房未用完的原材料、辅料、调料进行实地盘点,然后倒轧,即本期成本支出=期初结存数+本期增加数-期末结存数,就可以计算出当月的营业成本。注意,餐饮制品的单项成本,是计算合理销售价格的依据。

(三)酒店费用的核算

酒店的费用有销售费用、管理费用和财务费用三种。销售费用要按经营部门设立的明细分类账核算。管理费用是指组织和管理经营活动而发生的费用。月末按一定的分配率,分配到各经营部门,以便计算各自的盈亏。财务费用的核算与其他企业相同。这里主要介绍销售费用和管理费用的核算。

1. 销售费用

销售费用是指酒店各个营业部门在其经营过程中发生的各项费用开支,主要指客房销售费用和餐饮销售费用。注意,费用开支的主体是营业部门而不是其他行政管理部门。费用项目包括运输费、保险费、燃料费、水电费、广告宣传费、差旅费等。

本章重点介绍三项重要的销售费用项目,即酒店装修费用、酒店布草和餐厅、餐具。

酒店装修费用不但数额巨大,而且翻新间隔期较短,一般在3年左右便要大范围重新装修。装修费用可分月预提,如果没有预提,大额装修费发生时,可列入"长期待摊费用"账户分期摊销。

酒店布草属于酒店专业用语,泛指现代酒店里差不多一切跟"布"有关的东西,包含酒店客房的床上用品,比如床单、被套;还有酒店卫浴产品,比如浴巾、浴袍;还有酒店餐厅用纺织品,比如口布、椅套等。酒店布草的核算方法与装修费用相同,列入"长期待摊费用"账户分期摊销。

另外,由于餐厅的餐具用量多,损耗大。批量购进时,列入"待摊费用"账户,1年内摊销。

【例1.1】银杏标准酒店购入一批用于客房使用的布草,共计360 000元,列入"长期待摊费用"账户核算，按3年分月摊销。

首先，购入时，会计分录为：

借：长期待摊费用　　　　　　　　　　　　　　　　　　360 000
　　贷：银行存款　　　　　　　　　　　　　　　　　　　　360 000

其次，按月摊销，3年共计36个月，因此每个月摊销36万元的1/36，即1万元。会计分录为：

借：销售费用——客房——物料消耗　　　　　　　　　　10 000
　　贷：长期待摊费用　　　　　　　　　　　　　　　　　　10 000

2. 管理费用

管理费用是指酒店为组织和管理经营活动而发生的费用，以及不便于分摊，应由酒店统一认定负担的费用。其包括行政管理部门发生的所有费用。注意，费用发生的目的是为组织和管理经营活动而发生的，而且还包括由酒店统一负担，月末分配到各个部门的费用。酒店管理费用具体包括如下6项：

（1）公司的经费，包括行政管理部门的工资、福利、办公、会议费等及其他行政经费。

（2）招待应酬费，包括在业务交往过程中开支的各项业务招待费。

（3）燃料费、水电费，包括管理部门耗用的各种燃料费用和水电费。

（4）开办费摊销，包括酒店在筹建期间发生的费用，按规定摊销期摊销。

（5）存货盘亏和毁损，包括存货在盘亏和毁损中的净利损失部分，不包括非损失部分。

（6）其他一切为组织和管理酒店经营业务活动而发生的费用。

【例1.2】银杏标准酒店12月预订下年度的报纸杂志费12 000元，以银行存款支付。

付款时，会计分录为：

借：待摊费用　　　　　　　　　　　　　　　　　　　　12 000
　　贷：银行存款　　　　　　　　　　　　　　　　　　　　12 000

付款之后，次年每月摊销1 000元，会计分类为：

借：管理费用——办公费　　　　　　　　　　　　　　　1 000
　　贷：待摊费用　　　　　　　　　　　　　　　　　　　　1 000

重点提醒：酒店销售费用和管理费用是有区别的。凡是营业部门发生的费用，全部列入酒店的销售费用。凡是行政管理部门发生的费用以及不便于分摊部门的费用，全部列入酒店的管理费用。注意区别两种费用所发生的主体，一个是营业部门，另一个是行政管理部门。

【例1.3】银杏标准酒店发生客房电视机修理费200元，总经理办公室电脑修理费300元，以现金支付。客房发生的修理费确认为销售费用，总经理办公室的修理费确认为管理费用。因此，会计分录为：

借：销售费用——客房——修理费　　　　　　　　　　　200
　　　管理费用——修理费　　　　　　　　　　　　　　　　300

贷：库存现金

（四）酒店应收账款的核算

酒店应收账款产生的原因是什么呢？这源于商业信用的出现，酒店为了扩大销售，赢得更多的客户，而提供"赊销"服务，来获得更多的客户资源。"赊销"在结算方式上表现为"挂账"，英文就是 Ledger。任何工商企业的"应收账款"账户都是用来核算挂账经济业务的，这个账户不反映已实现的全部销售收入。

凡客房采用应收应付制核算的酒店，宾客入住时，无论先付款后住店还是先住店后付款，每天发生的各项收入均通过"应收账款"账户核算。客房的"应收账款"下设"应收"和"预收"两个二级账户，分别记录应收和已收金额。"应收"账户的累计发生额反映已实现的全部收入；"预收"账户的累计发生额反映已收到的货币资金。这两个二级账户在年度内一直分别累计，年终相互冲转，冲转后的借方或贷方余额保留在"应收"和"预收"二级账户，并结转至下一年。酒店的客房收入一般占总收入的60%以上，此项巨额结算资金，可以根据"应收"和"预收"账户的动态进行考察和监控。

注意：酒店应收账款的确认同确认主营业务收入的时间一致；同时按交易实际发生金额计量。

本节首先讲解了酒店收入的定义与类型，介绍了酒店收入分类核算的基本方法；其次介绍了酒店成本核算的特点，而酒店餐饮成本是最重要的营业成本，常用的成本计算方法是倒轧法；再次就是酒店费用核算的特点，主要介绍了销售费用和管理费用的核算方法；最后介绍了酒店"挂账"的经济业务，了解了酒店应收账款的基本核算方法。

本章小结

本章主要讲述了酒店会计工作的基础知识，包括酒店的部门和设施、酒店组织管理机构、酒店财务部的职能、酒店财务部的组织机构设置，再到酒店营业收入核算的特点、成本核算的特点、费用核算的特点、应收账款核算的特点。通过本章的学习，学生可建立起对酒店行业以及酒店会计工作的基本认知，为下一章的深入学习奠定基础。

知识测试

一、单选题

1. 下列费用哪一项不是酒店所核算的费用？（　　）
   A. 销售费用　　　　　　　　　B. 财务费用
   C. 管理费用　　　　　　　　　D. 制造费用

2. 现代酒店行业通常是所有权和经营权相分离的，酒店投资方不直接参与经营管理，但是也需要对酒店经营给予指导和监督，因此，通常会选派一名代表进入酒店担任高层管理工作，其通常担任的职务是（　　）。
   A. 副总经理　　　　　　　　　B. 总经理

C. 财务总监　　　　　　　　D. 市场总监

二、多选题

1. 酒店的产品主要有哪些特点？（　　）
   A. 不可储存性　　　　　　B. 季节性
   C. 文化性　　　　　　　　D. 产品中的情感内涵
   E. 综合性

2. 酒店必须要满足以下哪些条件才能称之为"酒店"？（　　）
   A. 建筑物　　　　　　　　B. 经政府批准
   C. 部门设施齐全　　　　　D. 以获取经济效益为目的
   E. 服务对象是公众

3. 根据酒店所提供的服务类型，酒店收入主要分为哪几大类？（　　）
   A. 客房收入
   B. 餐饮收入
   C. 租车、电话、健身等服务的收入，统称为其他服务收入
   D. 增值服务的收入

4. 酒店销售收入最重要的来源是哪些部门？（　　）
   A. 后勤部　　　　　　　　B. 人力资源部
   C. 餐饮部　　　　　　　　D. 客房部

5. 酒店财务部通常设立哪些"三级部门"？（　　）
   A. 会计部　　　　　　　　B. 成本部
   C. 物流部　　　　　　　　D. 采购部

三、判断题

（1）由于免费早餐券实际上是对房价的折让，因此，在账务处理上，餐厅回收的免费早餐券不应该用于冲减客房的营业收入。这样处理，既计算了营业收入，又能够合理避税。（　　）

（2）在账务处理上，我们需要根据各项产品收入的性质进行入账，不能笼统地全部列作客房营业收入。根据酒店各项产品的特点，客房出租收入应直接确认为客房收入，而迷你吧销售收入和免费早餐券冲减的房费收入应确认为餐饮收入，对电话、网络、劳动性服务等统一确认为其他收入。（　　）

（3）凡客房采用应收应付制核算的酒店，客人入住时，每天发生的各项收入都是通过"应收账款"账户来核算的。（　　）

综合实训

1. 项目名称：酒店行业管理模式实地调查
2. 实训目标：对酒店行业管理模式建立起基本认知

3. 实训任务：

（1）学生自由组合，分成若干小组（4~6人为一组）。

（2）不同的小组分别选择某一特定酒店开展社会调研，了解该酒店的经营、营销以及管理等信息。

（3）提取几项酒店经营管理的关键评价指标，分析调研资料并形成书面调研报告。

（4）每个小组推荐一位代表汇报本组调研报告。

第二章

客房的管理和核算

学习目标

1. 熟悉宾客办理入住和离店的手续制度,掌握离店结账的方法。
2. 掌握酒店营业收入核算制度,能根据营业日报表编制会计分录。
3. 掌握客房销售费用的管理和核算。
4. 掌握客房保本点和保利点的测算。

案例导读

HM 酒店客房管理问题及对策

一、HM 酒店客房概况

HM 酒店位于某沿海著名旅游城市,地理位置优越,是一家在 2018 年 3 月开始营业的经济型酒店,属于四星级酒店,只单独提供酒店客房业务。当前酒店房型有单人间、标准间、豪华标间、行政套房等几种,共拥有 125 间客房(其中行政总统类套房 20 间,豪华标间 25 间,标准间 50 间,单人间 30 间)。该酒店组织结构清晰,权责明确,设有行政管理部、房务部、后勤保障部,一共拥有员工 35 人(其中管理人员 13 人,客房服务员 15 人,后勤保障人员 7 人)。

二、HM 酒店生产经营特点

(1)提供专业化的客房服务。HM 酒店主打房务服务,不涉及其他领域业务,酒店基础设施完善,力求为客户提供舒适安全的服务。

(2) 经营具有周期性。

(3) 具备资本和劳动密集型产业特点。

HM 酒店的初始投资大,且固定成本高,具有资本密集型产业的特点。该酒店在日常运营管理中,以酒店工作人员提供的劳务服务为主,体现了劳动密集型产业的特点。

三、HM 酒店客房经营管理存在的问题

(一) 酒店会计核算与费用管理方法不科学

HM 酒店客房管理采用传统的完全成本法进行会计核算,在进行费用核算时没能正确地进行成本性态划分,导致变动费用及固定费用划分混乱,不满足费用与收入相配比原则,没能结合酒店客房自身的日常经营特点,选择合适的会计核算方法。同时,HM 酒店的管理人员一般只根据往年的销售情况作为基期数据进行利润预测和酒店经营成本决策,不能准确预测未来收益,落后的会计核算方式与费用管理方法不能给管理者提供重要经营指标信息。由此可以看出,该酒店缺乏科学的费用管理方法,长此以往,势必会削弱其营利能力,导致酒店在市场上的竞争力降低。

(二) 费用管理制度不够完善

客房部没有规范的费用管理制度。缺乏规范性精细化的费用管理制度,一方面无法激励服务人员更好地完成工作;另一方面对服务人员的工作也没有起到应有的约束,特别是在物料的领用方面,在部门之间的调拨较为混乱,这都给 HM 酒店带来了不必要的运营成本。

(三) 费用管理意识观念不足

在 HM 酒店,除了高层管理人员,其他人员对费用管理的认知非常淡薄。此外,还存在舍本逐末的做法,比如员工随意取消服务项目或者减少物料的使用,导致客房物品不达标;管理者为节省营业费用,刻意缩减正常运转支出。实际上,酒店除了工资、折旧、租金、大修理费、物料消耗、水电费等大额不易缩减的项目以外,员工培训、宣传促销费用等也是维持酒店运转的必需,若刻意缩减,必定不利于酒店的正常运转。

四、HM 酒店客房管理改进措施

鉴于 HM 酒店缺乏对住宿客房费用管理方面的重视,加之,受住宿消费需求观念转变、住宿业同质化严重、外资品牌竞争、住宿新业态的涌现、国家新规及"新冠肺炎"疫情等诸多因素影响,住宿业整体进入"寒冬期",传统的住宿管理模式已经不适应住宿业态时代发展,粗放式的客房费用管理方法和传统的会计核算方式削弱了竞争力,需要更为科学的经营管理模式,HM 酒店做出如下改进措施:

(1) 强化客房费用管理观念,改善费用管理结构。成本管理意识对企业的发展尤为重要,降低酒店客房费用是提高酒店客房经济效益的重要途径,可以使酒店所有员工重视客房费用管理的重要性,提高员工参与客房费用管理的积极性。酒店客房费用管理贯穿于酒店经营活动的全过程,每个工作服务环节和每个岗位,既是成本的支出者也是成本的控制者,只有酒店全体成员参与其中,才能形成成本管理体系,提高成本效益。因此,酒店要强化成本费用管理观念,完善成本费用管理体制,加强员工教育培训,集体学习本量利分析方法,增加理论储备,提高实操技能,引导员工从工作环节中入手控制成本。在客房费用管理结构方面,要学会运用本量利分析思路,将客房费用支出合理

化和期望效益最大化。应尽快制定规范化的物料消耗统计管理制度，对各种资源收发数量进行及时准确的登记。切实控制好客房中标准用品和低值易耗品的损耗率、客房的能源消耗，防止浪费；同时要优化业务流程，加强部门沟通协调，集中采购消耗品来减少中间环节，从而降低单位成本。将酒店的后勤服务业务，比如洗涤业务、清理维护业务外包，利用专业化管理平台实现后勤服务管理效能的提升；降低公共区域能源消耗等。同时将本量利分析法制度化，实施激励机制，使其成为企业文化的一部分。

（2）优化客房品种组合，提高入住率。通过 HM 酒店经营分析发现，酒店经营过程中普通客房入住率较高；相反，精心打理的豪华型客房的入住率一直较低，且呈下降趋势。因此应适当调整客房的品种结构，减少豪华客房的供应量，增加普通客房的供应量，适应市场需求点，提高效益。同时，客房要注重自身服务水平的提升，客房中设施和用品质量要达标，切忌偷工减料的行为，服务好每一位客人，增加顾客量和提升口碑。

（3）提升信息化管理水平。本量利分析方法的有效实施，需要进行成本性态划分和录入，数据处理的准确性和及时性对分析尤为关键，因此必须依靠计算机技术，注重信息化系统的使用，建设智慧型酒店。建议酒店可以采取信息化平台，比如 ERP 模式、电子商务 APP 和网站等，有效获取各模块信息，实现业务和财务管理的一体化。同时，推荐客户采用网站、手机 APP 预订等电子商务方式，提高入住效率。

在居民消费升级和旅游业供给侧改革的双重推动之下，现代住宿业飞速发展，经济型酒店管理者如果能将本量利分析法运用于酒店住宿管理业务中，将非常有利于其做出正确的预测和决策，从而提高经济效益，有利于酒店提高精细化管理。

结合 HM 酒店管理存在的问题，请思考：
1. 酒店客房管理主要包括哪些方面的管理？
2. 后疫情时代，应该如何加强酒店客房管理？

第一节　宾客入住和离店的管理

客房是酒店的主要经营项目，其营业收入一般占到酒店总收入的 50% 以上，而且客房具有收入高、成本低、创利多的特点，因此，加强客房的经营管理尤为重要。客房管理最为重要的是加强宾客入住和离店的管理，而要做好这两点的管理，我们首先要搞清楚宾客在办理入住的过程中，需要经过哪些手续以及宾客离店的相关流程，只有掌握了这个部分，才能为后续学习营业收入的核算、了解营业收入的风险防控点打下基础。

一、宾客入住的管理

酒店对宾客入住的手续制度，多是根据内部机构设置和人员配备等情况自行制定的。各酒店规定不尽相同，一般有以下六项：

（一）订房申请单

订房申请单由预订部根据客人的预定信息填写，包含的主要内容有预订号、预订房型、房间价格、抵店时间、离店时间、结算方式等。此单据为一式两联，一联由预订部留底，一联传递到前台用于核对客人预订信息，如表2.1所示。

表2.1 订房申请单

团队名称					
付款方式			预订天数		
到达日期			离开日期		
用房情况	人数	房数	房价	备注	
标准间					
大床房					
家庭房					
住房联系人：		电话：			
备注：					

（二）住客登记表

住客登记表用于客人在入住时登记信息，主要内容包括客人姓名、证件名称及号码、住址及联系方式、抵店日期及离店日期、酒店重要信息告知、宾客签名等，如表2.2所示。之所以要求客人签字，是为了以此确认房型、价格及入住房晚数。

表2.2 临时入住登记单

临时入住登记单　　　　　　　　　　　　001652

姓名		性别		证件名称	
证件号码		出生日期		抵店日期	
地址				离店日期	
房间号		房价			
付款方式　现金　刷卡　其他					
退房时间：14：00时前					
要求：1. 本人记本人入住，一证不能登记多个房间。 2. 使用有效证件如实填写个人资料。 3. 贵重物品请主动寄存前台或随身携带，本酒店对客人在酒店内遗失金钱、珠宝及贵重物品一概不负责任。 4. 凌晨6点前入住与前一天到达等同。					
备注：				联系电话：	
客人签字			接待员		

一联存根（白）　二联财务（红）　三联客人（蓝）

(三) 预收款单据

预收款单据作为客人缴纳押金及退取押金的凭据，如表2.3所示。需要注意的是，预收款单据需要加盖财务部门票据专用章才能作为有效票据使用。在客人离店时一定记得将预收款单据退回。

表2.3 预收款凭证

预收款凭证						NO. 0078001
兹收到_____						
金　额 （大写）	佰　拾　万　仟　佰　拾　元　角　分					
附 注						¥_____
单位		会计	记账		出纳	经手人

(四) 房卡

房卡是酒店客人进入客房的必备，也是非常重要的安全配套。将房卡交给客人前，前台员工必须先确认客人身份，前台原则上单人房每间只发一张房卡，双人房根据入住人数发放一张或两张房卡，并在电脑中注明数量。由于房卡涉及客人房间中人、财、物的安全，须按相关规定管理房卡。如果有客人房卡遗失，须验明客人身份和登记相符后，再向客人收取或从押金中扣除赔偿费，并重新制作一张新的房卡给客人，同时作废前一张房卡。未经客人同意，不准为访客或其他客人制作房卡。

(五) 宾客账单

宾客账单是客人在住店期间消费情况的明细说明，主要包括宾客信息栏、账务结算栏（包含消费项目、金额、付费方式等）、宾客签字栏，如表2.4所示。在客人退房离店时，应打印此账单，交由客人核对消费信息、付费信息无误后在宾客签字栏签字确认。宾客账单由前台收银员根据房卡等资料，按每一宾客设置，每天按宾客消费项目和价款及时在系统上进行登记和结算。

表2.4 宾客账单

宾客账单	
旅馆名：	打印日期：
宾客姓名：	到店日期：
公司名称/会员号：	离店日期：
房号：	房型：

表2.4(续)

房价：			账号：	
编码	项目		消费	预付
1	房金			
2	早餐			
3	预付金			
合计			0	
余额：				0

请您仔细核对金额，确认无误后签名确认，谢谢！欢迎您再次光临！

接待员： 　　　　　　　　　　　　　客人签名：_____

（六）杂项收费单

杂项收费单主要用于除房费及小酒吧以外的其他消费（如赔偿费用、加床费用等）；此单据为一式三联，一联投递财务，一联由入账部门留底，一联传递到前台相应客人账户，如表2.5所示。

表2.5　杂项收费单

杂项收费单据

MISCELLANEOUS CHAGE VOUCHER

No：

客人姓名　　　　　　房间号码　　　　　　日期

Guest Name _____　Room No. _____　Date _____

摘要 Particular	金额 Amount
总额 Total Amount	

客人签名　　　　　　制表人　　　　　　批准人
Guest Signature　　　Prepared By　　　　Approved By

第一联：白色　第二联：粉色　第三联：黄色

二、宾客离店的管理

客人离店服务是前厅对客服务的最后一个环节,也是客人接受酒店所提供的最后一项服务,许多酒店规定办理结账退房的时间不超过三分钟。其服务内容主要包括结账准备、收银服务及客人离店后相关工作。在客人离店的时候,很重要的一个步骤就是要检查房间内的各项设施是否有损坏并通知前台,除此之外,还应重点检查客人有没有在迷你吧进行消费。办理完离店手续后,前台应收回房卡,并完成与房态控制盘的核对。

注:房态控制盘是设置在系统中显示每间房的状态,在客人离店之后,需要进行房态的更改。(房态:酒店客房的状态,通常有空房、干净房、在住房、脏房、维修房等)

(一)散客结账服务程序

散客结账服务程序如下:

(1)当宾客到前台结账时,确认宾客姓名是否正确,并随时称呼宾客的姓氏。

(2)接待人员主动收取房间钥匙,并问询宾客是否发生其他消费。

(3)在宾客结账的同时,前台接待人员要及时与客房服务中心联系,查清宾客房间酒水使用情况。

(4)打印出电脑清单,交付宾客检查,经其认可在账单上签字,并确认付款方式。

(5)在结账的同时,要清理宾客档案栏,取出登记卡、信用卡复印件,以便其他宾客重新使用。

(6)宾客提前付清账目,但晚些离店时,接待人员要在电脑中注明延迟离店,以便提醒其他部门及人员注意。

(7)在宾客结账时,要查看电脑中所注明的特殊注意事项。

(8)确认一切手续,在最短时间内完成结账手续。

(9)微笑有礼貌地为宾客迅速、准确地办理离店手续,并表示欢迎宾客再次光临酒店,祝其旅途愉快。

宾客的付款方式有现金、支票、信用卡、挂账等形式。

若宾客以信用卡付款,当宾客离店时,要有礼貌地让宾客出示信用卡,要对照宾客的信用卡号码、有效期及签字,以确保信用卡的有效性、通用性和真实性,以保证信用卡的正确使用。另外如果宾客住店消费超过有效限额,将通知信用卡授权中心,申请授权号码,所批准的授权号码应写在信用卡单据的右上角。下列是多数酒店可以接受的信用卡:美国运通卡(American Express Card)、大来卡(Dinners Card)、万事达卡(Master Card)、JCB卡(JCB Card)、签证卡(Visa Card)、长城卡(Great Wall Card)等。

如果宾客使用外币现钞结账,需先请其到外币兑换处依照当天汇率换成店内可收取的货币,然后转交前台结账;前台不直接收取旅行支票,若宾客用外币旅行支票结账,需到外币兑换处依照当天汇率兑换人民币现钞,然后再付清自己的账目。若为公司挂账,应由接待人员打出电脑明细账单,经宾客认可在账单上签字,并找齐所有公司担保付款凭证一起转交至计财部,由计财部和公司进行结算。

（二）团队结账服务程序

团队结账服务程序如下：

（1）在团队离店前一天根据团队要求准备好团队总账。

（2）登记进店和离店日期、团队名称、房间数、房间类型、房价、餐饮安排、预付款收取等内容。

（3）在团队离店前，及时与领队联系，随时沟通团队付账情况；经领队认可在总账单上签字，其余账由宾客各自付清，领队要保证全队账目结算清楚后方可离开酒店。

（4）团队总账单由领队签字认可后，转交至计财部。

（5）计财部将与旅行社联系解决有关付款问题，如有特殊情况，旅行社将在团队到达时现付或预先付定金作为保证。

（6）检查团队所有账目已付清；收取团队全部房间钥匙；查清账目后，发放行李放行单，作为团队可离店的凭证。

（三）即时消费结账

即时消费是指宾客临近退房前的消费费用，因转送到收款处太迟而没能赶在宾客退房前及时入账。在采用电脑操作管理的酒店，类似问题一般不会出现，而对于采用手工转账的酒店，及时核查即时消费，确保不发生漏账损失是一件重要工作。通常的做法是，宾客结账时，收款员应礼貌询问宾客是否有即时消费，或者直接电话询问易产生即时消费的消费点，如总机、餐厅、房务中心等。这种做法，一方面取决于宾客的诚实度，另一方面，当面与宾客核查费用问题，可能让宾客产生不信任感，影响宾客对酒店的印象。而且，在宾客结账时去核查消费会耽误太长时间，影响工作效率，容易引起宾客的不满。

（四）快速结账服务

酒店一般规定退房结账的最后时间为中午12点，在此之前通常结账宾客比较集中，为了避免宾客排队等候，或缩短宾客的结账时间，酒店可以提供快速结账服务。

（1）宾客房内结账。宾客房内结账的前提是，前厅计算机系统与宾客房间的电视系统联网，宾客通过电视机显示器查阅账单情况，并通知收款处结账。如果宾客使用信用卡，收款员可以直接填写签购单，不需要宾客到前台去。如宾客使用现金，则在房间内核对金额后，结账时直接多退少补，简化了手续。一般情况下，房内结账只对信誉较好、采用信用卡结算的宾客提供。

（2）通过填写快速结账委托书结账。对于有良好信誉的使用信用卡结账的宾客，酒店为其提供此项快速结账服务：宾客离店前一天填写好快速结账委托书，允许酒店在其离店后办理结账手续。收款员核对委托书的签名与宾客签购单、登记表上的签名是否一致，在宾客早晨离店时只向宾客告知应付费用的大致金额即可，在宾客离店后，在不忙的时间替宾客办理结账手续，事后再按照宾客填写的地址将账单收据等寄给宾客。

第二节 客房营业收入的核算

现代酒店财务管理是酒店经营管理的核心，而酒店营业收入的控制是酒店财务管理的重要组成部分。酒店的收入类型复杂多样，环节繁多，一般包括客房收入、餐饮收入、康乐收入、商品部收入、酒吧收入、洗衣收入等。其中客房是酒店的主体，是酒店收入的重要组成部分。对于一般的酒店来说，客房收入占整个酒店收入的 40%~60%。虽然酒店客房在前期建造时投资较大，但通常具有耐用性强、消耗低、利润高的特点，因此加强酒店客房收入的核算具有非常重要的意义。

一、客房营业收入核算的特点

客房部是以向客人出租酒店的房间及设施，并伴以劳动性的服务而取得营业收入的部门。该部门提供的产品主要有：客房出租、迷你吧消费、电话、网络，以及劳动性的服务（如：洗衣、租车等）。

酒店营业收入的内容较为复杂，不像工业企业和商业企业销售产品或商品那样纯粹。酒店营业日报表反映的收入项目较多，一般有房金、加床、洗衣、电话、食品、酒水等。客房营业收入的核算应注意根据所提供给的各项产品收入的性质进行入账，不能笼统地全部列作客房收入。例如：房金及加床费用应列为客房收入；迷你吧食品酒水收入应列为餐饮收入；租车、电话、网络、洗衣及其他劳动性服务取得的收入应列为其他收入，如表 2.6 所示。而回收的免费早餐券应冲减客房的营业收入。

表 2.6　酒店营业收入分类

营业收入类别	收入项目
客房收入	房金、加床
餐饮收入	迷你吧消费（食品、酒水）、餐费
其他收入	电话、网络、洗衣
	其他劳动性服务

二、客房营业收入采用应收应付制核算

客房前台每天结算营业收入和编制营业日报表，有应收应付制和收付实现制两种不同的制度。但目前规模较大、房间较多的五星级酒店通常多采用应收应付制。

应收应付制是指当天的营业收入只要发生了，不论是否收到款项，均作为当天的收入处理。酒店对宾客房金等消费款的结算方式有两种：一是先付款后住店（预收房金方式）；二是先住店后付款（挂账方式）。这两种结算方式操作和编制营业日报表的方法基本相同。不同之处仅反映在宾客账款上，一个是"结存"，一个是"结欠"。账款为"结欠"时，只需在"结存"栏以"-"号反映。这两种结算方式，会计核算无区别。

采用这种核算制度，前台必须设置"客房营业日记台账"（见表 2.7），由收银员根

据宾客账单登记，并按各项目的汇总金额编制"客房营业日报表"（见表2.8）。

表2.7 客房营业日记台账

2021年5月10日

房号	人数	姓名	入住日期 月	入住日期 日	已住天数	今日应收 房金	今日应收 加床	今日应收 迷你吧	今日应收 电话	今日应收 餐费	今日应收 洗衣	今日应收 合计	结算 今日收款	结算 今日应收	结算 今日结存	备注
901	2	杨松	5	10		280	50		20	100	15	465	1 000	465	535	
903	2	彭力	5	10		280	50		15	120	10	475	1 000	475	525	
905	1	钟文	5	10		280		10	20	50		360	500	360	140	
合计						840	100	10	55	270	25	1 300	2500	1 300	1 200	

表2.8 客房营业日报表

2021年5月10日

今日应收		结算	
项目	金额/元	项目	金额/元
房金	840	昨日结存	
加床	100	今日收款	2 500
迷你吧	10	今日应收	1 300
电话	55	今日结存	1 200
餐费	270	宾客挂账内容	
洗衣	25	单位或姓名	金额
应收合计	1 300		

附注：
今日可出租房　　间
今日实际出租房　间
出租率　　　　　％
今日维修房　　　间
今日空房　　　　间

（一）客房营业日记台账的设置和登记

客房营业日记台账的设置和登记应遵循以下规则：

（1）台账按每一楼层设置一张，根据宾客账单登记。

（2）早班和中班收银员，只登记本班营业时间入住的宾客账目。

（3）晚班收银员除登记本班入住的宾客账目外，零点以后要设置第二天的新台账，并将未离店续住宾客的账目过入新账。

（二）收银员各自向财务部门交款

各班收银员于本班次结束后，按本班台账"今日收款"栏的合计数，将所收现金金额交予财务部门。为了便于向财务部门交款,中班和晚班所收款项由收银员各自打包封签,存放在前台保险柜内,次日早班收银员一并向财务部门办理交款手续。

(三) 前台设置周转金

采用应收应付制进行酒店会计核算,前台还应设置周转金。前台必须根据业务大小情况,核拨一定数额的周转金,并实行"谁动用,谁归还"的原则。须注明交接班次及周转金的收入、支出和结存情况,动用或者归还周转金时,必须签字确认。

(四) 客房营业日报表的编制

前台晚班收银员于 0 点后,将各楼层的"客房营业日记台账"的有关项目汇总,据以编制当天的"营业日报表"。"营业日报表"附注栏的"今日可出租房间数"为全部客房间数减去当天因维修不能出租的间数。"今天实际出租间数"加"空房间数"和"维修间数",等于酒店总间数。

客房出租率是反映饭店经营状况的一项重要指标,它是已出租的客房数与饭店可以提供租用的房间总数的百分比。其中,可出租客房总数不包括自用房、维修房以及客人因各种原因所换的房间。

出租率的计算公式:

$$出租率 = 实际出租间数 \div 可出租间数 \times 100\%$$

出租的钟点房,可按租用时间或收入租金折合成标准间计算出租率。

根据表 2.8,5 月 10 日的客房营业日报表做如下会计分录:

借:应收账款——应收户　　　　　　　　　　　　　1 300
　贷:主营业务收入——房金　　　　　　　　　　　　　940
　　　　　　　　　——餐饮　　　　　　　　　　　　　280
　　　　　　　　　——其他　　　　　　　　　　　　　 80

根据出纳员所开,收到三班收银员交款收据做如下会计分录(可见表 2.8):

借:库存现金　　　　　　　　　　　　　　　　　　2 500
　贷:应收账款——预收户　　　　　　　　　　　　　2 500

以上分录的几点说明:

(1) 贷方"主营业务收入——餐饮"是迷你吧和餐费收入之和,迷你吧虽设置在客房,但其收入应列入餐饮收入。

(2) 贷方"主营业务收入——其他"是指电话和洗衣收入之和,酒店营业收入主要分三部分:客房收入、餐饮收入和其他收入;凡不属于客房和餐饮收入的,统一列入其他收入。

(3) 借方"库存现金"2 500 元,是三班当天所收现金的合计,即"营业日报表"所列"今日收款"的金额。

(4) 借方"应收账款——应收户"1 300 元和贷方"应收账款——预收户"2 500 元,应如此分别设置明细账户,不能混在一个明细账户核算。

注意:如有需要先住房后付款的宾客,检查证件并经主管同意后,按挂账处理。

客房营业日报表见表 2.9。

表 2.9　客房营业日报表

2021 年 5 月 15 日

今日应收		结算	
项目	金额/元	项目	金额/元
房金	1 680	昨日结存	1 200
迷你吧	30	今日收款	1 510
电话	82	今日应收	2 102
餐费	265	今日结存	608
洗衣	25	宾客挂账内容	
赔偿	20	单位或姓名	金额
应收合计	2 102	陈正	300
附注 今日可出租房　　间 今日实际出租房　　间 出租率　　% 今日维修房　　间 今日空房　　间			
			挂账合计	300

根据表 2.9 的 5 月 15 日客房营业日报表，做如下会计分录：

借：应收账款——应收户　　　　　　　　　　　　　　　　2 102
　　贷：主营业务收入——房金　　　　　　　　　　　　　　　1 700
　　　　　　　　　　——餐饮　　　　　　　　　　　　　　　　295
　　　　　　　　　　——其他　　　　　　　　　　　　　　　　107

根据出纳员所开，收到三班收银员交款收据做如下分录：

借：库存现金　　　　　　　　　　　　　　　　　　　　　1 510
　　贷：应收账款——预收户　　　　　　　　　　　　　　　1 510

以上分录的几点说明：

（1）贷方"主营业务收入——房金"是房费和客房赔偿收入之和。

（2）贷方"主营业务收入——餐饮"是迷你吧和餐费收入之和，迷你吧虽设置在客房，但其收入应列入餐饮收入。餐费是餐厅转来宾客在餐厅的消费。

（3）贷方"主营业务收入——其他"是指电话和洗衣收入之和，酒店营业收入主要分三部分：客房收入、餐饮收入和其他收入；凡不属于客房和餐饮收入的，统一列入其他收入。

【例 2.1】表 2.9 中，5 月 15 日的"客房营业日报表"中反映陈正挂账 300 元，应增做如下会计分录：

借：应收账款——陈正　　　　　　　　　　　　　　　　　　300
　　贷：应收账款——应收户　　　　　　　　　　　　　　　　300

收回该项账款时：

借：库存现金　　　　　　　　　　　　　　　　　　　　　　300
　　贷：应收账款——陈正　　　　　　　　　　　　　　　　　300

三、客房的应收账款账户

在日常会计核算中,客房的"应收账款——应收户"账户的借方余额和"应收账款——预收户"的贷方余额,各自保留,不相互冲销,分别反映这项重要结算资金的占用和来源情况。

月度终了,如果"应收账款——预收户"账户贷方余额大于"应收账款——应收户"借方余额加各挂账户借方余额,其差额为贷方差,于编制资产负债表时,列入该表"预收账款"项目;如果借贷相抵后仍为借方余额,则将此借差填入该表"应收账款"项目。

必须指出的是,编制资产负债表时,有关"应收账款——预收户"和"应收账款——应收户",只能填这两个账户相互轧抵后的差额。因为,"应收账款——预收户"所反映的贷方余额,实质是"应收账款"的收回,故应该以两者相互抵消后的净额在报表上反映。

年度终了,"应收账款——应收户"账户的累计借方余额,应与"应收账款——预收户"账户的累计贷方余额,相互冲账。冲抵之后,如为借方余额,保留在"应收账款——应收户"账户,如为贷方余额,"应收账款——预收户"账户。

举例如下:

【例2.2】年度终了,"应收账款——应收户"累计借方余额为5 824 850元,"应收账款——预收户"账户累计贷方余额为5 948 920元。做如下冲账分录:

借:应收账款——预收户　　　　　　　　　　　　　　5 824 850
　贷:应收账款——应收户　　　　　　　　　　　　　　5 824 850

如此冲账后,年末"应收账款——应收户"余额为零,"应收账款——预收户"的贷方余额为124 070元。

第三节　客房费用的管理和核算

一、客房费用的管理

酒店房屋建筑物和各项设施设备的投资额巨大,这些投资的耗费都是以折旧和摊销的方式在费用中反映的。所以客房以出租房间设施而取得收入的经营项目,无法计算成本,只能核算销售费用。这也是客房经营特点所决定的。酒店的销售费用主要是营业部门的相关支出,而营业部门主要是指餐饮部和客房部。

酒店常见的以折旧和摊销的方式来反映的费用,比如客房里的电视机和熨烫设施,都属于固定资产,它们都是以折旧的方式在销售费用当中反映的,如图2.1所示。

图 2.1　酒店的固定资产

酒店的布草，包括床单、被套、枕套、毛巾、浴巾等相关用品，以及酒店的装修等，这些耗费都以摊销的方式计入销售费用中，如图 2.2 所示。

图 2.2　酒店的布草

对于企业来说，净利润等于营业收入减去相关的成本和费用，再减去相关税费。酒店客房的营业收入减去销售费用、税费和应负担的管理费用，便是客房的净利润。要想提高客房的盈利水平，既要提高客房收入，同时要降低销售费用。假设在客房收入维持不变的情况下，要提高净利润，重要途径之一就是要大力降低销售费用。因此，加强客房销售费用的管理显得非常重要。

（一）保持固定资产的完好率

固定资产的折旧费用是固定资产在使用过程中因磨损而转移到产品成本中去的那部分价值。固定资产在其有效的使用期间，始终保持完整的实物形态，但由于一些难以避免的有形磨损和因为科技进步等因素带来的无形损耗，都会使得固定资产价值在使用中逐渐减少，对于固定资产由于使用而发生的磨损价值就以计提折旧费用的方式，作为期间费用从销售收入中得到补偿。固定资产各个期间折旧费用的多少主要取决于固定资产原值；固定资产的净残值，即报废后变价收入扣除清理费后的差额，受固定资产预计使用年限等因素的影响。

对于酒店行业来说，固定资产投入巨大，主要包括建筑物、电梯、空调、锅炉等设施设备的巨额投入，这些势必造成折旧费用较高。酒店行业的固定资产折旧费用计入"销售费用"，这部分费用一般没有降低的余地。要想降低酒店成本，就必然要降低销售费用，只有提高固定资产的完好率，减少更新支出和相关的维修费用。

（二）压缩能源消耗

据统计，我国一般酒店每年的能耗费用支出占营业额的比例达到了6%~18%（通常，三星级酒店每年能耗8%~12%，四星级酒店7%~10%，五星级酒店6%~8%）。对多数酒店而言，能源费用的支出也是常常未能被酒店有效控制的一项成本。在酒店的能源消耗中，空调是耗能大户，热水供给次之，而照明用电量仅仅排在第三位。

客房的能源消耗主要是水电费和燃油部分。酒店的中央空调，对电力的耗用量很大，目前很多酒店将中央空调换成了分体式空调。房间的温度客人可以自己去控制，增强了舒适感，并极大地节约了能源。有些酒店通过与相关技术单位合作，研发新型节能锅炉，既保证了热水的供应，又极大地降低了能源消耗，也很值得推广。

（三）布草管理

客房的布草用量大，洗涤次数频繁，损耗量大。酒店客房的布草储存量一般为使用量的2~3倍，几项主要布草耐洗次数如表2.10所示。

表2.10　主要布草耐洗次数统计表

布草类别	耐洗次数/次
全棉床单、枕套	300~500
混纺床单（65%聚酯，35%棉）	350~400
毛巾类	300~400
台布、口布	600~700

以上洗涤次数是根据星级酒店水准要求而设定的，虽经过测试而定，但也是绝对的标准，因目前行业内没有"关于布草寿命及损耗"的相关规定，以上只是作为一个参考的标准，具体因每个酒店的设定标准和要求尺度有所不同。

应从以下七个方面加强布草管理，减少布草消耗：

（1）采购布草时，要选择耐磨性能好、厚度适中的布料。布质太厚，烘干较慢，会增加能源消耗。

（2）正确使用各种洗涤用品，掌握合理的加料时间和温度。了解洗涤剂的基本特性和使用方法，特别是氯漂的正确使用，及时用脱氯剂除去残留的过多的氯，用中和剂中和掉残余的碱。还要尽量避免棉织品直接接触一些具有腐蚀性的化学品。

（3）从原则上来讲，使用一些对织物和人体刺激性小的洗涤用品也是延长布草使用寿命的基本措施。

（4）做好洗涤前的分拣工作，包括布草种类的分拣和杂物的分离。

（5）布草的收集和输送过程要小心，防止二次污染和意外拉破。

（6）洗涤时机器的装载量要合适，太少或太多都对布草的洗净度和磨损程度有影响。

（7）避免"疲劳使用"，即当天洗涤多次，每天如此下去会加速布草寿命的减短。应让它有充分的休息时间，最少24小时，即洗涤完之后，休息一天，隔天再使用，无形之中布草寿命自会较长。

（四）一次性用品的管理

客房免费供应的洗漱用具等一次性用品，是按照人数定额发放的，应加强管理。对于没有使用或者没有拆封的一次性用品应注意回收，以降低消耗，节约成本。向客房配套和补充一次性用品时，应健全发放手续，建立两人在场相互监督的机制，并填写"客房消耗用品统计表"（见表2.11）等相关统计报表，客房主管要认真审查发放数量的真实性。

表2.11　客房消耗用品统计日报表

数量＼品名	牙具	拖鞋	浴帽	香皂	梳子	洗发液	沐浴液	卷纸	抽纸	针线包	茶包	咖啡包	矿泉水	圆珠笔	便笺	其他
应发数																
实用数																
补发数																
回收数																
备注																

客房主管：　　　　　领班：　　　　　服务员：　　　　　日期：

（五）洗衣房的管理

酒店的洗衣房主要洗涤客房的布草，划归客房部门管理。洗衣房不单独核算，其成本费用均包含在客房销售费用的有关项目中。洗衣房的成本高低也直接影响到客房的费用水平，因此也必须加强管理。要聘请或者培训能够熟练操作洗涤设备、熟悉洗涤技术，能识别各种布料的工作人员。对不同布料应分别采用不同的洗涤方法，减少磨损，延长布料的使用寿命。建立和完善布草、衣物洗涤交接手续，分清责任，防止丢失。

二、客房销售费用的核算

酒店的销售费用发生在酒店运营的各个营业部门和很多方面，形式也是多种多样、纷繁复杂的。具体包括：

（1）酒店购入存货和相关商品时发生的运输费用。

（2）酒店餐饮部门在加工饮食制品过程中所耗用的燃料费用。

（3）酒店各营业部门在其经营过程中所耗用的水费和电费。

（4）酒店进行广告宣传而应该支付的广告费用和宣传费用。

（5）酒店负责销售的人员因出差所需的各项开支。

（6）酒店各个营业部门为员工洗涤工作服而发生的洗涤费开支，以及员工工装开支。

（7）酒店营业部门领用客房、餐厅的一些日常用品（如针棉织品、餐具、塑料制品、卫生用品、印刷品等）、办公用品（如办公用文具、纸张等）、包装物品及物料用品而发生的相关费用。

（8）酒店各部门领用的日常维修用材料、零配件等。

（9）酒店各营业部门支付的直接从事经营服务活动的人员的工资及福利费，包括工资、奖金、津贴、补贴等。

这些经营过程中发生的各项费用开支，都是酒店企业销售费用核算的范畴。而客房销售费用中所占比重比较大的几个项目是工资、电费、燃料费、折旧费和物料消耗费等。

（一）工资的核算

客房销售费用的核算中有很大一部分就是工资。当前，大多数酒店员工的工资薪酬，采用的是工资加奖金的模式，也就是固定的工资加上依据当月经营情况确定的奖金。一般情况下，只有当月结束时，才能得到当月的经营状况的数字，也才能确定当月的员工奖金数额。这就给工资薪酬的会计核算带来一个难题，那就是当月记账，却无法准确地知道当月的工资数额。一般情况下，如果只是要求下月10日前结账，尚有时间按照正确的工资数额进行会计核算。有些企业如果当月的工资表在月末尚未编出，可估计预提，下月发放时，估计预提的工资与实发工资会有差异，应进行调整。调整的方法有差额调整法和全额调整法。

1. 差额调整法

【例2.3】银杏标准酒店本月月末预提客房工资总额30 000元，下月实际发放工资时，应发总额30 500元，扣回病事假工资200元，扣收职工违纪罚金150元，实发工资为30 150元。

采用差额调整法进行核算，上月月末预提工资时分录为：

借：销售费用——客房——工资　　　　　　　　　　　　　　30 000
　　贷：应付职工薪酬——工资　　　　　　　　　　　　　　　30 000

下月按应发工资总额与已预提金额之间的差额来调整差异数500元，会计分录为：

借：销售费用——客房——工资　　　　　　　　　　　　　　　500
　　贷：应付职工薪酬——工资　　　　　　　　　　　　　　　　500

发放上月工资时的会计分录为：

借：应付职工薪酬——工资　　　　　　　　　　　　　　　　30 500
　　销售费用——客房——工资　　　　　　（200）（扣病事假工资）
　　贷：营业外收入　　　　　　　　　　　　150（扣违纪罚金）
　　　　库存现金　　　　　　　　　　　30 150（实际发放金额）

本步骤省略了从银行提取现金的分录。

接着，预提本月工资，如无大的变化，可按本月的应付工资30 500元计提。

2. 全额调整法

沿用【例2.3】的资料，在全额调整法下，本月月末预提工资时的会计处理是：

借：销售费用——客房——工资　　　　　　　　　　　　　　30 000
　　贷：应付职工薪酬——工资　　　　　　　　　　　　　　　30 000

下月，先要用红字冲销上月预提的工资，其会计处理为：

借：销售费用——客房——工资　　　　　　　　　　　　　（30 000）
　　贷：应付职工薪酬——工资　　　　　　　　　　　　　　（30 000）

下月在实发工资时的会计处理：

借：应付职工薪酬——工资　　　　　　　　　　　　　　30 500
　　销售费用——客房——工资　　　　　　　　　　　　（200）
　　贷：营业外收入　　　　　　　　　　　　　　　　　　150
　　　　库存现金　　　　　　　　　　　　　　　　　　30 150

分配工资时的会计处理为：

借：销售费用——客房　　　　　　　　　　　　　　　　30 500
　　贷：应付职工薪酬——工资　　　　　　　　　　　　30 500

接着预提本月的工资，步骤同上。

（二）能源消耗的核算

客房的能源消耗主要是电力和燃油。其中，中央空调、热水、洗衣房的能源消耗量最大。

能源费用发生时，一般的会计分录为：

借：销售费用——电费或燃料费
　　贷：银行存款等相关会计科目

洗衣房虽然不单独核算，但其成本费用要占客房费用总额的一部分比重。根据业务需要，洗衣房的成本费用，要做账外核算。其中：电费可按洗衣设备的功率和需要运转的时间计算确定；燃油是锅炉提供烘干机蒸汽的消耗，但与供应客房的热水混在一起，只能由工程部门的技术人员估计各占油耗比例来确定各自的燃料费。统计出的洗衣房能源消耗费用，是供账外核算洗涤成本之用，不做账务处理。

（三）物料用品的核算

客房消耗的物料用品，一般是向酒店总仓库领用。

领用时的一般会计分录是：

借：销售费用——客房——物料消耗
　　贷：物料用品

牙具等一次性用品，因日常消耗量大，因此一般由客房批量领出，存放在客房的仓库，每天按实际需用量发放。

一次性用品的核算有以下两种方法。

（1）移库处理，逐日或逐月核销。

客房批量领出时，一般会计分录为：

借：物料用品——客房仓库——品名
　　贷：物料用品——总库——品名

每天（或每月）根据客房一次性用品消耗报表，做如下处理：

借：销售费用——客房——物料消耗
　　贷：物料用品——客房仓库——品名

根据客房月末的一次性用品盘点表，核对实物库存。

（2）倒轧确定消耗量。

客房批量领出时，按所领数额，列入"原材料——客房仓库"账户。月末按倒轧方法，计算出本月实际消耗数额，从该账户转入"销售费用"账户。

【例2.4】银杏标准酒店客房一次性用品上月月末盘存3 000元，保留在"原材料——客房仓库"账户。本月先后从总库领用35 000元。月末盘存12 000元。

本月从总库领出时的会计处理：

借：物料用品——客房仓库　　　　　　　　　　　　　　35 000
　　贷：物料用品——总库　　　　　　　　　　　　　　　35 000

用倒轧法计算出本月实际耗用26 000（3 000+35 000-12 000＝26 000）元，其会计处理为：

借：销售费用——客房——物料消耗　　　　　　　　　　26 000
　　贷：物料用品——客房仓库　　　　　　　　　　　　　26 000

如此结转后，"原材料——客房仓库"账户本月月末借方余额12 000元，便是月末盘存数。编制会计报表时，并入资产负债表的"存货"项目。这种方法虽然简单，但存在对物资监管不严的问题，如有非正常损失便会被掩盖。

（四）服装费的核算

酒店注重员工形象必须统一着装。尤其是星级酒店服装档次较高，价格昂贵，费用很高。一般于购进时便能分清着装对象，可分部门列入有关费用的"服装费"项目。有的酒店为了加强管理，购入服装时列为低值易耗品。领用时按"五五摊销法"将50%的价值计入有关费用。有的酒店认为服装一经领用便成为费用，因此购入时直接列入"长期待摊费用"按2~3年分月摊销，计入各有关费用的"服装费"项目。服装费不论采用何种方式核算，都要指定专人，设置备查簿，对发放的服装，分部门和领用人登记管理。离职人员应交还所领服装，避免浪费。

（五）折旧费的核算

酒店固定资产最大的项目是电梯、房屋建筑物、中央空调、锅炉等各种大型设施，这些固定资产属于多部门共同使用。因此，很难按使用部门分摊折旧费，一般是在管理费用中核算，或者按照实际使用的房屋面积进行划分。而对于客房专用的设施设备，如客房专用的家具、电器等，则不需要进行分摊。

在对酒店固定资产折旧费用进行核算时，分不清楚使用部门的折旧费用在"管理费用"中核算，能分清使用部门的折旧费用，列入各部门的"销售费用"。

由于酒店客房所涉及的房屋、设施均属于普通的设施，因此，酒店固定资产折旧，一般不使用加速折旧法，普遍使用直线法（平均年限法）计提固定资产折旧。酒店车队的车辆可以采用工作量法，按行驶里程计算折旧。

1. 直线法（平均年限法）

国家税法规定计算固定资产折旧的残值一般为5%。

直线法折旧的计算公式如下：

年折旧额＝（固定资产原值-预计净残值）÷使用年限

月折旧额＝年折旧额÷12

上述公式也可表示为：

$$月折旧率 = \frac{1-5\%}{使用年限 \times 12}$$

月折旧额=固定资产原值×月折旧率

从以上公式不难看出，凡是使用年限相同的固定资产，其月折旧率也相同。在实务当中，为了简化固定资产折旧的计算，可以事先将各种年限的折旧率计算出来，在计算固定资产折旧额时，只需要将原值乘以相应使用年限的月折旧率即可求得，比较方便快捷。

【例2.5】银杏标准酒店客房上月新购一台29寸平面直角电视机，原值3 600元，使用年限5年，残值率5%。

月折旧额=3 600×（1-5%）÷5÷12=57（元）

计提折旧的会计处理为：

借：销售费用——客房——折旧费　　　　　　　　　　　　57
　　贷：累计折旧　　　　　　　　　　　　　　　　　　　　57

2. 工作量法

工作量法又称作业量法，这种方法其实也是一种直线法，它是根据固定资产在使用期间完成的工作量平均计算折旧的一种方法。

按工作量法平均计算折旧，在一定期间内固定资产的工作量越多，其计提的折旧也就越多。工作量法包括以下三种计算方法：①按照工作的小时数计算折旧；②按照台班计算折旧；③按照行驶里程计算折旧。如果酒店中自设车队，那么对其车辆计提折旧时一般应采用工作量法。运用工作量法计提折旧的优点是可以使固定资产的折旧与为企业贡献经济利益的年度分布尽可能一致，但该方法也存在缺点，就是工作量本身比较难确定。

工作量法的三种计算方式：

（1）按工作小时计算折旧：

$$单位工作小时折旧额=\frac{固定资产原值×（1-5\%）}{预计总工作时间}$$

（2）按台班计算折旧：

$$单位台班折旧=\frac{固定资产原值×（1-5\%）}{预计总工作台班}$$

（3）按行驶里程计算折旧：

$$单位里程折旧额=\frac{固定资产原值×（1-5\%）}{预计总行驶里程}$$

【例2.6】银杏标准酒店新购置货运车一辆，原值100 000元，残值率5%，预计行驶500 000千米。本月实际行驶6 000千米，则：

单位里程折旧额=100 000×（1-5%）÷500 000=0.19（元）

本月应计提折旧额=0.19×6 000=1 140（元）

会计处理为：

借：销售费用——车队——折旧费　　　　　　　　　　　1 140
　　贷：累计折旧　　　　　　　　　　　　　　　　　　　1 140

计提折旧的方法除了年限平均法和工作量法等直线折旧法外，还有双倍余额递减法和年数总和法等方法。

双倍余额递减法指在不考虑资产预计净残值的基础上,直接用期初的固定资产原价减去累计折旧,然后再乘以折旧率,这样得出的是固定资产的折旧。需要注意的是运用该方法时应该在折旧到期前的两年内将固定资产净值减去预计净残值的余额平均摊销。

年数总和法指以固定资产的尚可使用年限作为分子,预计使用寿命的年数总和作为分母,计算折旧率,然后使用固定资产原值减去预计净残值的余额乘以这个折旧率,得到的便是折旧额。

双倍余额递减法和年数总和法都属于加速折旧法,加速折旧法的特点就是在固定资产使用的前期多提折旧,后期少提折旧,这样可以使得固定资产的成本在较短的时间内得到补偿。

（六）修理费用的核算

酒店的修理费用有小修理和大修理之分。日常小修理费用发生时,直接列入有关费用核算。

【例2.7】银杏标准酒店发生客房电视机修理费500元,总经理办公室电脑修理费200元,以现金支付。客房发生的修理费计入"销售费用",总经理办公室修理费计入"管理费用",其会计处理为:

借：销售费用——客房——修理费　　　　　　　500
　　管理费用——修理费　　　　　　　　　　　200
　贷：库存现金　　　　　　　　　　　　　　　　　　700

规模较大的装修费用是酒店大修理费的主要构成。现代酒店以设施的完善、安全、舒适、美观作为竞争条件招揽宾客。所以,酒店大都每隔几年便要推陈出新地进行一次相应装修,费用巨大。对这种大额装修费用,有预提和待摊两种核算方法。

1. 预提法

预提法是先由工程专业人员估计出若干年后将进行全面装修的费用预算资料,在持续经营的3~5年内做预提处理。

【例2.8】银杏标准酒店客房部门经工程专业人员估算,5年后进行一次全面装修,约需费用1 800 000元,每月预提1 800 000÷5÷12＝30 000元,则每月的会计处理为:

借：销售费用——客房——修理费　　　　　　30 000
　贷：预提费用　　　　　　　　　　　　　　　　　30 000

沿用【例2.8】的资料,5年后进行装修,装修期间预付装修工程款1 000 000元,则会计处理为:

借：预付账款　　　　　　　　　　　　　　　1 000 000
　贷：银行存款　　　　　　　　　　　　　　　　1 000 000

装修完毕,根据工程决算单,进行工程结算,用银行存款补付工程尾款800 000元,则会计分录为:

借：预提费用　　　　　　　　　　　　　　　1 800 000
　贷：预付账款　　　　　　　　　　　　　　　　1 000 000
　　　银行存款　　　　　　　　　　　　　　　　　800 000

如果预提大修费用不足或有余额,差额做补列或冲销处理。

【例2.9】银杏标准酒店客房已预提大修费用1 000 000元，装修工程完毕，经审定工程决算总额为1 250 000元。施工过程已先后预付工程款1 100 000元，结算时以银行存款150 000元付给施工单位。会计处理为：

　　借：预提费用　　　　　　　　　　　　　　　　　　1 000 000
　　　　销售费用——客房——修理费　　　　　　　　　　 250 000
　　　贷：预付账款　　　　　　　　　　　　　　　　　　 1 100 000
　　　　　银行存款　　　　　　　　　　　　　　　　　　　 150 000

2. 待摊法

有的酒店如果在经营过程中没有预提大修理费用，几年后发生大规模装修费用时，可以按分期摊销处理。

【例2.10】银杏标准酒店客房进行全面装修，施工费用总额150 000元，施工过程中陆续预付工程款合计120 000元，并以银行存款30 000元支付其余结算尾款，由于没有在前期预提相关费用，经研究决定按5年分月摊销。

施工过程陆续已支付工程款的会计分录为：

　　借：预付账款　　　　　　　　　　　　　　　　　　　 120 000
　　　贷：银行存款　　　　　　　　　　　　　　　　　　　 120 000

进行工程结算时的会计分录为：

　　借：长期待摊费用　　　　　　　　　　　　　　　　　 150 000
　　　贷：预付账款　　　　　　　　　　　　　　　　　　　 120 000
　　　　　银行存款　　　　　　　　　　　　　　　　　　　　30 000

按月摊销时的金额为150 000÷5÷12＝2 500（元/月），连续5年进行分摊时，每月做相同的会计处理，其会计分录为：

　　借：销售费用——客房——修理费　　　　　　　　　　　2 500
　　　贷：长期待摊费用　　　　　　　　　　　　　　　　　　2 500

采用待摊法的缺点是装修费用发生以前各期反映的费用水平和利润水平不均衡，做分析比较时应加以说明。

（七）洗衣房的成本核算

酒店的洗衣房一般不对外营业，仅为内部有关部门提供洗涤服务；但有些洗衣房洗涤能力过剩，也可以为其他无洗衣设备的酒店代洗布草以增加收入。

洗衣房因不独立核算，一切费用均包括在客房部门的有关费用项目中。为了正确核算洗衣房的相关成本，应从账面分析统计洗涤耗费和所完成的洗涤量等资料，做账外成本核算，具体可以通过以下步骤完成：

（1）从客房销售费用明细账内统计分析洗衣房水电燃料消耗。水电费的统计可装分表来解决。燃料费因锅炉供应烘干机蒸汽与供应客房热水分不开，可由工程技术人员做估计比例分摊。

（2）从固定资产折旧明细账查明洗衣房占用固定资产的折旧费。

（3）从客房工资表查明洗衣房工作人员工资额并计算职工福利费。

（4）从客房销售费用账户查明耗用洗衣粉、漂白粉、乳化剂等洗涤材料的耗费。

(5) 从客房布草交接簿统计各项布草实际洗涤数量,核算布草洗涤成本。

酒店洗涤成本分摊的计算有两种主要方法:一是标准成本分摊法,二是实际成本分摊法。

1. 标准成本分摊法

标准成本分摊法是根据制定的各种衣服和布件的单位标准成本及其洗涤数量分摊洗涤成本的一种方法。这种方法需要按照一定的步骤来进行分摊核算:

首先,需要制定标准成本。标准成本是根据一定的方法对洗涤部门预测的洗涤成本。洗涤部门可通过测试,确定每台机器每次洗涤各种布件的数量,所消耗的人工费、材料费及其他费用,计算出单位标准成本。为简便起见,可以选择一个洗涤量比较大的布件为标准布件(如毛巾)进行测试,并定标准布件的系数为"1",通过每台次可洗涤的标准布件数量与每台次可洗涤的各种布件数量之比,折算出各种布件的系数。用标准布件的单位标准成本乘以各种布件的系数就可以得出每次洗涤的标准成本。

例如,银杏标准酒店选择客房毛巾作为标准布件进行测试,一台洗衣机每次洗涤50条,洗涤成本为10元,那么其单位标准成本就为0.20元,该台洗衣机每次洗涤某种布件100条,可得出洗涤该种布件的系数为50÷100=0.5,则计算出该种布件每条洗涤的单位标准成本=0.20元×0.5=0.10(元)。

其次,进行洗涤量的统计。每月月末可根据洗衣发票统计客人洗涤衣物的数量,根据内部洗涤单,统计酒店各部门洗涤的布件数量。

再次,进行内部洗涤成本的计算及分配。根据内部各部门各种布件洗涤数量,分别乘以各种布件的单位标准成本,计算出各部门的洗涤成本,并转入各有关部门的费用中去。

最后,核算客人衣服洗涤成本。本期客人衣服洗涤成本等于本期洗涤部门实际发生的洗涤成本减去内部各部门洗涤成本转账数。

标准成本分摊法,利用了固定的标准,简化了成本计算手续,提高了计算速度。由于每月的成本标准不变,酒店各部门可以比较各期洗涤费用发生情况,寻找降低费用的途径。但是,由于内部洗涤成本按标准成本转账,标准成本与各期实际成本之间的差异,将影响当期客人洗涤的成本。因此,在分析洗涤部门经营情况时要考虑该项差异的影响程度。

2. 实际成本分摊法

实际成本分摊法是按洗涤衣物、布件数量及预定价格计算分摊洗涤成本的一种方法。其具体步骤如下:

首先,统计洗衣数量。按部门分类统计出本期洗涤衣物及布件的数量("客人衣服"也作为一个部门)。

其次,制定分摊比例。酒店可选择一个具有相当规模且正常营业的专业洗衣店(场)的洗衣价格,作为同行价格进行参考。根据某种布件(衣物)洗涤数量乘以该种布件(衣物)的同行价格,得出洗涤部门按同行价格计算的当月洗涤该种布件(衣物)的金额。以此类推,可以计算当月洗涤各种布件(衣物)的总金额。每一种布件(衣物)按同行价格计算的洗涤金额占按同行价格计算的洗涤总金额的百分比,即为每种布件（衣物）应分摊洗涤成本的比例。

再次，是对洗涤成本进行计算及分配。每一种布件或衣物的洗涤成本等于当月洗涤总成本乘以每种布件或衣物应分摊洗涤成本的比例。然后再汇总计算各部门当月应分摊的洗涤成本，并转入各部门费用中去。

最后，核算客人衣物洗涤成本。客人衣物洗涤成本等于当月洗涤成本总额减去内部各部门洗涤成本转账数，亦等于当月洗涤总成本乘以客人衣物应分摊洗涤成本的比例。

【例2.11】银杏标准酒店洗衣房4月对客人的洗衣收入4 000元，对外承接的洗涤收入为6 500元，各部门的制服洗涤金额合计13 000元。洗衣房上月库存15 000元，月末库存16 500元，从会计账簿查询到本月洗衣房借方余额的费用为32 000元。酒店内部洗涤的有关资料如表2.12所示，要求：分摊其洗涤成本。

表2.12　酒店内部洗涤的有关资料

项目	毛巾	床单	台布
客房部/条	1 500	1 000	
餐饮部/条			600
同行洗涤价格/元	0.50	2.00	1.5

按同行洗涤价格计算的内部洗涤金额：

毛巾：1 500条×0.50元/条=750（元）

床单：1 000条×2.00元/条=2 000（元）

台布：600条×1.50元/条=900（元）

上述三项金额合计=750+2 000+900=3 650（元）

通过资料，我们可以核算出酒店本月的洗涤总收入金额=内部洗涤收入金额+客衣洗涤收入金额+对外洗涤收入金额+各部门的制服洗涤金额=3 650+4 000+6 500+13 000=27 150（元）。

洗衣房本月实际成本=期初库存+本月发生额-期末库存=15 000+32 000-16 500=30 500（元）

成本分摊率=洗衣房本月实际成本/洗涤总收入金额=30 500/27 150×100%=112.34%

据此计算各类布草应分摊洗涤成本=各类布草的收入×成本分摊率

制服应分摊的成本=∑各部门的制服洗涤金额×成本分摊率=13 000×112.34%=14 604.20（元）。

计算的各部门洗涤成本，分摊进入各部门的费用：

毛巾：1 500×112.34%=1 685.10（元）

床单：1 000×112.34%=1 123.40（元）

台布：600×112.34%=674.04（元）

客衣部分：4 000×112.34%=4 493.60（元）

对外承接的洗衣收入：6 500×112.34%=7 302.10（元）

毛巾、床单的洗涤成本进入客房的损益核算，员工制服的洗涤成本进入各部门的洗涤费用核算。

实际成本分摊法，可以反映当月真实的洗涤成本情况，但其计算烦琐，单位成本每月不同，各期之间不易比较。各酒店可以根据其实际情况，确定使用一种分摊方法。

（八）新增"业务间接费用"科目的使用方法

新增"业务间接费用"科目，并非所发生的各项费用必须先在此科目核算，然后再转入各有关"销售费用"或"管理费用"科目，而是根据实际需要选择使用。例如费用发生时，无法分清应负担的部门，可先在此科目进行归集，然后根据实际情况结转有关费用科目。或者有些费用发生时，当月不能全部转销，部分余额要转移下期处理，前面"物料用品的核算"中已经对倒轧确定消耗量有例题说明，此处不再重复。现仅就前者以例题说明如下。

【例2.12】银杏标准酒店因维修房屋，购进水泥、沙石、木材、元钉、白乳胶、油漆等材料价值5 000元。陆续购进时以银行存款支付3 500元，以现金支付1 500元。施工过程以现金支付泥木工工资2 600元。由于费用发生时尚无法确定应负担的部门，先在"业务间接费用"科目核算。

陆续购进材料时的会计处理为：

借：业务间接费用   5 000
　　贷：银行存款   3 500
　　　　库存现金   1 500

支付施工工资时的会计处理为：

借：业务间接费用   3 000
　　贷：库存现金   3 000

修理完毕，经工程技术人员测量，修缮房屋总面积为1 000平方米，其中：餐厅250平方米、客房550平方米、蒸气浴120平方米、酒店办公室80平方米。

按面积分配修理费用：

每平方米的修理费=（5 000+3 000）/1 000=8（元/平方米）；

餐厅应负担修理费=8×250=2 000（元）；

客房应负担修理费=8×550=4 400（元）；

蒸气浴应负担修理费=8×120=960（元）；

办公室应负担修理费=8×80=640（元）。

会计分录如下：

借：销售费用——餐厅——修理费   2 000
　　　　　　——客房——修理费   4 400
　　　　　　——蒸气浴——修理费   960
　　　　　　——管理费用——修理货   640
　　贷：业务间接费用   8 000

"业务间接费用"属成本类科目，期末可保留余额；损益类科目月末要全部结转"本年利润"科目，余额为零。

第四节 客房费用的性态分析

结合酒店客房成本费用核算的特点，客房费用按照成本性态进行分类。

一、成本性态的概念

成本性态又称成本习性，是指在一定条件下成本总额与业务量总数之间的依存关系。在理解成本性态的定义时，需要重点关注以下三个概念：

（1）成本总额。成本总额是指一定时期内为取得营业收入而发生的各种成本费用的总和，包括全部的生产成本和销售费用、管理费用及财务费用等非生产成本。

（2）业务量。业务量是企业在一定的生产经营期内投入或完成的经营工作量的统称，它既可以用绝对数表示，也可以用相对数表示。绝对数又可细分为实物量、价值量和时间量三种形式；相对数则可用百分比或比率等形式反映。在酒店会计的分析中，业务量通常是指酒店可供出租的房间量和客房的销售量。

（3）一定条件。一定条件是指一定的时间范围和业务量变动范围，即相关范围。

通过性态分析，我们可以从定性和定量两个方面把握成本的各个组成部分与业务量之间的变化规律，这有助于企业正确地进行最优化管理决策，及时采取有效措施，充分挖掘降低成本的潜力，实现最佳经济效益。

二、客房费用按照成本性态的分类

（一）固定费用

固定费用是指在一定时期和一定业务量范围内，其总额不随业务量变动而发生任何数额变化的那部分费用。在酒店会计的实务中，固定费用一般包括客房工作人员的工资、职工福利费、员工工作餐费、按年限平均法计提的折旧费和租赁费等。

固定费用的特征：

（1）固定成本总额的不变性。这一特点是其概念的再现，在平面直角坐标图上，固定成本线就是一条平行于 x 轴的直线，如图 2.3 所示。

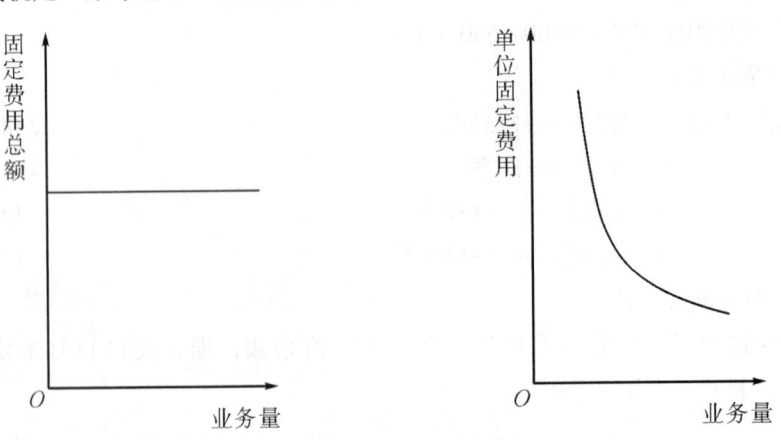

图 2.3　固定费用的性态模型

（2）单位固定费用的反比例变动性。由于上一个特点，单位产品负担的固定成本必然随着业务量的变动呈反比例变动，如图2.3所示。

从图2.3可以看出，酒店客房管理固定费用的主要方式是在一定的相关范围内，通过增加客房的房间数量进而降低每间客房应分摊的固定成本，进而实现固定费用的相对节约。但事实上，由于固定费用在相关范围之内的固定性会依据与高级管理当局意愿的关系而发生差异，因此固定费用根据是否会随着高级管理当局的意愿而发生改变分为酌量性固定费用和固定性固定费用。对于这两类不同的固定费用，其管理和控制的思路是有差异的。那些会随着当前管理当局的意愿而发生改变的费用，称为酌量性固定费用，如不同偏好、风格的管理者决定一个期间内广告的投放量、等级、方式的不同，进而会导致不同的广告费。对于此类固定费用的管理，企业需要紧密结合自身经营的环境和生产经营特点，配合企业战略做好预算，并且严格按照预算进行事中控制。另一部分的固定费用本身不会随着高级管理当局现有的意愿而发生改变，称为固定性固定费用，如折旧费。此类费用是过去决策的结果，是为构建现有的经营能力、组织机构和销售网络等已经发生的费用，因此不会根据当前管理者的意愿而发生改变。对于此类费用进行管理的主要思路是通过扩大产销量来降低每单位产品应分摊的成本。

（二）变动费用

变动费用是指在一定时期和一定业务量范围内，其总额随业务量变动成正比例变化的那部分费用。在酒店会计的实务中，变动费用一般包括客房水费、洗衣费、修理费、按产量法计提的折旧等。

变动费用的特征：

（1）变动费用总额的正比例变动性。变动费用是一条以单位变动成本为斜率的直线。单位变动成本越大，斜率越大，直线坡度越陡，如图2.4所示。

（2）单位变动费用的不变性。变动费用总额的正比例变动性，决定了单位变动成本不受业务量增减变动的影响而保持不变，如图2.4所示。

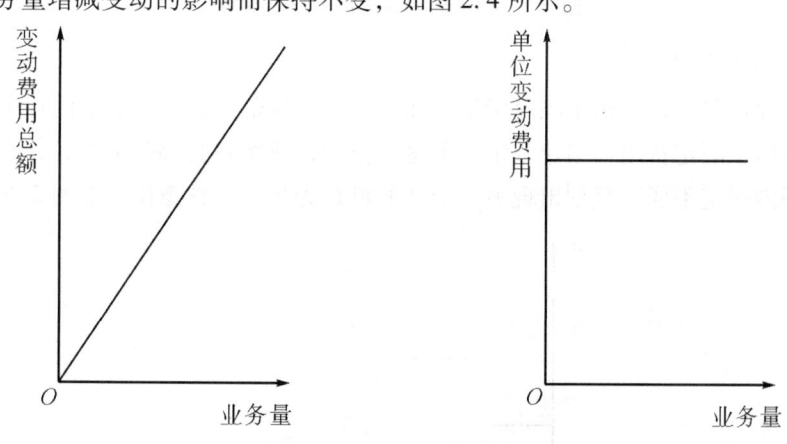

图2.4 变动费用的性态模型

如图2.4所示，由于变动费用的变动性也会根据是否会随着高级管理当局的意愿而发生改变分为技术性变动费用和选择性变动费用。有一部分的变动费用是酒店特定的工艺和技术条件所决定的，其不会随着高级管理当局的意愿而发生改变，称为技术性变动成本。这类费用的管理通常需要改变设计或者由技术创新和变革来实现。另一部分的变动费用其单位变动费用会随着高级管理当局的意愿而发生改变，其与企业的现有经营能力的利用程度和产品的产销情况无关，取决于管理当局的意志以及企业当期的特定经营政策和方针，称为选择性变动费用。这类费用通常需要通过加强预算管理和提高决策水平来实现。

（三）混合费用

酒店客房费用按性态分类，采用了"是否变动"与"是否正比例变动"双重分类标志。不论哪个标志在前，分类的结果都必然产生既不属于固定费用也不属于变动费用，而是游离于两者之间的混合费用。这类费用介于固定费用和变动费用之间，既随业务量变动又不呈正比例变化。混合费用的项目的比较复杂，通常可以分为以下四类：

1. 标准式混合费用

标准式混合费用，又称半变动费用，它是由明显的固定和变动两部分费用合成的，是在一定初始基数的基础上随着业务量的变动而呈正比例变动的费用。这类费用的特点是：通常有一个不变的基数，类似于固定费用，在这个基数之上，其费用总额随着业务量的增长而相应地呈比例增加，类似于变动费用。这类费用是在会计实务中最为普遍的一种。其性态模型如图2.5所示。

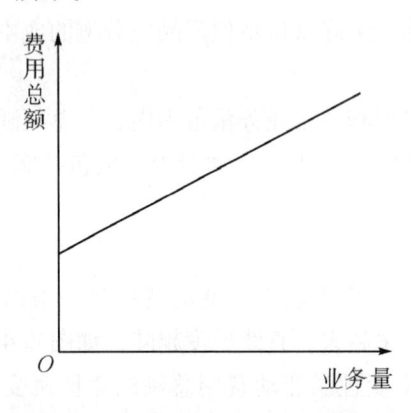

图 2.5 标准式混合费用的性态模型

2. 阶梯式混合费用

阶梯式混合费用，又称半固定费用。在一定业务量范围内其总额不随业务量的变动而变动，类似于固定费用，当业务量突破这一范围，成本就会跳跃上升，并在新的业务量变动范围内固定不变，直到出现另一个新的跳跃为止。其性态模型如图2.6所示。

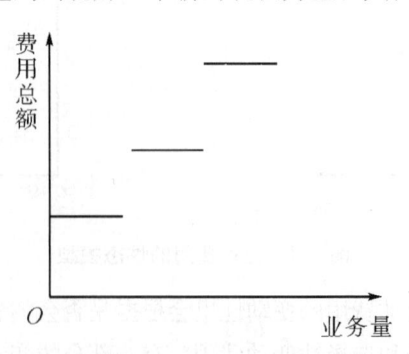

图 2.6 阶梯式混合费用的性态模型

3. 低坡式混合费用

低坡式混合费用,又称延期变动费用。在一定的业务量范围内其总额保持固定不变,一旦突破这个业务量限度,其超额部分的成本就相当于变动费用。其性态模型如图2.7 所示。

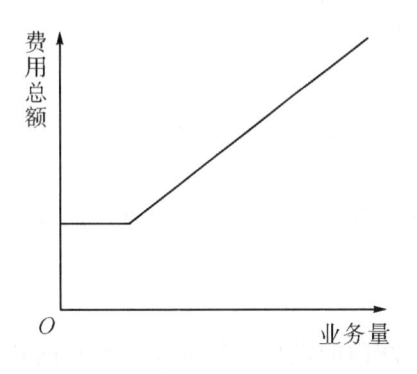

图 2.7　低坡式混合费用的性态模型

4. 曲线式混合费用

曲线式混合费用通常有一个初始量,一般不变,相当于固定费用;在这个初始量的基础上,费用总额随业务量变动但并不存在线性关系,在平面直角坐标图上表现为一条抛物线。按曲线斜率的不同变动趋势,其可以分为递减型混合费用与递增型混合费用。

递增型混合费用,其费用的增长幅度随业务量的增长而呈更大幅度变化,成本的斜率呈递增趋势,在平面直角坐标图上表现为一条凹形曲线,如图 2.8(A)所示。

递减型混合费用,其费用的增长幅度小于业务量的增长幅度,成本的斜率随业务量递减,反映在平面直角坐标图上是一条凸型曲线,如图 2.8(B)所示。

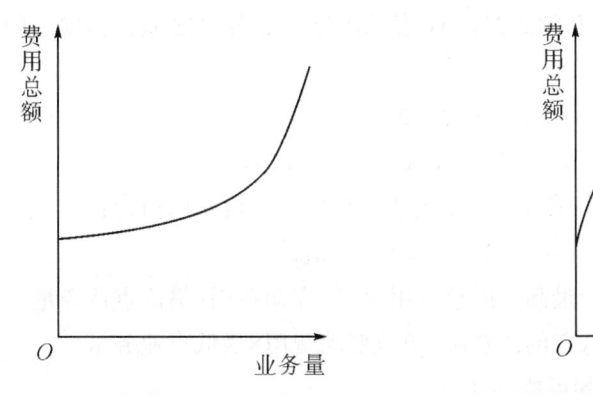

A. 递增式混合费用的性态模型　　B. 递减式混合费用的性态模型

图 2.8　曲线式混合费用的性态模型

三、客房费用的性态分析

性态分析是指在明确各种成本的性态的基础上,按照一定的程序和方法,最终将全部费用区分为固定费用和变动费用两大类,并建立相应函数模型 $y=a+bx$ 的过程。

（一）性态分析的假设

1. 假设一：相关范围假设

在研究性态分析时，必须假定固定费用和变动费用总是处在相关范围之中，即假定时间和业务量因素总是在不改变成本性态的范围内变动。

2. 假设二：一元线性假设

一个简便易行的办法是假定总费用只是一种业务量的函数。同时，为简化分析，假定总费用可以近似地用一元线性方程 $y=a+bx$ 来描述。

（二）性态分析的方法

为了更好地进行管理和分析，在酒店会计中常用的性态分析的方法主要有：高低法、散点图法和回归直线法。

1. 高低法

高低点法是以某一定期间内的最高业务量（高点）的费用总额与最低业务量（低点）的费用总额之差，除以最高业务量与最低业务量之差，先计算出单位变动费用；然后再代入高点或低点的费用公式，求出固定费用部分，这样就可将全部费用分解为固定费用和变动费用两个部分。

高低点法的计算原理：任何一个费用项目都包含变动费用和固定费用两种因素，因而它的数学模型可用直线方程式 $y=a+bx$ 来表示。根据成本性态，固定费用部分 a 在相关范围内是固定不变的，是成本曲线的截距，一般不受高低点业务量的影响；而单位变动费用 b 在相关范围内是个常数，则变动费用总额就会随着高低点业务量 x 的变动而变动。因此，上述公式可改写为：

$$\Delta y = b \cdot \Delta x \tag{2.1}$$

其中，Δy 表示高低点成本总额之差，Δx 表示高低点业务量之差，移项后即可求出单位变动费用 b，公式如下：

$$b = \Delta y / \Delta x \tag{2.2}$$

即：单位变动费用=高低点成本之差/高低点业务量之差

再将 b 的值代入高点或低点的混合成本公式，移项可求得 a 的值为：

$$a = y_{高} - bx_{高} \text{ 或 } a = y_{低} - bx_{低} \tag{2.3}$$

即：固定费用总额=业务量最高点的总费用-单位变动费用×最高点业务量

固定费用总额=业务量最低点的总费用-单位变动费用×最低点业务量

所以，高低点法的基本步骤可概括如下：

第一步，将高低点的费用之差与高低点的业务量之差相比求得单位变动费用。

第二步，将单位变动费用代入总费用的方程式中推算出固定费用总额的数值。

第三步，写出全部费用的模型方程式。

【例2.13】银杏标准酒店客房2021年度电费和房间出租量资料如表2.13所示。

表2.13　银杏标准酒店客房2021年度1—12月电费资料

月份	电费/元	房间出租数/间
1	36 260	2 768

表2.13(续)

月份	电费/元	房间出租数/间
2	33 810	2 642
3	26 950	2 294
4	21 560	2 586
5	18 804	2 290
6	18 896	2 168
7	20 090	2 008
8	36 540	2 380
9	39 360	2 432
10	31 322	2 688
11	26 290	2 808
12	24 500	2 708

要求：运用高低点法对银杏标准酒店的客房电费进行性态分析。

解：根据表2.13的有关数据，可知银杏标准酒店的客房电费在相关范围内的变动情况，其最高业务量和最低业务量实际发生的电费如表2.14所示。

表2.14 最高业务量与最低业务量实际发生的电费资料

	高点（11月）	低点（7月）	差额
业务量 x/间	2 808	2 008	800
电费 y/元	26 290	20 090	6 200

根据表2.14中的数据，可计算出单位变动费用为：

$b = \Delta y / \Delta x = 6\,200 \div 798 = 7.75$（元/间）

将 b 值代入高点费用性态公式并移项可得：

$a = y_{高} - bx_{高} = 26\,290 - 7.75 \times 2\,808 = 4\,528$（元）

将 b 值代入低点费用性态公式并移项可得：

$a = y_{低} - bx_{低} = 20\,090 - 7.75 \times 2\,008 = 4\,528$（元）

综上可得，在银杏标准酒店的客房电费中，固定费用总额为4 528元、变动费用总额为 $7.75x$ 元，全部电费的模型方程式如下：

$y = 4\,528 + 7.75x$

需要注意的是，采用高低点法选用的历史成本数据应能代表该项业务活动的正常情况，不得含有任何不正常状态的成本。此外，通过高低点法分解而求得的公式只适用于相关范围内的情况，超出该相关范围就不再适用。

在实际工作中，如果费用项目的变动部分与业务量基本上保持正比例关系时，采用高低点法进行分解最为简便。但这种分解法仅仅以高、低两点来决定成本性态，因而又带有一定的偶然性。所以，这种方法通常只适用于各期成本变动趋势较稳定的情况；如果各期成本波动较大，仅以高低两点的成本代表所有成本的特性而不考虑其他数据的影响，其计算结果会有较大的偏差。

2. 散布图法

散布图法也称目测法，是一种先以观察的历史费用数据在坐标图上作图，绘出各期费用点散布图；然后通过目测在各费用点之间绘出一条反映费用平均变动趋势的直线，该直线与纵轴的交点即为固定费用总额，再据此计算出单位变动费用的一种分析方法。

具体而言，散布图法可按以下步骤进行性态分析：

第一步，将过去某一期间费用项目的历史数据逐一标在坐标图上，一般以横轴代表业务量 x，以纵轴代表费用金额 y。这样，各个历史数据就形成若干个费用点散布在坐标图上，形成布点图。

第二步，通过目测在各个费用点之间绘出一条能反映费用平均变动趋势的直线。注意应尽量使绘出的这条直线两边的费用点个数相同，并使各点到直线的距离之和达到最小。

第三步，确定固定费用总额的值，即所绘直线与纵轴的交点即为固定费用。

第四步，计算单位变动费用。在所绘直线上任取一点查出对应的业务量和费用值，然后利用公式 $b=(y-a)/x$ 求出单位变动费用。

与高低点法相比，散布图法全面考虑了已知的历史成本数据，排除了只由高低两点确定成本带来的偶然性，计算结果更加精确；同时，用图示反映成本性态更为直观且易于掌握。但由于通过目测绘出的反映费用变动平均趋势的直线仍带有一定程度的主观随意性，因此得到的仍是近似值。

3. 回归直线法

回归直线法是根据过去一定期间的业务量 x 和费用 y 的历史资料，应用最小平方法原理计算出最能代表 x 与 y 的关系的回归直线，借以确定全部费用中固定费用和变动费用的一种性态分析方法。

回归直线法的基本原理：先按散布图法将过去某一期间的费用历史数据逐一在坐标图上标明；然后通过目测在各个成本点之间绘一条能反映 x 与 y 的关系的费用平均变动趋势直线。但绘制这种直线时往往因人而异，难以确定哪一条直线较为准确。从数学的观点来看，应选用全部观测数据（费用点）的误差平方和最小的直线，这条直线在数理统计中称为回归直线。因为这种方法要使所有费用点的误差平方和达到最小，故又称之为最小平方法。

运用回归直线法进行性态分析时，首先假设费用的直线方程式为 $y=a+bx$，其中 y 代表费用总额，x 代表业务量，a 代表总费用中的固定费用总额，b 代表总费用中的单位变动费用，然后根据基本方程式及实际采用的一组（n 个）观测值建立回归直线的联立方程式。具体方法如下：

第一步，先将上述基本方程式用 n 个观测值的和的形式来表示，可得：$\sum y = na + b\sum x$

第二步，移项化简后可得：$a = (\sum y - b\sum x)/n$

第三步，对第一个公式两边各项用业务量 x 进行加权，可得：$\sum xy = a\sum x + b\sum x^2$

第四步，将两式合并后移项化简，可得 $b = (n\sum xy - \sum x \sum y)/(n\sum x^2 - (\sum x)^2)$

将有关数据代入上述公式，先后求出 b 和 a 的值，最终可将总费用分解为固定费用和变动费用。

与高低点法和散布图法相比，回归直线法得到的结果更加精确，但这种方法的计算工作量较大且不易掌握，一般适宜在有先进电算化条件的企业中应用。

需要说明的是，以上三种性态分析方法都包含估计的成分，带有一定程度的假定性，其分析结果均不可能绝对准确，且要求有相应的历史成本数据。所以在实际运用时，必须考虑运用的条件是否具备；如果条件不具备，就应考虑其他的混合成本分解方法。

第五节　客房保本点和保利点的测算

一、客房保本点的测算

客房保本点是酒店客房正好处于不盈不亏状态那一点的业务量，也就是"所得"等于"所费"，或"营业收入"等于"营业费用"时的业务量，亦称为"盈亏临界点""损益平衡点"等。

客房保本点在酒店会计中是一个十分重要的概念，因为保本是获利的基础，任何一个企业预测目标利润时，首先要预测保本点，超过保本点，再扩大销售量或增加销售额才谈得上获得利润。在对客房费用进行性态分析之后，酒店客房的全部费用被分为固定费用和变动费用两个部分，再利用业务量、费用和利润之间存在的一定函数关系，就为酒店客房进行保本点的测算与分析提供了条件。

（一）保本点的表现形式

保本点有两种表现形式：一种是用实物数量表现，称为保本销售量，即销售多少数量的房间才能够保本，简称"保本量"；另一种是用货币金额来表现，称为保本销售额，即销售多少金额的产品才能够保本，简称"保本额"。

（二）测算客房保本点的步骤

1. 统计酒店拥有的客房间数

在测算酒店客房保本点时，首先需要统计出酒店可供出租的房间数量，因为只有知道了酒店的房间数量才可以计算出每一间房间所应该承担的单位变动费用是多少，而单位变动费用是测算客房保本点的重要依据。

2. 确定每间客房平均销售单价

由于酒店每类客房的销售单价是不一样的，比如酒店的标准间和套房的销售单价就不一致，所以在确定每间客房的平均销售单价时，需要结合历史资料，用酒店销售收入总额除以当期出租的房间总数。

3. 收集和整理有关费用资料

在完成了对客房房间数的统计和平均单价的计算之后就需要对有关的费用资料进行收集和整理，最主要的就是将客房发生的销售费用划分为固定费用和变动费用。

(三) 测算客房保本点的方法

1. 本量利分析法

本量利分析也叫盈亏平衡分析，是以性态分析为基础，分析企业生产经营过程中的成本、业务量与利润之间内在联系的一种经济分析方法。借助本量利分析，酒店可以明确客房的销售量、费用和利润之间的特定数量关系，确认有关因素发生变动后对酒店经营利润所能产生的影响，进而为酒店进行各种经营决策，以及实施成本控制和业绩评价等提供依据；还可以与酒店的经营风险分析相联系，依此分析企业经营的安全程度及经营状况，促使企业努力降低经营风险，提高经营效益。

(1) 本量利分析的基本假设。在本量利分析中，成本、业务量和利润之间的数量关系是建立在一系列假设基础上的。这些基本假设一方面有助于建立简单数学模型来反映成本、业务量、利润之间的关系；另一方面又给数学模型的应用带来很大的约束和限制。如果在分析中不注意这些基本假设，往往会导致错误的结论。本量利分析的基本假设主要有以下三个：

一是性态分析假设。本量利分析是建立在费用按照性态划分的基础之上的，因此对费用进行性态分析是其最基本的假设。该假设要求企业将所发生的全部费用按其性态划分为变动费用和固定费用，并且变动费用与业务量呈正比例变动，固定费用保持不变。

二是相关范围假设。本量利分析假设无论是固定费用还是变动费用，其固定性或变动性均体现在特定的期间内，其金额是在一定的业务量范围内分析计量的结果。超出了相关范围，其性态会发生变化，因而会影响到对本量利分析结果。

三是线性关系假设。线性关系假设包括以下几个方面的内容：首先，假设销售单价为常数，销售收入是关于销售数量的简单线性函数，即销售收入与销售量呈正比例关系。该假设的前提条件是产品处于成熟期，售价比较稳定。其次，在相关范围内，单位变动费用为常数，变动费用与业务量呈正比例关系，即变动费用函数也表现为线性方程。最后，在相关范围内，固定费用的总额保持不变，固定费用函数是一条水平直线。

(2) 本量利分析的基本公式。客房费用按照性态进行的分类实际上明确了费用与业务量之间的数量关系，若以此为基础进一步扩展和延伸，将利润因素引入，则可确立费用、业务量和利润三者之间的数量依存关系，这种数量关系用数学模型描述出来，便是本量利分析的基本公式，即

$$利润 = 销售收入总额 - (固定成本总额 + 变动成本总额) \quad (2.4)$$

进一步分析可得

$$利润 = (销售单价 - 单位变动费用) \times 销售量 - 固定费用总额 \quad (2.5)$$

设销售单价为 p，销售量为 x，固定成本总额为 a，单位变动成本为 b，利润为 P。将这些符号代入上述方程式，则为

$$P = (p-b)x - a \tag{2.6}$$

上述公式中的利润 P，是指未扣除利息和所得税以前的"营业利润"，也就是所谓的"息税前利润"。另外，在上述本量利分析的基本公式中，涉及五个因素，即 p、a、b、x、P，并将 P 放在等号左边，这种形式有利于确定计划期的预计利润。如果待求的数值是利润以外的其他变量，则可通过移项，把待求变量放在等号左边，其他参数放在右边，从而形成本量利分析基本公式的四个变形方程式如下：

销售单价=（固定费用总额+单位变动费用×销售量+预计利润）÷销售量 (2.7)

单位变动费用=（销售单价×销售量-固定费用总额-预计利润）÷销售量 (2.8)

固定费用总额=销售单价×销售量-单位变动费用×销售量-预计利润 (2.9)

销售量=（固定费用总额+预计利润）÷（销售单价-单位变动费用） (2.10)

（3）本量利分析法在客房保本点测算中的应用。根据本量利分析的基本公式来测算客房的保本点时，只需要假设利润为零，此时企业刚好处于不盈不亏状态。因此，假设利润 $P=0$ 时，本量利分析的基本公式可改写为

$$0 = (销售单价-单位变动费用) \times 销售量-固定费用总额 = (p-b)x - a$$

通过求解该方程，可得

$$x = a/(p-b) \tag{2.11}$$

必须指出，上面求得的 x 是有特定含义的，是在利润为零条件下的销售量，即保本销售量。因此，采用本量利分析基本公式确定的保本点计算公式为

保本销售量=固定费用总额（a）/（销售单价（p）-单位变动费用（b））

(2.12)

保本销售额=销售单价（p）×保本销售量（x） (2.13)

【例 2.14】银杏标准酒店 2021 年 4 月客房相关费用的基本资料如表 2.15 所示。

表 2.15 银杏标准酒店 2021 年 4 月客房相关费用的基本资料 单位：元

变动费用		固定费用	
项目	金额	项目	金额
电费（按 70%）	42 000	工资	40 000
燃料费（按 70%）	35 000	福利费	5 600
水费	6 600	工作餐费	4 000
物料消耗	2 4 440	折旧费	140 000
修理费	4 200	提取大修理费	6 000
洗涤费	3 000	电费（按 30%）	18 000
合计	115 200	燃料费（按 30%）	15 000
		电话费	7 160
房间数量	160 间	分摊管理费用	38 800
房间定价	120 元/天	合计	274 560

要求：根据上述信息计算银杏标准酒店 2021 年 4 月的保本点。

解 单位变动费用 b＝变动费用总额÷该月可供出租房间数
$$=115\,200÷160×30=24（元/间）$$
保本量＝固定费用总额（a）÷（销售单价（p）－单位变动费用（b））
$$=274\,560÷（120-24）=2\,860\text{ 间}$$
保本额＝销售单价（p）×保本销售量（x）＝120×2 860＝343 200（元）

2. 图示法

预测保本点时除了利用本量利分析法还可以根据有关资料，采用绘制保本图的方式来进行。

保本图实际上就是围绕保本点，将影响企业盈利的有关因素及其相互关系，集中在一张图上形象而具体地体现出来。我们通过保本图，可以一目了然地看出有关因素的变动对利润产生的影响，有助于决策者在经营管理工作中提高预见性和主动性。保本图虽具有直观、简明的优点，但因为它依靠目测绘制而成，所以不可能十分准确。

保本图可根据不同目的及所掌握的不同资料而绘制成不同形式的图形，通常有传统式保本图和量利式保本图两种。

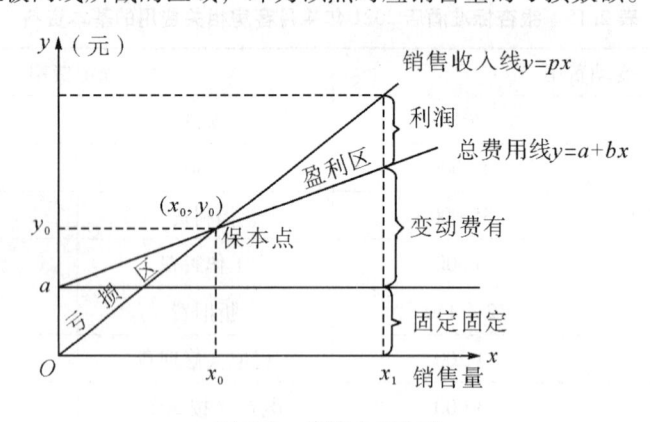

（1）传统式保本图（见图2.9）。传统式保本图的制作方法是：一般以横轴表示销售量，纵轴表示销售收入和费用的金额，在图上画出反映总收入、总费用递增情况的两条直线，这两条直线的交点就是保本点。

如图2.9所示，总收入线与总费用线相交的点就是保本点，由此点向横轴画垂直线截于x_0，即表示保本销售量为x_0间；由此点向纵轴画垂直线截于y_0处，即表示保本销售额为y_0元。在保本点左下方，介于总收入线与总费用线之间的是亏损区，在保本点右上方，介于总收入线与总费用线之间的是盈利区。从总收入线上任何一点向横轴画一条垂直线，在盈利区被总收入线和总费用线所截的区域，即为该点对应销售量的利润数额；相反，在亏损区被两线所截的区域，即为该点对应销售量的亏损数额。

图2.9 传统式保本图

传统式保本图可以帮助我们认识有关因素相互之间的一些规律性的变动关系：

①若保本点不变，销售量越大，能实现的盈利额就越多；相反，销售量越小，亏损额越大。这是企业希望通过扩大销售量来增加盈利的政策依据。

②若销售量不变，保本点越高，盈利区域越小，亏损区域就越大，表示能实现的盈利越小；反之亦然。

③在销售收入既定的情况下,保本点的高低取决于单位变动费用和固定费用总额的多寡。若单位变动费用或固定费用总额越小,保本点也就越低,盈利区域越大;相反,保本点越高,盈利区域越小。这是很多企业利用低成本战略来扩大利润的盈利模式的政策依据。

明确上述规律有助于企业管理当局根据各因素的变化有预见性地采取相应措施,调整盈利模式和战略定位,实现扭亏增盈的目标。

(2)量利式保本图。这种图示将纵坐标上的销售收入及费用因素均省略,使整个图形仅仅反映销售数量与利润之间的依存关系,因此,这种图形也被称为利润图。利润图是一种简化的保本图,因其简明扼要,易于理解,通常受到企业高层管理部门人员的欢迎。

量利式保本图的绘制方法如下:

第一步,在直角坐标系中,横轴表示销售数量,纵轴表示利润或亏损。

第二步,在纵轴利润等于零的点上画一条水平线,即 x 轴,代表损益平衡线。

第三步,在纵轴上标上固定费用总额点,该点即为销售量为零时的亏损数。

第四步,在横轴上任取一个整数销售量,然后计算在该销售量水平下的损益数,并依此在坐标图中再确定一点,连接该点与固定费用总额点,即可画出利润线。

第五步,利润线与损益平衡线的交点即为保本点。如图 2.10 所示。

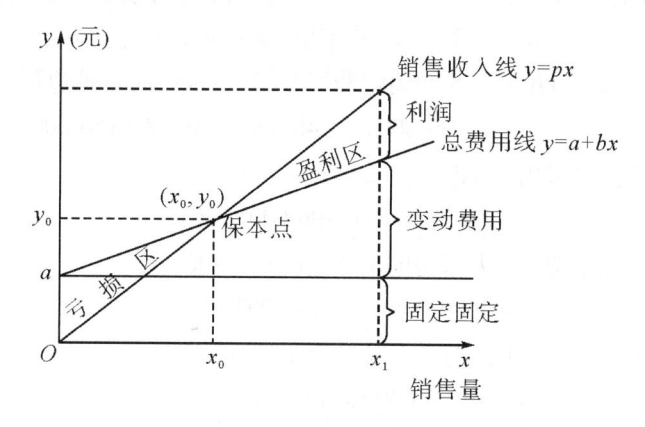

图 2.10 量利式保本图

(四)多品种条件下的保本分析

对于绝大多数的酒店来说,在其设计酒店产品时,都不会选择只向顾客提供一种类型的客房。而是会根据客人的不同需求和用途设置不同种类的客房。酒店客房的分类标准在不同地区、不同级别、不同类型、不同品牌的酒店之间并不统一。一般来说,常见的酒店客房种类包括单人间、标准间、大床房、套间客房、总统套房等,一些酒店还会提供公寓式客房、特色客房等。

对于一家酒店来说,其客房产品的种类往往是多种多样的,而且每一种客房的数量也是参差不齐的。因此,在对客房进行保本分析时,单一品种的保本分析是不符合酒店经营的实际情况的。为了解决这一问题,就需要结合酒店客房产品的实际类型,采用多品种条件下的保本分析方法来对酒店客房进行保本分析。目前,进行多种产品保本分析的方法主要包括主要品种法、分算法、联合单位法等。

1. 主要品种法

在企业生产和销售多种产品的情况下,其保本点的预测无法用实物量表现,而只能用金额来反映,只能计算保本销售额。但在生产多品种产品的企业中,如果该企业生产的各种产品,只有一种销售额比重极大的主要产品,其他产品的销售额比重极小。为了简化计算,可把它们视同单一产品,并按主要产品的相关数据进行保本分析。

采用这种方法进行预测,可能会出现一些误差,但只要事先掌握误差的方向和大致的幅度,适当加以调整,则该方法不失为一种简便的方法。

2. 分算法

分算法是指先将固定费用总额分配给各种产品,然后每种产品分别按单一产品保本点的计算方法进行计算的一种方法。

采用这种方法的前提是固定费用总额在各种产品之间具有可分性。在分配固定费用时,专属固定费用直接分配,共同固定费用则应选择适当的标准分配给各种产品(例如:可采用销售额或销售量的比例等)。

【例2.15】银杏标准酒店常年向顾客提供标准间、大床房和行政套房三类客房,经测算:标准间的变动费用为100元/间,定价为300元/间;大床房的变动费用为80元/间,定价为280元/间;行政套房的变动费用为250元/间,定价为500元/间。此外,酒店每月发生的固定费用预计为30万元。酒店三类房间的房间数量分别是:40间、60间、20间。

要求:根据以上信息采用分算法对该酒店的客房进行保本分析。

解　共同固定费用分配率=共同固定费用总额÷各种产品贡献边际之和

$$=300\,000÷(240\,000+360\,000+150\,000)=0.4$$

标准间分配的固定费用=标准间的贡献边际×分配率

$$=240\,000×0.4=96\,000（元）$$

大床房分配的固定费用=大床房的贡献边际×分配率

$$=360\,000×0.4=144\,000（元）$$

行政套房分配的固定费用=行政套房的贡献边际×分配率

$$=150\,000×0.4=60\,000（元）$$

标准间保本量=标准间分配的固定费用÷(标准间单价-标准间单位变动费用)

$$=96\,000÷(300-100)=480（间）$$

大床房保本量=大床房分配的固定费用÷(大床房单价-大床房单位变动费用)

$$=144\,000÷(280-80)=720（间）$$

行政套房保本量=行政套房分配的固定费用÷(行政套房单价-行政套房单位变动费用)

$$=60\,000÷(500-250)=240（间）$$

3. 联合单位法

联合单位法是在事先掌握多品种之间客观存在的相对稳定的产销实物量比例的基础上,确定每一联合单位的单价和单位变动费用,然后进行多品种条件下保本分析任务的一种方法。

【例2.16】(续例2.15)根据银杏标准酒店的相关资料,采用联合单位法对该酒店的客房进行保本分析。

解 三种房间的销量比=1 200∶1 800∶600=2∶3∶1

联合产品的单价=标准间单价×2+大床房单价×3+行政套房单价×1
= 3 在 00×2+280×3+500×1=1 940（元）

联合产品的单位变动费用=标准间单位变动费用×2+大床房单位变动费用×3+
行政套房单位变动费用×1
=100×2+80×3+250×1=1 250（元）

联合产品的保本量=固定费用总额/（联合产品单价-联合产品单位变动费用）
= 300 000/（1 940-1 250）=240（间）

标准间保本量=联合产品保本量×2=240×2=480（间）
大床房保本量=联合产品保本量×3=240×3=720（间）
行政套房保本量=联合产品保本量×1=240×1=240（间）

二、客房保利点的测算

在市场经济条件下，企业绝不可能仅仅以不亏本为满足，而是要根据市场供需情况和企业本身的条件不断寻求发展。企业追求利润是其生存和发展的前提。保本分析表明，当产品的实际销售数量高于保本点时，企业就能产生利润，而且随着销售数量的增加，企业利润也会逐渐提高。保利分析也称为目标利润分析，就是分析当企业定了利润目标后，为实现利润目标而进行的产品销售数量规划。通过保利分析，我们可以确定为企业实现利润目标而应达到的销售量目标或销售额目标。

与目标利润对应的销售量或销售金额就是保利点，即在单价和费用水平既定的情况下，为确保实现确定的目标利润而应当达到的销售量或销售额的总称。保利点一般有两种表现形式：一种是用实物量表现，称为保利销售量；另一种是用价值量来表现，称为保利销售额。

在进行客房保本点的测算时，只需要确保酒店客房的销售收入能够弥补酒店客房的费用总额；而在进行客房保利点的测算时，客房的销售收入不仅要能够弥补客房的费用总额，还需要给酒店带来一定的利润。因此，要想让酒店实现一定的目标利润，就是要让酒店客房的销售收入等于客房销售费用与目标利润之和。由此可得保利点的计算公式为

实现目标利润的销售量=（目标利润+固定费用总额）÷（单价-单位变动费用）
(2.14)

实现目标利润的销售额=实现目标利润的销售量×单价 (2.15)

【例2.17】银杏标准酒店2021年7月客房的平均销售单价预计为480元，单位变动费用预计为130元/间，固定费用总额为173 000元。

要求：若该酒店2021年7月要实现10万元的利润，那么至少要销售多少间房间？

实现目标利润的销售量=（目标利润+固定费用总额）÷（单价-单位变动费用）
=（100 000+173 000）÷（480-130）=780（间）

实现目标利润的销售额=实现目标利润的销售量×单价
=780×480=374 400（元）

本章小结

本章主要讲述了酒店客房的管理和会计核算，包括宾客入住和离店的手续制度、宾客结账服务、酒店会计核算的制度、客房营业日报表的编制等，介绍了如何根据营业日报表编制会计分录，同时，介绍了"应收账款——应收户"与"应收账款——预收户"的区别，使学生能够准确识别客房销售费用，掌握客房销售费用的管理和核算，运用本量利分析法，进行客房保本点保利点的测算。学生通过对本章的学习，能掌握客房的管理和核算相关知识，重点在于能与工业企业收入核算区别开来。

知识测试

一、单项选择题

1. 无法分清部门的折旧费应该计入（　　）账户。
   A. 管理费用　　　　　　　　B. 销售费用
   C. 制造费用　　　　　　　　D. 财务费用

2. 变动费用总额和固定费用总额分别具有（　　）。
   A. 反比例变动性和正比例变动性
   B. 正比例变动性和反比例变动性
   C. 正比例变动性和不变性
   D. 不变性和正比例变动性

二、多项选择题

1. 下列各项中，应为酒店销售费用的有（　　）。
   A. 客房部员工服装费
   B. 餐饮部员工工作
   C. 餐厅物料消耗
   D. 前厅部经理工资

2. 酒店大修理费用一般金额巨大，因此在核算的时候通常可采用（　　）。
   A. 直线法
   B. 预提法
   C. 加速法
   D. 待摊法

三、业务处理题

1. 目的：练习根据客房营业日报表按应收应付制编制有关会计分录（见表2.16）。

表 2.16　客房营业日报表

2020 年 10 月 1 日　　　　　　　　　　　　　　　　　　　单位：元

今日应收		结算	
项目	金额	项目	金额
房金	16 000	昨日结存	18 000
加床	500	今日收款	21 000
迷你吧	150	今日应收	17 600
电话	100	今日结存	21 400
餐费	600	宾客挂账内容	
洗衣	50	单位或姓名	金额
赔偿	200	刘涛	1 200
应收合计	17 600		

附注	今日可出租房	间
	今日实际出租房	间
	出租率	%
	今日维修房	间
	今日空房	间

要求：根据以上资料编制会计分录。

2. 目的：练习收回宾客挂账的账务处理。

资料：

（1）收回宾客刘涛挂账现金 1 200 元。

（2）收回宾客王正挂账的银行转账支票 1 000 元。

（3）收回宾客张兴挂账现金 500 元。

要求：

根据以上资料编制会计分录。

四、计算题

案例分析——王老板的酒店投资项目

王老板打算投资 1 500 000 美元购买一家有 60 间客房的酒店。根据市场分析，该酒店的平均房价是 39.95 美元，单位变动费用为 12.00 美元，每年固定费用预计为 400 000 美元。请计算：

（1）这家酒店在保本点的年客房出租率要达到多少？

（2）如果王老板要在四年后收回投资成本，也就是每年获得相当于全部投资的 25% 的毛利（税前），该酒店的年客房出租率应该达到多少？是否可能实现？

综合实训

1. 项目名称：五星级酒店客房保本点保利点测试

2. 实训目标：熟练运用保本点保利点测试方法，对酒店产品进行定价。

3. 实训任务：

（1）分小组完成任务，5~6人一组。

（2）选择一家五星级酒店作为测试对象，通过网络调查、实地调研，统计该酒店的房间间数，统计相关费用资料，了解该酒店客房的固定费用、变动费用。

（3）运动保本点保利点测算方法，对该酒店产品进行定价。

（4）每个小组形成文字性报告材料，并以ppt形式分组汇报。

第三章

餐饮的管理和核算

学习目标

1. 了解酒店餐饮部门的组织结构。
2. 熟悉酒店餐饮服务方式。
3. 理解餐饮业务的特点。
4. 掌握酒店餐饮所涉及的常用餐单及其管理办法。
5. 掌握不同情况下，酒店餐饮营业收入的具体核算。

案例导读

进货单、菜单引出定价、成本

国家统计局发布的数据显示，2021年年初受局部疫情影响较大的住宿、租赁及商务服务、居民服务等行业商务活动指数回升至景气区间。2021年3月，餐饮收入3 511亿元，同比增长91.6%。

作为酒店的第二大收入来源，餐饮部门涉及了从材料采购、成本控制、收入核算等一系列财务工作。如何保证菜品质量，保持成本稳定并顺利实现餐饮收入的同时，不断提高餐饮收入的占比成为众多酒店不断思考和努力改进的方向。

图3.1为银杏标准酒店大堂吧的部分菜单，假设某日，大堂吧售出10杯美式摩卡，21份烟熏鱼盘，5份坚果，作为收银员，你应该如何填制相关餐单？财务部在收到你所提供的相关资料后又将如何记录相关收入，并确认相关成本？

大堂吧小吃菜单
LOBBY LOUNGE SNACK MENU

	份 Portion
坚果 牛轧糖，榛子泡芙，杏仁巧克力 Nuts Pistachio dougat, hazelnut éclair, almond chocolate	28
美味花香 桂花糕，抹茶慕斯，茉莉花奶冻 Taste of flower Osmanthus jelly, green tea mousse, jasmine panna cotta	28
中华小点 香炸芝麻球，榴莲酥，芋头酥 Taste of Chinese Deep fried sesame ball, durian puff, deep fried taro	38
烟熏鱼盘 烟熏马鲛鱼卷，烟熏鳗鱼寿司，烟熏三文鱼鱼子酱 Smoked Fish Platter Smoked mackerel crespelle, smoked eel sushi, Smoked salmon with caviar	48
亚式风味 泰式鱼饼，印度烤鸡，炸春卷 Taste of Asia Thai fish cake, chicken tikka, deep fried spring roll	48

以上价格以人民币为单位并已含服务费及税金。
All prices are quoted in RMB and are inclusive of service charge and tax.

图 3.1　银杏标准酒店大堂吧的部分菜单

第一节　酒店餐饮的基本常识

酒店餐饮虽不是酒店最大的收入来源，但作为酒店客房服务的配套服务，酒店的餐饮具有更大的创收潜力，在旺季时，相对于满房后无法扩容的客房服务，酒店可以通过增加座位、调整会议室、延长营业时间等方式在餐饮部分取得超额收入，正因如此，餐饮也是酒店中非常重要的一个收入来源。

一、酒店餐饮部门的组织结构

图 3.2 是银杏标准酒店餐饮部门的组织结构图。通过该结构图我们可以总结出，酒店餐饮部主要涉及两个分支，一个是直接面向客人的各式餐厅，另一个便是支撑餐厅菜品供应的厨房。

（一）餐厅

餐厅作为客人的用餐场所，其是酒店获得餐饮营业收入的直接地点。正因如此，酒店通常将其称为餐饮收入营业点，而餐饮收入营业点数量以及类型的设置，存在千差万别。每个酒店会根据其自身规模、定位甚至类型的不同情况进行具体安排。举例来说，规模较小、定位较低的商务型酒店，可能只有一个餐厅，具体菜品的提供方式以及种类会根据客人的需求进行调整。而规模较大、定位较高的豪华型酒店，可能会在酒店的不

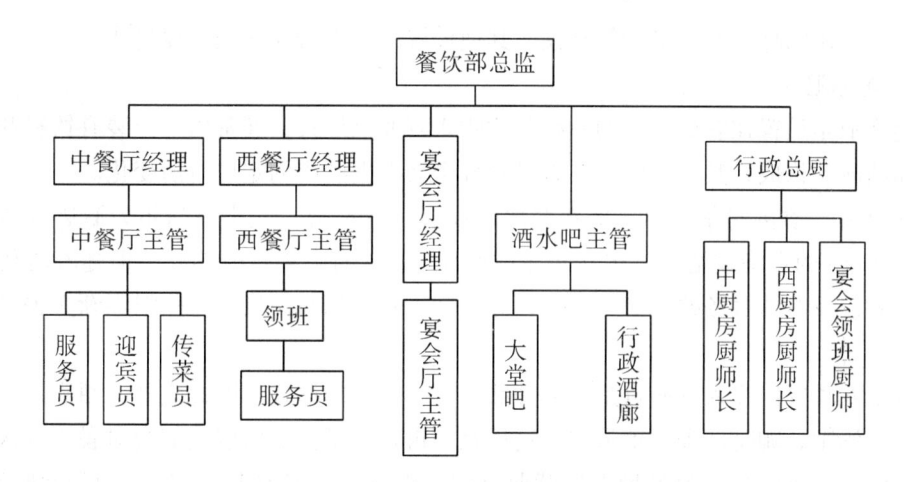

图 3.2　酒店餐饮部门的组织结构

同位置设有 5~6 个餐厅，每个餐厅都各有特色，以同时满足不同客人的就餐需求。

常见的餐饮收入营业点形式一般有以下六种：

1. 中餐厅

中餐厅通常是我国酒店中最常见的一种餐饮收入营业点形式，其虽然在酒店所占的面积不大，但拥有专门的厨房，大部分时候是为寓客提供零星的用餐服务，一般只提供午餐和晚餐，结算方式以现结为主，高档一点的酒店会在中餐厅设置 10 个左右的包间，以保证客人用餐环境的私密性。

2. 西餐厅

西餐厅是星级酒店必备的另一种餐饮收入营业点形式，与中餐厅一样，其拥有专门的厨房，提供包括客房附送的免费早餐、中午和晚上的西餐自助所需要的菜品，就餐形式多为自助，结算方式以及就餐客人的来源相对于中餐厅会更加多元。

3. 宴会厅

宴会厅是酒店占地面积较大的一种餐饮收入营业点形式，一般酒店会设有多个宴会厅，以承载不同规模的宴会或者会议的用餐需求，大型的宴会厅可以同时承接几十桌、上百桌宴席，小型的只能接待几桌，其就餐形式也可以根据客人的需求，选择中餐桌席、西餐自助、鸡尾酒会等，因此，宴会厅并没有专门的厨房，而是根据承接的业务，借助中餐厨房和西餐厨房来供应菜品。

4. 大堂吧

大堂吧通常是设在酒店一楼大堂柜台旁的一种餐饮收入营业点形式，最开始是酒店用来为客人提供休憩和等候的公共区域，随着人们消费需求和酒店经营的拓展，逐渐使得酒店这一公共休息区域发展成为兼具消费和休息的区域，其主要为客人提供茶、咖啡以及一些小吃和快餐。

5. 行政酒廊

行政酒廊，一般译为 Executive Lounge 或 Club Lounge，是酒店给入住行政客房的客人专用的餐饮收入营业点，也是高端商务客人的休闲区。

在大多数情况下，酒店均会在高楼层即行政客房的楼层设置行政酒廊。它拥有相对私密的空间、更好的景观以及相对更好的服务。行政酒廊对入住行政楼层的客人免费开放，主要提供咖啡、茶、果汁等软饮。其他楼层的客人若要使用需要付费。

6. 迷你吧

迷你吧是设置在客房内部的一种餐饮收入营业点形式，通常由一个装有饮料和零食等物品的冰箱构成，其配置的物品数量及种类会根据酒店的定位有所变化。

1974年，香港希尔顿第一次在客房内设置了迷你吧，此举在当年为酒店创造了送餐服务500%的史诗级增长，也让希尔顿收获了5%的全年营收增长，但随着时代的变化，外卖以及跑腿服务的经济与便捷，导致所售物品相对昂贵的迷你吧逐渐失去了往日的辉煌。

以上6种餐饮收入营业点是大部分酒店都会配置的形式，除此之外，酒店还会有特色餐厅、酒吧、咖啡厅等其他形式，这里就不再赘述了。之所以我们会对餐饮收入营业点进行细分，不仅是因为各种类型营业点的特点导致了其在核算过程中有着细微的差异，更是因为在成本管理中，我们不仅需要了解酒店各个部门的成本费用，甚至需要将该成本费用细分到各部门的营业点，以便于进行针对性的改善。

（二）厨房

酒店的规模、定位以及类型，决定了其所设置的餐饮收入营业点的规模和类型，进而最终影响厨房的构成，因此，厨房的组织结构并没有统一的模式，本书将以大部分酒店的普遍情况为基础，具体讲解中餐厨房和西餐厨房的组织结构、生产流程以及卫生安全。

1. 厨房的组织结构

对于中餐厨房来说，根据中餐菜品的特点，其通常由加工部门、配菜部门、炉灶部门、冷菜部门和面点部门共同组成，具体如图3.3所示。其中，加工部门属于菜肴的初加工阶段，主要负责洗菜、选菜、宰杀畜、禽、鱼和干货发泡等工作；配菜部门属于菜肴的中加工阶段，主要负责切配、调味、腌制、成型等工作；炉灶部门是厨房的关键部门，属于菜品的完成阶段，一般由有较高技术的厨师掌勺，主要负责将原材料或半成品最后烹制成菜肴；冷菜部门负责冷菜及水果拼盘等的制作和供应；面点部门负责各类面点、主食及糕点的制作和供应。

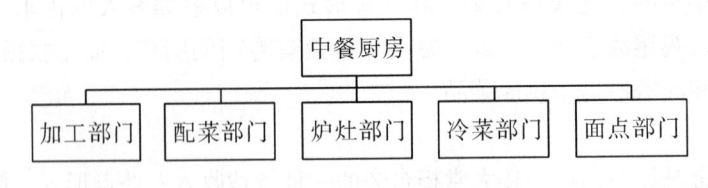

图3.3　酒店中餐厨房组织结构

西餐厨房的组织结构和人员结构根据厨房规模的大小而不尽相同。一般中小型厨房由于生产规模小，人员也较少，所分部门较少，一个部门可能会兼顾完成多个制作环节，同时完成多种菜式的提供。而大型厨房，生产规模大，分工细，部门齐全，其组织结构也就较为复杂。

一般来说小型西餐厨房不会再下设部门，所有的菜式都由厨师及助手配合完成（见图3.4）。中型西餐厨房会将西厨分为加工部门、蔬菜制汤部门、热菜部门以及甜点部门四个，分别负责菜品的材料准备、前菜、主菜以及甜点等不同菜式的制作工作（见

图 3.5)。在大型西餐厨房中,其部门分工更加细致,主要由加工部门、冷菜部门、热菜部门、烤炉部门、甜点部门组成,甚至会加设轮转组,保证西餐厨房能够在客人较多时正常运转,具体如图 3.6 所示。

图 3.4　小型西餐厨房组织结构

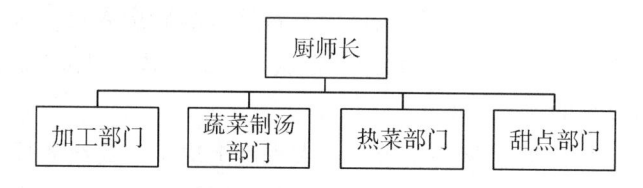

图 3.5　中型西餐厨房组织结构

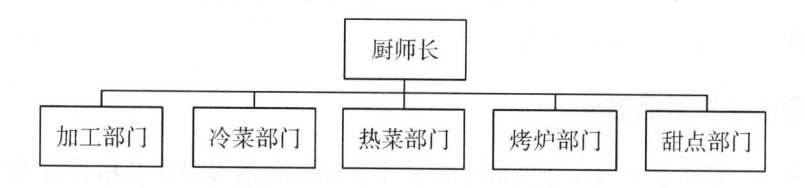

图 3.6　大型西餐厨房组织结构

2. 厨房生产流程

酒店厨房生产流程见图 3.7。

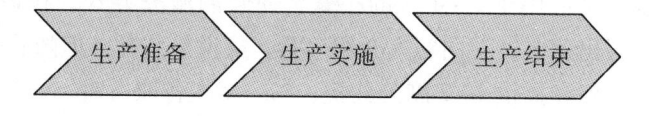

图 3.7　酒店厨房生产流程

如图 3.7 所示,我们可以直观地看出,厨房的生产流程主要由生产准备、生产实施和生产结束三个阶段构成。

生产准备阶段,主要涉及原材料和人员两个方面的准备,特别是遇到大型宴会或者会议,厨房应该提前一天甚至几天的时间,通过提交领料单和采购单,向仓库和采购部门提出原材料的需求,并根据预定情况,及时调整相关生产人员,通过从其他部门调派人员进行临时支援的方式保证经营活动能够顺利开展。

在前面所讲到的厨房下设部门中,几乎所有的部门都会参与到生产实施这一环节中,通过初加工、中加工和成品菜,将符合卫生和营养条件的菜肴提供给客人享用。

生产结束环节的工作实际上是为了下一次生产流程的更好开始,包括清洗设备和工具,处理存放的剩余原材料,盘存并确认是否满足下一次生产的需求量,最后做好防火防盗的安全检查。

3. 厨房卫生安全

酒店的厨房虽不像餐厅随时对客人进行开放,但也不能忽略其管理的重要性。厨房作为餐厅提供各项饮食制品的核心部门,它的卫生与安全,是保证酒店饮食制品精致、美味的基础,也是酒店餐厅赢得客人青睐的关键因素,因此一般酒店都会有一套对厨房食材、环境卫生的标准。

(1) 环境卫生。在环境卫生方面,《中华人民共和国星级酒店评定标准》对不同等级的酒店在厨房设施的布局以及环境卫生上做出了相关规定,各酒店应该在该标准的指导下,结合本酒店的具体情况和定位,制定卫生责任制,除每天例行卫生工作外,应定期对油烟机、下水槽、净水机进行清洗,时刻保持墙面、台面和地面的干燥和清洁。

(2) 个人卫生。所有与客人直接入口的菜肴接触的厨房人员,必须符合国家卫生条例有关健康的标准,并定期进行体检取得健康证。酒店本身也应该有相关行为规范,保证厨房人员养成良好的卫生习惯。

(3) 食材卫生。厨房对食材的要求,很大程度上决定了后续餐厅所呈现菜肴的品质,因此酒店对各式水果、蔬菜、肉类、海鲜制品以及干货都有自身的标准,并且在食材验收进入酒店后,储存条件以及定期清理也有明确规定,这都是为了保证不将腐烂变质、过期的材料用在菜品的制作上。

二、酒店餐饮服务方式

不同类型的餐饮收入营业点实际上是由于不同的餐饮习惯以及用餐需求所导致的,而这也促成了不同的餐饮服务方式。

(一) 中餐服务方式

1. 中餐共餐式服务

中餐共餐式服务是适用于2~4人的小餐台便餐的服务方式,在该种服务方式下,服务员上菜的同时报出菜名,并向客人介绍菜肴,虽说是共餐,但随着时代的发展以及用餐习惯的变化,一般会提供1~2副公共筷、勺,客人各取所需,气氛融洽。

2. 中餐转盘式服务

中餐转盘式服务是适用于8~10人团队客人集体用餐的服务方式,相对于共餐式服务,其餐桌较大,因此在上面摆放有转盘底座,客人可以自己取菜,服务员协助进行大菜的分派,并定期为客人更换骨盘,是一种比较节省人力的服务方式。

3. 中餐分餐式服务

随着人们公共卫生意识的提高,中餐服务方式也逐渐开始有了分餐式服务的趋势,中餐分餐式服务就是在其演变过程中所形成的,适用于中餐宴会的一种服务方式。在该种服务方式下,一桌一般会配有两个服务员,一人先将菜肴送到餐桌并介绍,随后传递到桌边由另一人进行分菜,相对于前两种中餐服务方式,其更多地体现出对客人的照顾,同时也较为卫生,在展示中餐特色的同时又满足了西方客人的就餐习惯。

(二) 西餐服务方式

1. 法式服务

法式服务是最讲究礼节的一种豪华服务,对服务员的数量和素质要求都较高,较为浪费人力。其一般服务程序包括：首席服务员安置客人入席→首席服务员接收并帮助客人点菜→助理服务员对其进行记录并传递到厨房→首席服务员提供酒水服务→助理服务员用推车将初步烹调的菜品推进餐厅→首席服务员当着客人面完成最后阶段的烹饪→客人挑选菜肴→首席服务员将其放入客人餐盘→助理服务员完成上菜。

2. 俄式服务

俄式服务讲究优美、文雅的风度，服务效率较高，大量使用银器增添餐桌气氛。其一般服务程序包括：引宾入座→接受客人点菜→送饮品→上菜并分菜→撤碟、撤换烟灰缸→送账单并收款。

3. 美式服务

美式服务相对于法式服务更为便捷，速度快，一个服务员就可以完成一桌客人的相关服务，人工成本也较低，用餐费用经济。其一般服务程序包括：引领客人入席→递菜单→酒水服务→依次上开胃菜、汤、配菜、主菜和甜品。

三、酒店餐饮业务的特点和经营流程

（一）从生产加工的过程来看，类似于加工制造业务

对比酒店客房提供的住宿服务，酒店餐饮更类似于制造业，其能提供具有实物形态的产成品，即各式菜肴，且其整个生产加工过程也和制造型企业一致，包括原料采购、生产加工和产成品提供三步。所不同的是，制造型企业所生产出来的产品一般不直接与消费者见面，而是通过批发商和零售商出售给消费者，而酒店的餐饮制品则是直接销售给了客人，此外，制造型企业的产成品多为机械化、电气化、自动化程度较高的流水线批量生产而成，但酒店的餐饮制品更加注重对品质和口味的追求，是单件、小批量生产的，且大多为手工操作，对厨师的技艺要求较高。

（二）从餐饮营销的特点看，类似于零售业务

前面我们已经提到，酒店餐饮业务不像制造型企业，其产品直接面向前来就餐的客人，这种营销方式更类似于零售业务，但是，其与零售业务也存在诸多不同：首先，餐饮业务当场制作和销售的是能直接食用的商品，对饮食制品质量标准的技艺要求复杂；其次，零售业务只提供商品，而酒店餐饮业务既要提供商品又要提供客人消费的场所；最后，酒店餐饮业务还需要提供必要的服务，且随着消费层次的提高，服务的规格郑逐步走向高档化、规范化。

（三）酒店餐饮业务核算上的特殊要求

不同于其他零售行业相对稳定的商品价格，酒店餐饮所提供的饮食制品价格会在一年内有较大波动。这是因为，在酒店，其餐饮制品的价格一般是根据配料定额成本和规定的毛利率来制定的，随着一些因素，特别是季节因素的变化，采购成本会有很大的不同，这就使得同一品种的饮食制品在不同时令下，价格会有较大的变化。

由于酒店餐饮所提供的饮食制品多为厨师手工小批量制作，质量、规格多样，且每道饮食制品对技艺的要求也有所不同，导致其不能像工业企业那样，按产品逐次逐件进行完整的成本计算。加之，酒店的饮食制品大多时候会与客人直接见面，较短的生产周期，使其生产成本与营业费用划分不清，因此，一般只要求核算经营单位或经营类别耗

用的原材料成本以及营业收入和各项费用支出。

相对于一般制造业，酒店餐饮业务的收入，特别是对寓客的零售收入，大多是"一手钱，一手货"的现金交易，同时，由于餐饮业务经营过程短，其饮食制品一般不需要入库管理，进而使得酒店餐饮资金周转快，少了回笼资金的风险。

（四）餐饮业务的经营流程

在酒店中，餐饮部是唯一生产实物产品的部门，购进的原材料一部分直接进入厨房进行生产加工，之后再进入餐饮收入营业点提供给客人，另一部分进入仓库进行储存和保管。

餐饮部进行成本管理时，一方面，应该准确地计算原材料的消耗和成本的形成；另一方面，应该检查产品销售毛利及物价政策的贯彻执行情况，努力使酒店餐饮成本水平达到设计要求，这些内容都将会在本章节的后续小节进行详细的阐述。

第二节 酒店餐饮营业收入的管理和核算

一、酒店餐饮营业收入的管理

（一）酒店餐饮收入的常见问题

酒店在取得餐饮收入的过程中，餐饮部门收银员的工作至关重要，其若能够业务熟练、操作正确地完成结账工作，一方面可以保证酒店餐饮部门餐饮营业收入的有效取得，另一方面也能为酒店在客人心中树立良好形象奠定基础。

但是餐饮活动的特点导致每天的餐饮营业过程存在时间较为集中且持续较短的普遍现象，加之客人还会发生临时加菜、退菜等特殊情况，导致一旦相关结算手续不健全、制度不严密，就会导致餐饮收银人员得不到有效的监督，从而产生以下弊端：

（1）跑单，是指餐饮收银人员故意隐瞒或丢失部分结算单，并将该结算单的收入私吞。

（2）跑数，即餐饮人员恶意漏记或改小账单中个别项目的金额，侵吞差额。

（3）跑餐，是指餐饮人员故意隐瞒熟人的用餐事实，不开具相应的账单，不收钱款。

（4）跑物，是指吧台或餐厅的相关商品出现走漏和遗失的情况。

（5）涂改折扣率，并通过侵吞涂改前后折扣率的差价，来牟取利益。

（二）酒店常用餐单

以上五种情况都会使得按照相应伪造或虚假的原始凭证所记录的账务出现问题，即酒店餐饮收入小于实际应该确认的金额，这不仅会影响酒店收入的正常确认，还会在一定程度上影响酒店计算确认真实的毛利率。为了杜绝以上情况发生，餐饮部门必须建立健全各种餐单的填制、使用和监督管理制度。现就酒店常用的餐单进行介绍：

1. 宴席菜单

该餐单用于办理各种宴会酒席的菜品安排，由餐厅业务人员根据与客人商定的菜谱、桌数、用膳时间等信息填开，为了保证各个部门工作的有序开展，该餐单分为四联，分别交客人、收银员、厨房以及传菜员据以核对、结算、安排菜肴和传菜。具体格式如表 3.1 所示。

表 3.1 宴席菜单

开单日期 年 月 日

宾客		标准 元/桌		桌数		餐别		时间	
序号		菜名			序号		菜名		
1					8				
2					9				
3					10				
4					11				
5					12				
6					13				
7					14				
备注				已收定金 元					

餐厅主管： 经手人：

2. 点菜单

该餐单主要用于散客点菜，相对于预定的宴席，不需要宴会菜单中作为留底的客人联，因此只有交收银员、厨房以及传菜员的三联。具体格式如表 3.2 所示。

表 3.2 银杏标准酒店点菜单

台号： 人数： 日期：

	序号	菜名		序号	菜名
热菜	1		凉菜	1	
	2			2	
	3			3	
	4			4	
	5		主食	1	
	6			2	
	7			3	
	8			4	
	9		酒水	1	
	10			2	
	11			3	
	12			4	

经手人：

3. 加菜单

加菜单是在宴席菜单和点菜单的基础上，客人在用餐过程中，如果需要加菜，单独填开的一式三联餐单，一联交收银员据以补记账单，一联交传菜员据以传菜，一联交厨房据以出菜，以保证最后正确核算消费金额。具体格式如表3.3所示。

表3.3　银杏标准酒店加菜单

台号：　　　　　　　　　　　　　　　　　　　　　　　　　　日期：

序号	菜名
1	
2	
3	
4	
5	

经手人：

4. 酒水单

酒水单是吧台据以发货和登记付出实物的凭证，由于酒水是由吧台发货的，因此就算点菜单上填有酒水，仍需要单独填开一式三联的酒水单，交由吧台、收银员以及值台服务员。此外，为了保证相关数据不被涂改，该餐单上的实际消费数量应大写。具体格式如表3.4所示。

表3.4　银杏标准酒店酒水单

品名	领取数量	退回数量	消费数量（大写）

经手人：

5. 餐费账单

餐费账单，是收银员根据前述的宴席菜单、点菜单、加菜单以及酒水单所登记的数据汇总登记后与客人进行结算的账单。其基本结构与点菜单一致，不同的是在这张餐单上，设有"总计"和"实收"两栏，两者的差反映出酒店为贵宾客人的折让。具体格式如表3.5所示。

表3.5 银杏标准酒店餐费账单

台号：　　　　　　　　　　人数：　　　　　　　　　　　　　　日期：

	序号	菜名		序号	菜名
热菜	1		凉菜	1	
	2			2	
	3			3	
	4			小计	
	5		主食	1	
	6			2	
	7			3	
	8			小计	
	9		酒水	1	
	10			2	
	11			3	
	小计			小计	
总计		大写		小写	
实收		大写		小写	

餐费账单一式两联，一联收款后交给客人，一联据以编制餐厅营业日报表，附于日报表交财务部门。客人要求挂账时，餐厅收银人员应该首先核实该客人是否有挂账的资格，如果有，还需要确定该挂账金额是否在其权限之内，两个条件若均满足由客人在顾客联进行签字认可，此时，该联不再交由客人，而是附营业日报表交财务部门以便组织收款。

此外还需要注意，餐饮账单应连续编号，在领用空白账单时，领用人应该登记起止编号并签字确认，使用时应该按编号顺序，若出现登记错误，也不能撕毁，而是注销后予以保存，以备后续查对。

（三）酒店餐饮营业收入管理

1. 各部门的相互核对和监督

基于对酒店常用五种餐单的介绍，我们可以看出它们都有一个共同点，即每种餐单都采用一式几联的方式实现不同部门的不同需求，同时这种方式还可以实现不同部门之间的相互核对和监督。例如一旦收银员意图通过跑数的方式侵吞差价，该问题就会在核对收银员联与厨房联或传菜员联时发现，避免餐饮收入可能出现的损失。

2. 餐单之间的流程监控

除此之外，不同餐单之间也有钩稽关系，通过加强餐单流程的监控同样可以实现酒店餐饮收入的准确性。例如：点菜单中酒水的数量与金额应该与酒水单上所列示的金额匹配；宴会菜单、点菜单、酒水单、加菜单的合计数据应该和餐费账单、餐饮营业日报表的数据相符。

3. 吧台的盘点与监控

这里还需要注意，在餐饮营业收入的管理中，吧台的管理相对特殊，其一，是因为吧台的酒水一般价格比较高；其二，客人在餐厅就餐所消费的酒水虽都是从吧台统一提供的，但其结算并没有通过吧台，而是与其他菜品的消费统一通过收银台进行结算，实物提供方与款项结算方的差异导致一旦过程中出现纰漏，很容易产生实物与款项不匹配的问题，出现少记收入或实物流失的漏洞，加之金额较大，后果较为严重。

因此酒水员应该在每天按商品的品名，核算数量后编制"商品销售日报表"，一联自存，一联交由收银员核对以编制"餐厅营业日报表"，在月末，汇总当月所有的日报表，编制"商品销售月报表"，并以此作为期末账实核对的"账"，在盘点后编制"商品进销存及盘点升耗月报表"（见表3.6），以进行账实核对。

表3.6　商品进销存及盘点升耗月报表

编号	品名	单位	①上月结存		②本月收入		③本月付出		④本月实存		升溢		损耗		存货单价
			数量	金额	数量	金额	数量	金额	数量	金额	数量	金额	数量	金额	

表3.6中"①上月结存"栏的金额，应该按照上月该表中"④本月实存"栏的金额填列；

"②本月收入"栏中的金额，应与本月从仓库领取数字相符；

"③本月付出"栏中的金额，应与"商品销售月报表"的成本数额相符；

"④本月实存"栏中的金额，按月末实地盘点数填列。

①+②-③与④的差额，分别在"升溢"或"损耗"栏反映。

在月末盘点结束以后，酒水员应该根据查明的商品升溢或损耗的原因，填列"商品溢耗报告单"（见表3.7），送有关领导审批，保证月末经调整后，账实相符。

表3.7　商品溢耗报告单

年　　月　　日

品名	单位	数量	单价	金额	升溢原因	损耗原因
合计						
审核意见						

报告单位：　　　　　　　　　部门主管：　　　　　　　　　实物负责人：

4. 内部稽核制度

酒店的财务部门会有专人进行内部审核，对餐饮部门的经营数据每天都要进行稽核，主要的稽核内容包括：检查餐厅营业日报表的销售价格是否有误；当天的点菜单、加菜单、酒水单与餐饮账单的金额是否核对相符；结算时所提供的折扣是否符合相关规定；当日的现金收入与挂账收入是否与营业日报表的收入总和相符。

二、酒店餐饮营业收入的核算

（一）酒店餐饮收入涉及的税种

1. 增值税

根据《中华人民共和国增值税暂行条例》第一条的规定：在中华人民共和国境内销售货物或者加工、修理修配劳务（以下简称劳务），销售服务、无形资产、不动产以及进口货物的单位和个人，为增值税的纳税人，应当缴纳增值税。酒店的餐饮业务，属于销售服务的范畴，需要缴纳增值税。具体而言，餐饮住宿服务属于生活服务的一个组成部分，执行6%的增值税税率，如果是小规模纳税人，增值税的征收率为3%。

【例3.1】银杏标准酒店为增值税一般纳税人，2021年3月餐饮部门发生以下业务：

（1）餐饮部共获得收入31 500元，其中：中餐厅12 000元；西餐厅10 000元；行政酒廊500元；大堂吧9 000元。

（2）当月采购食材12 000元，增值税的进项税额720元。

银杏标准酒店应纳增值税税额 = 1 890−720×（1+10%）= 1 162.8（元）[①]

如果酒店尚未达到一般纳税人的标准，则按照小规模纳税人的要求计算缴纳增值税。

小规模纳税人发生应税行为适用简易计税方法。按照不含税的销售额和增值税征收率计算增值税，不得抵扣进项税额，具体计算公式如下：

应纳税额 = 不含税的销售额×征收率
       = 含税销售额÷（1+征收率）×征收率

2. 城建税和教育费附加

在缴纳增值税的同时，酒店餐饮部门还应该以增值税和消费税作为基数，一同计算缴纳城建税和教育费附加，并借记"税金及附加"，贷记"应交税费——应交城市维护建设税/教育费附加"。

由于城建税和教育费附加的计税依据是实际缴纳的"增值税和消费税之和"，所以，如果酒店因为某些原因享受免征或者减征增值税的，那么缴纳的城建税和教育费附加的金额也应予以相应的免除或减少。

具体来说，现行的城建税税率分市区、县城、镇以及其他三级，分别为7%、5%和1%，教育费附加和地方教育费附加的征收比率分别为3%和2%。

（二）酒店餐饮收入的主要类型

酒店餐饮收入虽主要来自各类餐饮收入营业点的菜品提供，但也远不止包含这些。

[①] 注：自2019年4月1日至2021年12月31日，邮政服务、电信服务、现代服务、生活服务四项服务销售额占全部销售额的比重超过50%的，可享受进项税10%加计扣除。

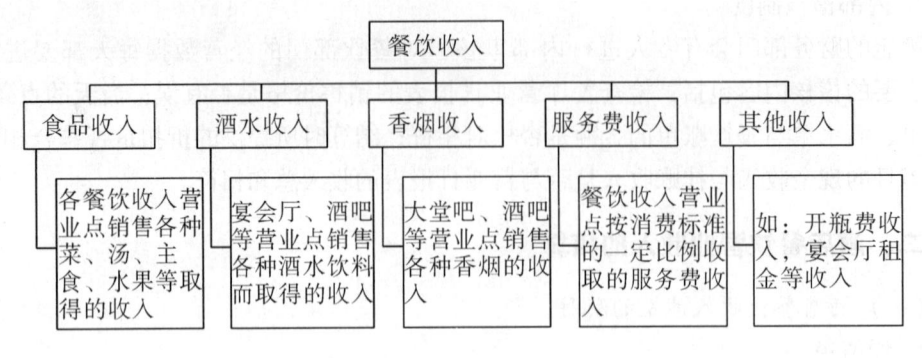

其收入的主要类型可归纳为图 3.7 所示内容。

图 3.7　酒店餐饮收入类型

餐饮收入
- 食品收入：各餐饮收入营业点销售各种菜、汤、主食、水果等取得的收入
- 酒水收入：宴会厅、酒吧等营业点销售各种酒水饮料而取得的收入
- 香烟收入：大堂吧、酒吧等营业点销售各种香烟的收入
- 服务费收入：餐饮收入营业点按消费标准的一定比例收取的服务费收入
- 其他收入：如：开瓶费收入，宴会厅租金等收入

（三）酒店餐饮的结算方式

在酒店就餐的客人大多都采用现结的方式，直接将菜品或酒水的价格进行支付，当然具体的支付方式会多种多样，包括现金、借记卡、贷记卡、支付宝、微信等。

除了现结以外，有些客人消费的早餐是酒店房间赠送的，这会用到早餐券来进行结算。和酒店提前签订了协议的客人，可以采用挂账的方式，在多次消费后统一结算。

（四）酒店餐饮营业收入的核算

1. 一般营业收入的核算

每天营业终了，收银员都要根据全部已经结算的餐费账单汇总编制一张餐厅营业日报表（见表 3.8），在审核无误后，该报表会连同外客挂账单和寓客消费挂账通知单交由财务部门进行账务处理。

表 3.8　餐厅营业日报表

年　月　日

	用餐台/人数		热菜	凉菜	海鲜	主食	酒水	其他	合计	结算				
	台数	人数								现金	挂账	餐券	应酬	合计
早餐														
午餐														
晚餐														
本日合计														
本月合计														
转外客	名称		金额		名称		金额		名称		金额	外客小计		

表3.8(续)

	用餐台/人数		热菜		凉菜		海鲜		主食	酒水	其他	合计	结算				
	台数	人数											现金	挂账	餐券	应酬	合计
转寓客			名称	金额	名称	金额	名称	金额					寓客小计				

餐厅营业日报表能够清晰地反映出酒店当天餐饮消耗的详细内容和金额，具体如表3.8所示。

在核算时，借方根据结算方式分别确认不同的账户：如果客人直接通过现金支付，借记"库存现金"；通过刷卡或其他支付方式，借记"银行存款"；外客挂账，借记"应收账款"，明细账按照外客名称设置；寓客挂账会转到其所住的客房，在支付房费时一同结算，作为餐饮部与客房部之间的往来账户，借记"其他应收款"；而用于应酬的餐费，既不会收到现款，将来也不会有现金流入，应该借记"管理费用"。

贷方应按照不同的项目进行核算，贷记"主营业务收入——热菜""主营业务收入——凉菜"等，而客人使用免费早餐券所消费的早餐，表面上是客人在入住时酒店的赠送部分，但实际上其早已在房费中支付该笔消费，但作为餐饮部门的收入，应该冲减原计入客房的收入，因此贷方红字登记计入"主营业务收入——房金"。

而对于挂账的相关金额，每月月末，财务人员必须与客房人员核对寓客消费挂账单，检查总额是否相符，若不符，应及时逐笔进行核对，查明差异原因，并将寓客消费挂账单与外客挂账单一起交给财务部门应收账款岗位的人员，进行账务的催收，保证应收账款的及时收回。

【例3.2】2021年3月5日，银杏标准酒店财务部收到从餐饮部转来的"餐厅营业日报表"，具体如表3.9所示。

表3.9 银杏标准酒店餐厅营业日报表

2021年3月5日

	用餐台数及人数		热菜/元	凉菜/元	海鲜/元	主食/元	酒水/元	其他/元	合计/元	结算				
	台数/台	人数/人								现金/元	挂账/元	餐券/元	应酬/元	合计/元
早餐	35	95				1 560			1 560	945				1 560
午餐	38	214	2 000	510	885	384	1 890		5 670	4 405	1 265			5 670
晚餐	51	283	4 128		1 675	510	2 746		9 059	5 524	3 180		355	9 059
本日合计			6 128	510	2 561	2 454	4 636		16 289	10 874	4 445		355	16 289
本月合计														

表3.9(续)

用餐台数及人数			热菜/元		凉菜/元		海鲜/元		主食/元		酒水/元	其他	合计/元	结算				
	台数/台	人数/人												现金/元	挂账/元	餐券/元	应酬/元	合计/元
转外客			名称	金额	名称	金额	名称	金额						外客小计		3 479		
			兴亚房产	1 860	远洋公司	1 240	陆丰	379										
转寓客			名称	金额	名称	金额	名称	金额						寓客小计		966		
			806房	500	106房	466	402房	210										
			1408房	98	1302房	85												

借：库存现金　　　　　　　　　　　　　　　　　　　　10 874

　　应收账款——外客　　　　　　　　　　　　　　　　3 479

　　其他应收款——客房宾客　　　　　　　　　　　　　966

　　管理费用——应酬费　　　　　　　　　　　　　　　355

　贷：主营业务收入——热菜　　　　　　　　　　　　　6 128

　　　　　　　　　　——凉菜　　　　　　　　　　　　 510

　　　　　　　　　　——海鲜　　　　　　　　　　　　2 561

　　　　　　　　　　——主食　　　　　　　　　　　　2 454

　　　　　　　　　　——酒水　　　　　　　　　　　　4 636

　　　　　　　　　　——房金　　　　　　　　　　　　 615

2. 宴会营业收入的核算

餐饮部门承办宴席时，一般客人会先进行预订，并根据其具体桌数和菜品需求，填制宴席菜单，交由餐厅和客人双方签字后各执一份。而预订宴席一般要预先收取定金，以免客人取消宴席时，酒店遭受不必要的损失，并维护其正常权益。

在宴席中，由于烟、酒、饮料等价格和实际需求数变化较大，在宴席结束后，会根据具体情况确认实际消费金额，并进行最终的结算。

【例3.3】2021年3月6日，银杏标准酒店餐饮部接受王先生预订的6桌生日宴席，每桌价款1 000元（不含酒水饮料），预订时收取20%的订金，余款待消费之后再结清。

（1）预收定金时。

借：库存现金　　　　　　　　　　　　　　　　　　　　1 200

　贷：预收账款——宴席订金——王先生　　　　　　　　1 200

（2）宴席结束，6桌宴席共计6 000元，外加酒水饮料450元，扣除订金后，收到王先生补交的现金。

宴席的不含税收入=6 000÷（1+6%）=5 660.38（元）

酒水的不含税收入=450÷（1+6%）=424.53（元）

借：库存现金　　　　　　　　　　　　　　　　　　　　5 250

　　预收账款——宴席订金——王先生　　　　　　　　　1 200

　贷：主营业务收入——宴席收入　　　　　　　　　　　5 660.38

| ——酒水收入 | 424.53 |
| 应交税费——应交增值税（销项税额） | 365.09 |

第三节 餐饮原材料的管理和核算

餐饮成本要素是食品类原材料。成本管理的重点是对原材料的采购、加工和烹制环节进行监督和控制。餐饮的成本管理，实质上就是对原材料的管理。

一、原材料等物资购进的管理

（一）原材料分类

1. 粮食类

粮食类包括：灿米、粳米、糯米、面粉、黑米、小米、玉米粉、绿豆、黄豆等。

2. 鲜活类

鲜活类包括：猪肉、牛肉、羊肉、鸡、鸭、兔、海鲜、野味、蛋以及各种蔬菜水果等。

3. 干货类

干货类包括：木耳、香菇、黄花菜、干鱼翅、干海参、干虾片、干贝、干目鱼、海带、鱼肚、干肉皮、香肠、板鸭、火腿、腊肉等。

4. 调味类

调味类包括：油、盐、酱、醋、香料、干辣椒、辣椒粉、生粉、味精、蚝油、豆豉、胡椒、花椒、食粉、海粉、干酵母、打泡粉、白糖、冰糖等。

原材料采购，应由厨师会同仓库保管员，每天根据订餐或预计餐饮制品销售情况，提出次日的"原材料采购申请单"（见表3.9）。

表3.9　原材料采购申请单

年　月　日

品名	单位	单价	申购数量	批准		备注
				数量	金额	

审批人：　　　　　　　　　　　　　　　　　　　　　　　　厨师长

经业务主管批准后，交采购员进行采购或通知供货商送货。原材料在采购时必须要由我们的厨师和仓库保管员根据订餐的状况，预计餐饮制品的销售情况，提前填写提交原材料的采购清单。一部分的原材料是需要每天进行采购的，还有一部分原材料是储存在仓库里的，需要的时候通过仓库领用的方式来进行。所以不管是直接采购，还是向仓库领用，都需要提出申请，经过业务主管批准之后，才可以去进行原材料的采购。不过原材料到底是通过直接采购，还是通过仓库领用要看原材料的分类。这四类原材料由于它们的性质、特征的不同，所以实际上采购或者领用的时候也是有区别的。比如说粮食类的原材料，由于它是可以储存一段时间的，所以不需要每天进行采购，只要定期采购就可以了。而这四类当中最不易储存的是鲜活类原材料，它不能长期储存，所以这就决定了鲜活类的原材料需要每天进行采购。每天由我们的厨师根据订餐的状况、预计餐饮制品的销售情况，提前填写提交原材料的采购清单进行采购。干货类和调料类与粮食类的原材料一样，都是可以在一定时期内进行储存的。所以这三类原材料都是仓库定期采购，然后各个餐厅去向仓库提出领用的申请。原材料的这些分类和它们的特点，决定着它们会计核算方法的不同。

（二）原材料购入的验收等手续制度

这四大类原材料，其中粮食类、干货类、调味类均应由仓库验收入库，填制入库单（见表3.10），一式三联，一联仓库留存据以登记保管单；一联交财务部门入账；一联交收货人据以结算货款。

表3.10 原材料入库单

银杏标准酒店入库凭单

年　月　日

品名	规格	单位	数量	单价	金额	备注
合计（大写）	万	仟	百	拾	元	分	¥

仓库保管员：　　　　　　　　　　　　　　　　　　　采购员：

鲜活类原材料不入库，但必须经仓库清点验收，并填开验收单（见表3.11），一式三联，一联仓库留存；一联交财务入账；一联交送货人据以结算货款。全部鲜活原材料直接交厨房收货投入使用。

表 3.11　原材料验收单

银杏标准酒店验收凭单

年　月　日

品名	规格	单位	数量	单价	金额	备注
合计（大写）	万	仟	百	拾	元	分　￥

仓库保管员：　　　　　　　　　　　　　　　　　　　　　采购员：

　　原材料采购过程的运杂费，以及挑选整理和请外单位初加工的费用计入原材料成本。不过实际上在实务工作中，原材料的成本一般就等于购进时候的价格。因为在购进原材料等物资时，不论是供货商供货，还是采购员出去采购，这个价格其实已经包括了运杂费、挑选整理费以及外单位初加工的费用等。因为，通常与酒店合作的这些供货商其报价都已经把这些服务考虑进去了。所以在实务工作中，运杂费这些都是已经包含在购进的价格中的，不需要再加进去计算一次了。

　　餐饮制品的成本，完全是原材料消耗，故原材料的质量和价格直接影响营业成本的水平。所以，把好原材料采购验收关非常重要，必须严格审查购进价格是否合理，质量是否优良，要防止商业贿赂造成质次价高的恶果。

　　（三）原材料质量的控制

　　制定材料质量标准是保证餐饮质量的前提。质量包括原材料的产地、等级、质地、体积色泽、新鲜程度等。对质量的评语，尽可能确切，如"完全新鲜""七成新鲜""色泽正常""色泽不佳"等；避免"一般""较好"这样的模糊概念。

　　选择供货单位和产地是保证原材料质量的重要环节。特别是对大宗供货和长期供货的单位或个人，更要考察他们的管理水平、设施状况、信誉程度、所处地区、报价是否合理等。要采购某些主要原材料时，实行"货比三家"的原则，保证质量优良，价格合理。

　　任何原材料都有保质期，故应坚持勤进快销原则。否则再好的原材料也会因过期而降低质量。

（四）原材料数量的控制

过多地采购原材料必然导致过量贮存。这不仅会多占用仓容，多占用资金，增加保管费用，而且会随着时间的推移，原材料品质降低，损耗也随之增加。但是，如果采购的原材料数量不足，使用时断档，也会给企业营业带来不利后果。所以对采购数量必须控制。

1. 最低、最高库存量法

对原材料数量的控制可以通过确定最低库存量和最高库存量的方式实施。最低库存量的计算公式见式 3.1，最高库存量的计算公式见式 3.2：

$$最低库存量 = 订货到入库期间的使用量 + 安全系数库存量 \quad (3.1)$$
$$最高库存量 = 采购周期内的使用量 + 安全系数库存量 \quad (3.2)$$

最低库存量是等于订货到入库期间的使用量，加上一个安全系数库存量。这个安全系数库存量，酒店会为每一个仓库里边的每一种类型的原材料都规定有一个安全系数库存量，也就是说最低要满足这个安全系数库存量。所以在计算最低库存量时必须要满足安全保证的情况。另外还要满足从订货到入库这一期间的使用量，因为我们很多的原材料在采购时不可能今天提出采购申请明天就能到货，所以通常是今天提出采购申请，可能要等两三天才能到货。不同的原材料这个订货到入库期间的时间也是不同的。最高库存量是采购周期内的使用量加上安全系数库存量。也就是在保证安全的情况下，最高应该达到一个什么数量，如果超过了整个采购周期的使用量就会就会出现我们刚刚说到的过量的储存。

【例 3.4】银杏标准酒店餐饮部门每天需用干鱼翅 1 千克，从订货到入库的周期为 4 天，采购周期为 50 天，安全系数库存 3 千克。

最低库存量 = 1×4+3 = 7（千克）

最高库存量 = 1×50+3 = 53（千克）

当库存量未达到最高库存量时，确定订货采购数量时，应先清点现有库存数量，并从现有库存量减去最低库存量，然后按最高库存量减去这两者的差额，便是采购的数量。

【例 3.5】银杏标准酒店餐饮部门鱼翅最高库存量为 53 千克，现有库存量未达到此数，拟进行补充采购。经清点，现有库存 15 千克，减去最低库存量 7 千克后的差额为 8 千克。采购数量计算如下：

53-8 = 45（千克）

2. 经济订货量

在确定原材料采购数量时，还应考虑需用量、每次采购费用和该项材料的贮存费用，选择最经济的批量进行采购，也就是经济订货量。经济订货量是指按照原材料管理的目的，需要通过合理的进货批量和进货时间，使原材料总成本最低的进货批量。也就是说在我们采购餐饮原材料时，如果我们每次按照计算出的经济订货批量进行采购，就会使原材料的总成本最低。

经济订货量模型是建立在下面七个假设前提条件下的：

（1）能及时补充原材料，即需要订货时便可立即取得存货。

（2）能集中到货，而不是陆续入库。
（3）不允许缺货，即无缺货成本。
（4）需求量稳定，并且能预测。
（5）原材料单价不变。
（6）企业现金充足，不会因现金短缺而影响进货。
（7）所需存货市场供应充足，可以随时买到。

那么在这些假设的前提下，我们做采购决策时，需要考虑的相关因素如图 3.8 所示。

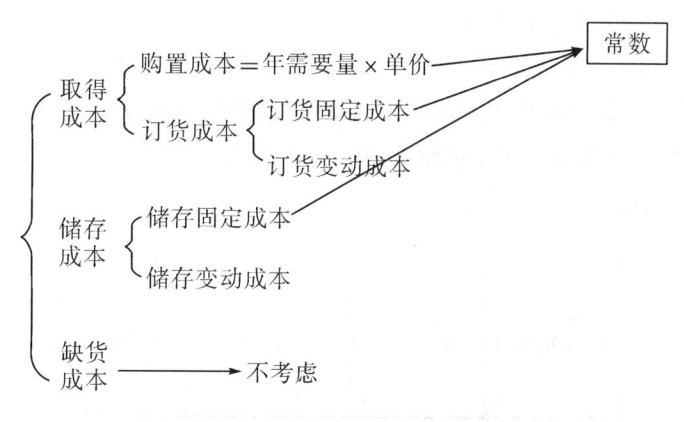

```
取得    ┌ 购置成本＝年需要量×单价 ──┐
成本    │                         ├→ 常数
        │ 订货成本 ┌ 订货固定成本 ──┤
        └        └ 订货变动成本

储存    ┌ 储存固定成本
成本    └ 储存变动成本

缺货
成本 ───→ 不考虑
```

图 3.8 原材料总成本的构成

原材料的总成本中第一个是取得成本，取得成本包含两个部分，即购置成本和订货成本，其中订货成本由订货固定成本和订货变动成本构成。第二个是储存成本，储存成本包含储存固定成本和储存变动成本两个部分。第三个是缺货成本。上面的假设条件中，第三个假设是没有缺货成本，所以这部分缺货成本可以不考虑。

首先看购置成本，这里以年作为单位，也就是本年采购这种原材料，材料本身需要多少钱，它等于年需求量乘以单价。在上面的假设条件中，第四个假设是年需求量恒定，并且可预测，第五个假设原材料单价不变，那么这两个都是已知的数字，比如海参本年的需求量是 200 千克，单价是 800 元/千克，那么海参的取得成本是 16 000 元，这是一个不会因每次的采购数量变化的常数。同样，后面的订货固定成本是指采购的时候与采购次数无关的、固定的成本，比如采购部门的基本开支，这也可以根据历史数据计算出来，是一个固定的常数。第二个储存成本中的储存固定成本是指与储存的原材料数量多少无关的储存成本，比如仓库的折旧费、仓库管理员的固定月工资等。它同样可以根据历史数据计算出来，是一个已知的常数。因此，在做采购决策时，需要考虑的相关成本就只剩下订货变动成本和储存变动成本，在总成本中只有这两个，是会随着每次的采购数量变化而变化的，是我们的决策相关成本，如图 3.9 所示。

```
决策相关成本 ┌ 订货变动成本
            └ 储存变动成本
```

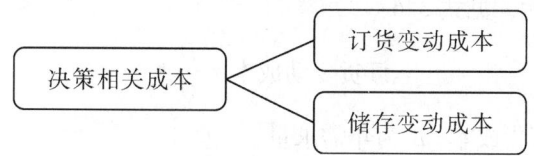

图 3.9 决策相关成本

对采购量的决策变成了订货变动成本和储存变动成本的一种博弈。由于每次采购餐饮原材料都会有订货成本,采购的次数越多,这个成本也越高,这就是订货变动成本。为了降低订货变动成本,就需要减少采购次数;但是采购的次数少了,为了保证正常的经营需要,储存在仓库的原材料就会越多。储存也是有成本的,这就是储存变动成本。储存的材料越多、时间越长,储存变动成本就会越高。由于总成本公式中其他成本都是固定不变的常量,这样要做的决策就是,每次采购的数量是多少时,才能使订货变动成本与储存变动成本的和是最小的,这样餐饮原材料的总成本也就是最小的。

储存变动成本的公式见式3.3:

$$储存变动成本 = 年平均库存量 \times 单位材料的年储存成本 \tag{3.3}$$

储存变动成本,等于年平均库存量乘以单位材料的年储存成本。我们设每次的采购数量为Q,如图3.10所示,图中横轴为时间,纵轴为材料库存数量。

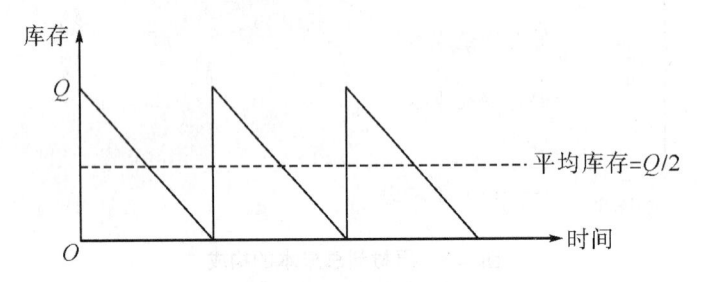

图3.10 库存量变动图

因为假设中是集中到货,而且能及时补充材料,因此原本库存是零,酒店一下购入数量为Q的材料,假设材料的使用是均匀的,一旦降到了零,可以瞬时补充到货数量Q。这样年平均库存量就是$\frac{Q}{2}$。单位材料的年储存成本是可以根据酒店的仓库资料进行计算的,是一个已知的数字,我们用K_c来表示。这样储存变动成本的公式见式3.4:

$$储存变动成本 = \frac{Q}{2} K_c \tag{3.4}$$

其中,Q为每次订货量,K_c为单位材料的年储存成本。

订货变动成本等于年订货次数乘以每次的订货成本,公式见式3.5:

$$订货变动成本 = 年订货次数 \times 每次订货成本 \tag{3.5}$$

每次的订货成本可以根据酒店历次采购的数据整理估算出来,是一个已知的数字,我们用K来表示。因为前面假设四中年需求量假设是恒定可预测的,比如说海参本年的需求量是200千克,那么这个年需求量也是一个常数,我们用D来表示。所以每年一种材料的订货次数就等于它的年需求量D除以每次的订货数量Q。所以订货变动成本的公式可以写成如下表达,见式3.6:

$$订货变动成本 = \frac{D}{Q} k \tag{3.6}$$

其中,K为每次订货成本,D为年需求量。

相关总成本等于订货变动成本与储存变动成本的和,由此可以得到相关总成本TC的公式,见式3.7:

$$TC = \frac{Q}{2}K_c + \frac{D}{Q}k \tag{3.7}$$

我们得到了一个 TC 为因变量、Q 为自变量的一元函数。我们用数学方法对函数求一阶导数，得出使相关总成本最小的每次订货数量，这个数量用 Q^* 来表示，Q^* 的公式见式 3.8：

$$Q^* = \sqrt{\frac{2KD}{K_c}} \tag{3.8}$$

【例 3.6】银杏标准酒店餐饮部门全年需用海参 300 千克，单位海参年平均储存成本为 6 元，每次订货成本为 100 元。

$$\text{经济订货量 } Q^* = \sqrt{\frac{2KD}{K_c}} = \sqrt{\frac{2 \times 100 \times 600}{12}} = 100（千克）$$

即经济批量是每次采购 100 千克，也就是说，当我们每次采购海参的数量是 100 千克时，海参这种餐饮原材料的总成本是最低的。

3. 金额数量控制法

原材料数量还可以通过金额来控制，即根据餐饮部门每月营业收入实际金额以及成本率来确定每月的采购金额。例如，月度餐饮营业收入 500 000 元，成本率 40%，那么，每月采购原料金额应控制在 200 000（500 000×40%）元左右，使采购量与耗用量、库存量配比合理。

二、原材料等物资采购的账务处理程序

原材料等物资采购的账务处理程序如图 3.11 所示。

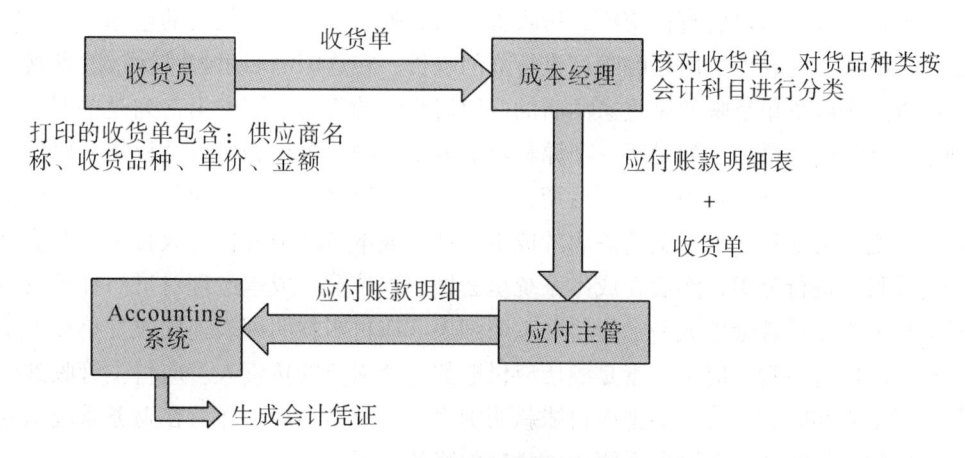

图 3.11 物资采购的账务处理程序

账务处理程序的第一步是收货人员打印收货单。收货人员在验收原材料的时候，不管是入仓库的原材料，还是直接进入厨房的原材料，都需要收货员当面清点货品，并且填写打印收货单。打印的收货单包含供应商名称、收货品种、单价、金额，这些要件要填写齐全。这里的品种、单价及金额是非常重要的，因为需要凭借这些数据信息最后确认收货，并且向供货商付款。收货单的具体样式如图 3.12 所示。

收货单列表

核算期：201904 收货仓库： 收货类型：全部 状态：全部 发货状态：全部

类型	单据号	日期	供应商	收货仓库	成本金额	含税金额	税额
ML 收货	0001	2019-04-02	湖北鑫长长久久商贸有限公司	咖啡厅	1056.83	1151.95	95.13
ML 收货	0002	2019-04-02	湖北鑫长长久久商贸有限公司	咖啡厅	2059.91	2245.3	185.39
ML 收货	0003	2019-04-02	武汉丰联凯裕贸易有限公司	咖啡厅	226.99	233.8	6.81
ML 收货	0004	2019-04-02	武汉吉信食品有限公司	咖啡厅	1752.47	1980.28	227.81
ML 收货	0005	2019-04-02	武汉慕澄食品有限公司	咖啡厅	2204.57	2491.17	286.6
ML 收货	0006	2019-04-02	武汉慕澄食品有限公司	咖啡厅	573.5	648.06	74.56
ML 收货	0007	2019-04-02	武汉市汉江区广瑞食品经营部	咖啡厅	976.33	1102.1	126.77
ML 收货	0008	2019-04-02	武汉市汉江区聚源干鲜调料商行	咖啡厅	438.53	478	39.47

图 3.12 收货单图示

图 3.12 中是一家五星级酒店收货单。第一列类型中写的是"ML"收货，ML 是 market list 的缩写，所以 ML 收货是指市场采购的收货，也就是直接收货。直接收货是指收货人员验收合格之后直接交给厨房收货。第五列中可以看到收货的仓库，它实际上不是真正的酒店的仓库，而是咖啡厅进行部门收货。在这家酒店里咖啡厅指的是其西餐厅，所以这个收货单反映的是这家酒店的西厨房收到的货品。图中第二列是单据号，第三列是收货日期。最后三列是每一项原材料的成本金额、含税金额以及税额。要把含税金额以及税额单独列出是为了方便后期去计算其中可以抵扣的进项税额。收货人员打印完收货单之后需要将收货单交给酒店的成本经理。成本经理需要核对收货单，对货品种类按会计科目进行分类，然后在成本系统里去做成本核算。成本经理对货品种类按会计科目进行分类之后就会生成一个应付账款明细表。应付账款明细表连同收货单接下来会交给酒店的应付主管。应付主管是酒店应付账款这个岗位的负责人。应付主管收到应付账款的明细表和收货单后，会把应付账款明细表导入成本系统，然后在财务系统里就会生成相应的会计凭证，在财务系统中做相应的账务处理。

三、原材料等物资采购的核算

原材料等物资采购的途径主要有两种：一种是采购员采购，另一种是已签约的供应商送货。这两种方式对比来看，在实务操作的过程中大多数的五星级酒店都是采用的第二种方式，也就是已签约的供应商送货。采购员采购的方式通常是一些小型的酒店在用。供货商送货这种方式的优点在于由于酒店所需的物资比较繁杂，如果仅靠若干名的采购员，很难去完成这个采购。因为采购的种类不仅繁杂，同时采购的数量也比较多，而五星级酒店的餐饮需求也是比较大的。在这样的情况下采购员采购就会比较耗费人力成本。所以供货商送货的第一个优点就是能够节约人力成本，与供应商维持长期的合作，那酒店所采购的原材料由供应商免费送货。供货商送货这种方式的第二个优点就是收到的原材料出现任何问题酒店方都可以很方便地进行追责，因为供应商送货时，酒店会在供货商的在场情况下，一起进行清点和验收，如果原材料出现任何问题都可以马上得到解决。供货商送货这种方式的第三个优点是可以占用供货商的部分资金，减少资金需求的压力。因为与供货商合作可以达成一个有利于酒店的协议。大部分酒店会选择能够为其提供赊销期限较长的供货商，比如三个月付款一次或者半年付款一次。这样可以减轻酒店的资金需求压力。基于以上的三个优点，实务中大部分的五星级酒店都是采用已签约的供应商送货这种方式来进行原材料等物资的采购。

原材料等物资收进，不论是采购员购进还是供货商送货，一律通过"应付账款"科目核算。当采购员要借支一定数额的备用金作为周转，按"定额备用金"管理，即所借备用金为采购的铺底资金，采购员报销采购账款时，按报销金额支付现金，不扣抵原借备用金。

酒店在采购鲜活的原材料和干货等物资的时候，通常都会在本地区进行采购，所以采购的时候不必通过"材料采购"科目进行核算。发生这样的业务时，可以直接在"主营业务成本""原材料"等科目进行核算。对于一些厨房直接收货的原材料来说，因为很快会被用掉，所以无须在"原材料"科目中结转，可以直接计入成本。

原材料等物资采购的核算举例如下：

【例3.7】采购员李新借采购备用金10 000元，以现金支付。

借：其他应收款——采购员李新　　　　　　　　　　　10 000
　　贷：库存现金　　　　　　　　　　　　　　　　　　10 000

【例3.8】采购员李新交来所购蔬菜一批2 500元，由仓库保管员验收后填开验收单，蔬菜交厨房收货。蔬菜用途是烹制菜品。

借：主营业务成本——菜品　　　　　　　　　　　　　2 500
　　贷：应付账款——李新　　　　　　　　　　　　　　2 500

【例3.9】采购员李新购进餐具一批3 600元，由仓库保管员验收入库后填开入库单。

借：物料用品——（按品名）　　　　　　　　　　　　3 600
　　贷：应付账款——李新　　　　　　　　　　　　　　3 600

【例3.10】采购员李新报销购进蔬菜和餐具共6 100元，以现金支付。

借：应付账款——李新　　　　　　　　　　　　　　　6 100
　　贷：库存现金　　　　　　　　　　　　　　　　　　6 100

【例3.11】收供货商王楠猪肉113千克，计5 650元，其中：菜品使用100千克，计5 000元，面点房使用13千克，计650元，由仓库验收开验收单，猪肉交厨房收货。

借：主营业务成本——菜品　　　　　　　　　　　　　5 000
　　　　　　　　——面点　　　　　　　　　　　　　　650
　　贷：应付账款——王楠　　　　　　　　　　　　　　5 650

【例3.12】收供货商杨鑫海鲜一批40千克，计3 920元，用于烹制海鲜菜肴，由保管员验收填写验收单，海鲜交厨房收货。

　　借：主营业务成本——海鲜　　　　　　　　　　　　　　　3 920
　　　　贷：应付账款——杨鑫　　　　　　　　　　　　　　　　　　3 920

【例3.13】收供货商孙行亮鸡鸭一批95千克，计2 280元，用于烹制菜品，保管员验收填写验收单，鸡鸭交厨房收货。

　　借：主营业务成本——菜品　　　　　　　　　　　　　　　2 280
　　　　贷：应付账款——孙行亮　　　　　　　　　　　　　　　　　2 280

【例3.14】收光华烟酒店酒水一批14 230元，由仓库验收入库，填开入库单。

　　借：库存商品——（按品名）　　　　　　　　　　　　　14 230
　　　　贷：应付账款——光华烟酒店　　　　　　　　　　　　　　14 230

【例3.15】收恒新纸品厂餐巾纸15箱，计750元，由仓库验收入库，填开入库单。

　　借：物料用品——餐巾纸　　　　　　　　　　　　　　　　750
　　　　贷：应付账款——恒新纸品厂　　　　　　　　　　　　　　　750

【例3.16】收联合美华公司一次性洗漱用品一批41 120元，由仓库验收入库，填开入库单。

　　借：物料用品——（按品名）　　　　　　　　　　　　　41 120
　　　　贷：应付账款——联合美华公司　　　　　　　　　　　　　41 120

【例3.17】收兴业食杂店干货调料一批25 250元，由仓库验收入库，填开入库单。

　　借：原材料——（按仓库、品名）　　　　　　　　　　　25 250
　　　　贷：应付账款——兴业商店　　　　　　　　　　　　　　　25 250

【例3.18】付供应商王楠部分猪肉款3 000元，从银行支付。

　　借：应付账款——王楠　　　　　　　　　　　　　　　　3 000
　　　　贷：银行存款　　　　　　　　　　　　　　　　　　　　　3 000

【例3.19】付恒联合美华公司部分一次性洗漱用品款25 000元，从银行支付。

　　借：应付账款——联合美华公司　　　　　　　　　　　　25 000
　　　　贷：银行存款　　　　　　　　　　　　　　　　　　　　25 000

【例3.20】经酒水员核对查明，光华烟酒店所送酒水已售出5 700元，开来发票并附原由酒店开给的入库单。从银行支付货款。

　　借：应付账款——光华烟酒店　　　　　　　　　　　　　5 700
　　　　贷：银行存款　　　　　　　　　　　　　　　　　　　　5 700

注：酒店购进的鲜活原料和干货等物资，绝大部分是由本地区的供货商送货或由采购员就地采购，没有运杂费。所以不必通过"物资采购"账户，而直接在"业务直接成本""主营业务成本""原材料""物料用品"等账户核算，既方便又快捷。

四、原材料等物资发出的核算

酒店除鲜活类原材料直接交厨房列入主营业务成本外，其他已入库的材料，如干货、调料、酒水、用品等，必须由领料部门填开领料单（见表3.12）进行领取。这里的领料部门,比如酒店的西餐厅、中餐厅或者宴会厅这些部门,其工作人员去申请填开领料单来领取调料或者干货等原材料。领料单一式三联,一联由领料部门存查;一联交财务部门;一联交仓库据以发料并登记保管。

表3.12 原材料领料单

银杏标准酒店领料凭单

年 月 日

品名	规格	单位	数量	金额	备注
合计					

发料:　　　　　　　　　　　　　　　　　　　　　　　　　　领料:

【例3.21】厨房领干货调料一批4 100元,其中2 000元用于菜品,2 100元用于海鲜。

　　借:主营业务成本——菜品　　　　　　　　　　　　　　2 000
　　　　　　　　　　——海鲜　　　　　　　　　　　　　　2 100
　　　贷:原材料——(按仓库、品名)　　　　　　　　　　4 100

【例3.22】餐饮吧台从仓库领酒水食品、香烟等一批15 800元。

　　借:库存商品——餐饮吧台(分品名)　　　　　　　　　15 800
　　　贷:库存商品——仓库　　　　　　　　　　　　　　　15 800

【例3.23】面点房领副食品、面粉等1 900元。

　　借:主营业务成本——面点　　　　　　　　　　　　　　1 900
　　　贷:原材料——(按仓库、品名)　　　　　　　　　　 1 900

五、原材料内部调拨的核算

餐饮部内部不独立核算的单位之间原材料的调拨是原材料的内部移库,在核算上原材料总账的金额不发生增减变动,仅在明细账上反映为此增彼减的会计分录。

(一)内部仓库之间的调拨

内部仓库之间的调拨,只需要对原材料的二级科目进行调整。

【例3.24】银杏标准酒店餐饮部拥有中餐厅仓库和西餐厅仓库两个库房。2×21年5月1日,将中餐厅仓库的10袋大米转往西餐厅仓库,账面成本为600元,供西餐厅厨房使用,待填写了出入库单,并把大米起到西餐厅仓库之后,根据内部调拨单,应该进行如下账务处理:

借：原材料——西餐厅——大米　　　　　　　　　　　　　　　　　　　600
　　贷：原材料——中餐厅——大米　　　　　　　　　　　　　　　　　　　600

（二）内部厨房之间的调拨

由于餐饮部原材料进入厨房操作间之后，很快就能制成产品销售给消费者，因此原材料由库房进入厨房之后，就应将其确认为成本。对于独立核算成本的内部厨房之间的调拨原材料，因为厨房的原材料已从"原材料"账户转入"主营业务成本"账户，因此对"原材料"账户所属明细账户不做调整，仅调整"主营业务成本"账户所属明细账。

【例3.25】由中餐厅厨房操作间拨给西餐厅厨房已水发好的海参一批，计900元。根据内部调拨单，应该进行如下账务处理：

借：主营业务成本——西餐厅厨房　　　　　　　　　　　　　　　　　　900
　　贷：主营业务成本——中餐厅厅厨房　　　　　　　　　　　　　　　　　900

六、自制原材料核算

有些酒店餐饮部门，为降低原材料成本，利用有加工能力的优势，在冬季加工香肠、板鸭、腊肉、泡菜、萝卜干之类的原材料。自制原材料的成本只计算原料、辅料的消耗，不计算人工、燃料等费用。可在"原材料"账户，设置"加工中材料"专户核算。加工晾晒为成品后，交仓库验收，由仓库开入库单，其价值按经办人编制的"自制原材料成本计算单"（见表3.13）填列。

表3.13　原材料成本计算表

银杏标准酒店自制原材料成本计算单

年　月　日

制成原材料名称	单位	数量	总成本	耗用原材料			
				名称	单位	数量	金额
宽粉	千克	400	1 565	猪肉	千克	30	1 500
				肠衣	米	150	45
				二锅头酒	瓶	2	15
				食盐	食盐	1	3
				粗棉线	卷	1	2
合计			1 565				1 565

【例3.26】自制香肠一批，从领料至加工完成的有关分录如下：

（1）收供货商王楠送来猪肉30千克，计1 500元，加工香肠专用。

借：原材料——加工中材料——香肠　　　　　　　　　　　　　　　　1 500
　　贷：应付账款——王楠　　　　　　　　　　　　　　　　　　　　　　1 500

（2）收采购员李新购入肠衣150米，计45元，已入库。

借：原材料——仓库——肠衣　　　　　　　　　　　　　　　　　　　　45

贷：应付账款——李新　　　　　　　　　　　　　　　　　　　　　45
（3）由加工组开领料单将肠衣全部领出。
　　　借：原材料——加工中材料——香肠　　　　　　　　　　　　　　45
　　　贷：原材料——仓库——肠衣　　　　　　　　　　　　　　　　　45
（4）加工组开领料单向仓库领白酒2瓶，计15元。
　　　借：原材料——加工中材料——香肠　　　　　　　　　　　　　　15
　　　贷：原材料——仓库——白酒　　　　　　　　　　　　　　　　　15
（5）加工组开领料单向仓库领食用盐一包，计3元。
　　　借：原材料——加工中材料——香肠　　　　　　　　　　　　　　 3
　　　贷：原材料—仓库——食盐　　　　　　　　　　　　　　　　　　 3
（6）用现金从市场购入粗棉线一卷，计2元，未入仓库，直接交加工组签收（未办入库、出库手续）。
　　　借：原材料——加工中材料——香肠　　　　　　　　　　　　　　 2
　　　贷：库存现金　　　　　　　　　　　　　　　　　　　　　　　　 2
　　经过若干天晒干为成品后，交仓库验收入库，开入库单连同"自制原材料成本计算单"交财务入账。
　　　借：原材料——香肠　　　　　　　　　　　　　　　　　　　　1 565
　　　贷：原材料——加工中材料——香肠　　　　　　　　　　　　　1 565

七、委托加工材料的核算

在饮食类业务中，对于大宗的食品，出于降低成本的需要，常常以供原材料并支付加工费用的形式，委托专业厂家进行加工。委托加工材料的所有权仍属企业所有，加工时暂时由加工单位负责保管，加工完成后再运回本企业验收入库，因而健全委托加工材料的交接手续，是保证委托加工材料安全、完整的重要步骤。

委托外单位加工材料时，要由业务部门与加工单位签订合同，填制委托加工发料单。委托加工发料单一式数联，一联交仓库据以发料和登记保管账，其余各联随加工材料送交委托单位签收，签收后退回两联，一联由业务部门留存据以对委托加工材料进行管理；一联交财会部门进行核算。

【例3.27】银杏标准酒店餐饮部由于对宽粉的需求量很大，委托新星淀粉制品厂为其加工宽粉，共发出马铃薯1 200千克，每千克2元，开出"委托加工发料单"（见表3.14）。

表3.14　委托加工发料单
银杏标准酒店委托加工发料凭单
年　月　日

发料单位：第三仓库
接受加工单位：新星淀粉制品厂　　　　　　　　　　　　　　　发料编号：501

材料编号	材料名称及规格	单位	数量	单价	金额/元	加工后产品		
						名称	单位	数量
	马铃薯	千克	1 200	2	2 000	宽粉	千克	400

表1-1(续)

材料编号	材料名称及规格	单位	数量	单价	金额/元	加工后产品 名称	单位	数量
合计					2 000			400

（1）根据委托加工发料单，进行账务处理如下：

借：委托加工物资——宽粉　　　　　　　　　　　　　2 400

　　贷：原材料——仓库——马铃薯　　　　　　　　　　2 400

（2）以现金200元支付运费时，进行账务处理如下：

借：委托加工物资——宽粉　　　　　　　　　　　　　200

　　贷：库存现金　　　　　　　　　　　　　　　　　　200

（3）以转账支票支付宽粉加工费用700元，进行账务处理如下：

借：委托加工物资——宽粉　　　　　　　　　　　　　700

　　贷：银行存款　　　　　　　　　　　　　　　　　　700

委托加工材料收回时，由业务部门填制"委托加工材料入库单"（见表3.15）。一式两联，一联由仓库验收后留存；另一联交由财会部门入账。

表3.15　委托加工入库单

银杏标准酒店委托加工入库凭单

年　月　日

收料部门：第一仓库

收回原材料名称	单位	数量	耗用原材料 名称	单位	数量	金额/元	加工费用/元	往返费用/元	总成本/元
宽粉	千克	400	马铃薯	千克	1 200	2 400	700	200	3 300
合计									3 300

（4）宽粉400千克已加工完成并已验收入库，收到委托加工入库单，宽粉的加工总成本为3 300元。

借：原材料——仓库——宽粉　　　　　　　　　　　　3 300

　　贷：委托加工物资——宽粉　　　　　　　　　　　　3 300

八、原材料出售的核算

酒店贮存的原材料，有时因某项材料存量过多，为防霉烂变质和减少资金占压，而变价处理。

【例3.28】银杏标准酒店出售干香菇50千克，单价65元，共收到现金3 250元，存入银行，该批干香菇每千克成本价为48元。

（1）收到货款时：
借：银行存款　　　　　　　　　　　　　　　　　　3 250
　　贷：其他业务收入　　　　　　　　　　　　　　　　3 250

（2）结转销售成本时：
借：其他业务成本　　　　　　　　　　　　　　　　2 400
　　贷：原材料——仓库——干香菇　　　　　　　　　　2 400

（3）月末结转本年利润：
借：其他业务收入　　　　　　　　　　　　　　　　3 250
　　贷：本年利润　　　　　　　　　　　　　　　　　　3 250
借：本年利润　　　　　　　　　　　　　　　　　　2 400
　　贷：其他业务成本　　　　　　　　　　　　　　　　2 400

此项其他业务收支差额850元，编制当月利润表时应计入营业利润。

第四节　餐饮成本的管理和核算

一、餐饮成本的概念

广义的餐饮成本是指餐饮制品在制作过程中人力成本，各种原材料消耗，以及水、电、燃气消耗的总和。

狭义的餐饮成本仅指餐饮部门为正常营业所消耗的各种原材料成本。

由于餐饮制品种类多，数量零星，且通常餐饮制品的生产、销售和服务功能融为一体，因此，在实务中很难将所发生的成本费用严格地对象化，而是将餐饮制品加工制作过程中所耗费的人工费、固定资产折旧费、企业管理费用等作为期间费用，分别计入销售费用和管理费用。

因此，本书中餐饮制品成本管理与核算的对象仅为狭义的餐饮成本，核算餐饮部门在一定时期内耗用的原材料的总成本，即餐饮制品的直接成本。

二、餐饮原材料成本

（一）餐饮原材料组成要素

餐饮原材料的组成要素主要包含餐饮的主料、辅（配）料以及调料这三个要素（见图3.13）。

图 3.13　餐饮原材料组成要素

（1）主料：主料是指构成各具体菜品的原料，通常是指肉料。

（2）辅（配）料：辅（配）料是指构成各具体菜品的辅助原料，通常是植物类的原料。

（3）调料：调料是指烹制菜品的过程中使用的各种调味料。

（二）餐饮原材料相关概念

1. 毛料

毛料是指未经加工处理的菜品原材料，即原材料采购回来的市场形态。即使有些原材料本身是半成品，但对餐饮部门来说，采购回来时仍只是市场状态，因为这些原材料半成品还需经过进一步加工才能参与菜品制作，一旦经过加工后，原材料成本就会发生变化。

2. 净料

净料是指经过加工后，可用来搭配和烹制菜品的半成品。所有的原材料采购回来之后都必须经过加工，例如，选洗、切配等处理，即使是一些本身已是半成品的原材料，也要经过相应的处理，例如，鲮鱼罐头开罐后倒出，也存在成本变化的问题。

餐饮制品所用的主料和辅（配）料大多数都是鲜活的原材料，例如，鸡、鸭、鱼、肉、蔬菜等，在大多数情况下，原材料都需要进行选洗和切配，使其从毛料转换到净料，再将净料用于菜品的烹调（见图 3.14）。

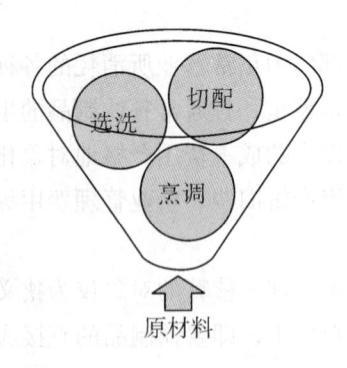

图 3.14　餐饮制品的加工环节

（1）活禽类。根据不同活禽的类别与制作菜品的不同质量、规格要求，活禽需进行宰杀，去头、爪、内脏，清洗和分档，再根据制作菜品的需求进行切配。

（2）鱼类及海产类。大多数淡水鱼及海产品都需要进行宰杀，去除鳞、腮、内脏，并进行洗涤和切片的处理，部分海产类原料还需要预先进行解冻。

（3）干货类。干货类原料通常需要进行泡发，由于干货类原材料品种多样，泡发方法也各不相同，因此，只有掌握了正确的泡发方法，才可以保证干货类原材料的等净料率。

（4）蔬菜类。根据不同蔬菜的种类和规定的使用标准，对蔬菜进行择、削、洗等处理，如择去干、老叶子，削掉皮、根、茎等。然后，再将蔬菜按规定的标准进行进一步的切配，例如，切成丝、片、段等。

3. 净料成本

净料成本是指由毛料经加工处理后成为净料的成本变化。在餐饮成本的管理和核算中，通常需要使用净料的成本进行计量与核算。

4. 净料率

净料率是指净料重量占毛料重量的百分比，即餐饮原材料在初步加工后的可用部分的重量占加工前原材料总重量的比率，它是表明原材料的利用程度的指标，其计算公式为：

净料率＝加工后可用原材料的重量÷加工前原材料的总重量×100%

当原材料品质一定，加工方法和技术水平一定的条件下，餐饮制品原材料在加工前后的重量变化是有一定规律可循的。因此，净料率对餐饮成本核算、餐饮制品原材料利用状况分析等各方面都有很大的实际作用。

【例3.29】银杏标准酒店餐饮部购入带骨牛肉10千克，经初步加工处理后，剔出骨头2千克，求牛肉的净料率。

牛肉的净料率＝加工后可用原材料的重量÷加工前原材料的总重量×100%
　　　　　　＝（10－2）÷10×100%
　　　　　　＝80%

5. 保证原材料加工后的净料率

在餐饮成本的管理和核算中，原材料的净料率的高低直接影响餐饮制品原材料的成本。通常，影响原材料的净料率的因素主要包括原材料本身的质量、厨师的技术、加工工具的优劣和加工方法等。

（1）原材料本身的质量。如果原材料本身的质量不够理想，就会导致在加工过程中产生更多的损耗。例如，土豆、红薯等原材料如果个小或表面凹凸不平，在削皮过程中的损耗就相对较大。相反，如果原材料个大且较圆，在削皮过程中的损耗就相对较少，粗加工后的净料率较高。

（2）厨师的技术。厨师的技术水准，通常是指厨师对原材料特点和秉性的了解程度、操作的熟练程度等，如果厨师的技术不过硬，也会对原材料在加工过程中的净料率产生重大影响。

（3）加工工具的优劣。加工通常是进行原材料的选洗、削皮、宰杀等，刀和砧板是厨师使用的两个主要加工工具。如果没有选择到合适的加工工具，厨师的技术则很难得到发挥。

（4）加工方法是否科学。科学的加工方法需要预先规划好如何进行原材料的选洗、切配等加工，从何处开始，到何处结束，需要进行哪些步骤，从而实现加工完成后不造成浪费。

（三）净料成本计算

净料成本的核算的基础公式为：

净料成本=（毛料总价值-副料价值）÷净料率

其中：毛料总价值是指采购回来的餐饮原材料的总成本；副料总价值是指对毛料加工后剔除出来的，还可以作为其他用途部分材料的价值；例如，毛鸡宰杀后剔除出来的鸡血、内脏等，还可做其他用途的原料，应另行计算副料价值；净料率一般都有行业约定俗成的百分比。

根据原材料加工方式和用途的不同，上述净料成本核算基础公式的运用还可分为一料一档、一料多档等情况。

1. 一料一档

原材料经过加工后，只形成一种净料，即为一料一档。原材料加工时所产生的下脚料，还可分为两种，一种是不可作价利用的，另一种则是可以作价利用的。

（1）下脚料不可作价利用。下脚料不可作价利用的，其净料单位成本等于购进原材料的总成本除以加工后半成品的总重量，其计算公式为：

净料单位成本=购进原材料的总成本÷加工后半成品的总重量

【例3.30】银杏标准酒店餐饮部门购进核桃100千克，每千克15元，经加工后共获得核桃仁60千克，核桃壳等下脚料由于没有什么用处，故作为厨余垃圾处理。

净核桃仁的单位成本=（100×15）÷60=25（元/千克）

注：核桃壳这一类下脚料，由于本身没有什么用处，所以，不可作价利用。

（2）下脚料可作价利用。若下脚料可以作价利用，则其净料成本的计算公式为：

净料单位成本=（购进原材料的总成本-下脚料价值）÷加工后半成品的总重量

【例3.31】银杏标准酒店餐饮部门购进新鲜河虾20千克，每千克的购进价为60元，总计1 200元，经加工后获得净虾仁12千克。剥虾仁的过程中产生的虾头、虾皮等下脚料可以出售给虾酱制作厂，共获得款项300元。

净虾仁的单位成本=（20×60-300）÷12=75（元/千克）

注：虾头、虾皮等下脚料可以出售给虾酱制作厂，由于这一类下脚料本身具有一定的价值，所以，在计算半成品单位成本时，可以作价利用。

2. 一料多档

原材料经初加工后产生了两种或两种以上的净料或半成品，即为一料多档。原材料加工处理后形成不同档次的原料，各档原料的价值各不相同，因此需分别计算各档净料或半成品的价格。其计算公式为：

$$\text{分档原料的单位成本} = \frac{\text{毛料价值} - \text{其他各档净料的价值之和}}{\text{该项净料的重量}}$$

$$= \frac{\text{毛料价格} \times \text{毛料重量} \times \text{各档原料价值比率}}{\text{该档净料重量}}$$

【例3.32】银杏标准酒店餐饮部门购进猪腿10千克，单价为30元。经拆卸分档，得到精肉6千克，肥膘2千克，肉皮1千克和筒骨1千克，各档原料的价值比率分别为

64%、19%、11%、6%，请计算各档原料的单位成本。

精肉的单位成本 = [300-（300×19%+300×11%+300×6%）] ÷6
      = （300×64%）÷6
      = 32 元

肥膘的单位成本 = [300-（300×64%+300×11%+300×6%）] ÷2
      = （300×19%）÷2
      = 23.5 元

肉皮的单位成本 = [300-（300×64%+300×19%+300×6%）] ÷1
      = （300×11%）÷1
      = 33 元

筒骨的单位成本 = [300-（300×64%+300×19%+300×11%）] ÷1
      = （300×6%）÷1
      = 18 元

（四）调料成本的测算

调料也是餐饮制品成本构成中的一个重要的组成要素，不同于主料和辅料，调料的成本通常难以直接去进行计量。

通常，调料的成本的计量与核算采用估算法。在某些菜品成本中，调料成本往往在其中占据较大的比重，例如，经过测算发现，麻婆豆腐这道菜品的主料、辅料的成本仅占11%，而它的调料的成本占了整个菜品总成本的89%。因此，对于调料成本，不能因为它相对用量较少，或者难以直接进行计量，就忽视对调料成本的核算与管理。

调料成本的估算，通常可以采用容量估算法、体积估算法和规格比照法（见图3.15）。

图 3.15 调料成本的估算

1. 容量估算法

容量估算法主要适用于液体形态的调料，例如，酱油、食用油、醋等。对于液体形态的调料，通常使用特定的容器去测量它们在制作菜品时的耗用量，再根据各种调料的成本单价，计算出菜品中使用的液体调料的成本。

2. 体积估算法

体积估算法主要适用于粉状的调料，比如食用盐，白砂糖、淀粉等。对于粉状的调料，通常根据制作菜品时使用到的调料的体积，测算各种调料的耗用量，再乘以各种粉状调料的成本单价，计算出菜品中使用的粉状调料的成本。

3. 规格比照法

规格比照法通常应用于新菜品的调料成本估算，根据过去相似或同类菜品制作中所消耗的调料成本情况，去估算与之相似的新菜品可能消耗的调料成本。

三、餐饮制品标准成本单

餐饮制品标准成本单应根据各餐饮部门和厨房的具体情况进行编制，制定中应充分考虑菜品配份对烹调操作、菜品质量和原料成本等各方面因素的影响，对每份菜品的标准成本做出规定，就能对菜品的生产加工进行有效的成本控制，最大限度地降低成本，提高菜品的市场竞争力；标准成本单作为餐饮部门生产活动的技术依据和准则，在菜品制作中必须认真贯彻执行，为菜品烹制、菜品质量和原材料成本控制创造有利的条件和技术保障。

餐饮制品的标准成本单对每份菜品的标准配料及其配料量都有规定，由此还可计算出每份菜品的标准成本，考虑到餐饮制品原材料市场价格的不断变化，每份菜品的标准成本单也要及时做出更新和调整。

（一）标准成本单的编制程序

1. 确定菜品主配料及其数量

确定菜品基调，决定菜品消耗的主要原材料，确定其数量。例如，点心类菜品通常是批量制作，必须平均分摊进行测算。

2. 规定调料的品种，试验并确定每份菜品调料用量

调料的品种、牌号必须明确标准，因为不同的厂家、不同牌号的调料质量差别较大，价格差距也较大，调料只能根据批量分摊的方式进行测算。

3. 根据主、辅（配）、调料的用量计算菜品成本、毛利及售价

随着市场行情的变化，菜品的原材料单价和总成本会不断变化，因此，每项成本都必须认真、全面地进行核算。

（二）餐饮制品标准成本单的作用

1. 为每一道菜品所使用的原材料提供用量标准

例如，制作每一份菜品时，主料需要多少？辅（配）料及调料又需要多少？

2. 为菜品定价提供一个合理的依据

我们通过餐饮制品的标准成本单，不仅可以对每一道菜品所需的原材料设置用量标准，并且配合每一种主料、辅料及调料的单价标准，还可以计算出每一道菜品的标准的单位成本。

在菜品的标准单位成本得以确定后，酒店餐饮部门就可以在菜品既定的毛利率水平上，对每一份菜品制定一个合理、合适的销售价格。

3. 从酒店的内部管理的角度来讲，餐饮制品的标准成本单也能够为酒店进行餐饮制品内部调拨时提供数据支持

例如，酒店的宴会厅通常没有专用的厨房，但宴会厅在承办相关活动时需要给客人提供一些食品或餐品，这些食品或餐品都将从酒店的厨房来进行调拨，通过应用餐饮制

品的标准成本单，能够快速地确定提供给宴会厅的这些食品或餐品的调拨成本。此外，酒店的销售部门通常也会赠送一些果盘小吃等食品给 VIP 客人，对于这些果盘小吃，酒店内部也可以通过餐饮制品标准成本单，快速确定各项食品的成本价，并将其结转到销售部门的销售费用中。

【例3.33】银杏标准酒店餐饮部门根据原料价格及菜品烹调要求，制定了油炸小酥肉的标准成本单（见表3.16）。

表3.16 油炸小酥肉标准成本单

主料				辅料/配料				调料			
名称	数量/千克	单价/元·千克	金额/元	名称	数量/个	单价/元·个	金额/元	名称	数量/千克	单价/元·千克	金额/元
净猪肉	0.15	20	3	鸡蛋	1	0.4	0.4	食油	0.1	8	0.8
面粉	0.05	2	0.1					其他			0.6
小计			3.1	小计			0.4	小计			1.4

（1）根据油炸小酥肉的标准成本单，经计算得出：

每份油炸小酥肉的标准成本 = 3+0.5+1.4 = 4.9（元）

（2）假设酒店餐饮部门对油炸小酥肉这道菜品要求的内扣毛利率（销售毛利率）为50%，则每份油炸小酥肉的售价为：

$$每份油炸小酥肉的销售价格 = \frac{原料成本}{(1-销售毛利率)} = \frac{4.9}{(1-50\%)} = 9.8（元）$$

四、餐饮成本核算

餐饮制品的成本核算是否准确，能够决定餐饮部门是否能获取每一道菜品的准确成本信息，进而影响其根据既定的毛利率去对餐饮制品进行定价的准确性。因此，做好餐饮制品成本的核算是非常重要的。

在核算餐饮制品的成本时，其成本仅包含实际烹制过程中所耗费的食品原料的价值，对于生产、销售以及服务过程中所发生的各项支出均不能计入餐饮制品的成本，应该作为销售费用或其他相关费用来处理，同样也不能计入主营业务成本。

实务中，为了减轻成本计算的工作量，餐饮制品成本通常按总成本或大类成本进行计算，其总成本的计算与结转可分别采用永续盘存法和实地盘存法。

（一）永续盘存法

永续盘存法是按厨房实际领用的原材料数额计算并结转已销售的餐饮制品总成本的一种方法。

1. 当月的原材料被厨房全部耗用，餐品也已全部售出

当月领用原材料的合计金额（"主营业务成本"账户的借方发生额）为本月已销餐饮制品的总成本。

2. 当月领用的原材料在月内未用完

已销餐饮制品的总成本=月初"主营业务成本"+本月"主营业务成本"账户的借方发生额-月末厨房剩余原材料的盘存额

厨房对于当月已领未用的原材料,应办理退库手续,但如果下月仍需继续耗用该材料,为简便起见,可办理已领用原材料的"假退料"手续。

假设厨房4月末原材料盘存猪肉50千克,面粉5千克,猪肉和面粉的单价分别为25元/千克和5元/千克。

根据月末盘存情况进行账务处理如下:

借:主营业务成本　　　　　　　　　　　　　　　　　1 275
　　贷:原材料　　　　　　　　　　　　　　　　　　　　　1 275

下月初,根据月末盘存情况,再填制领料单,进行账务处理如下:

借:主营业务成本　　　　　　　　　　　　　　　　　1 275
　　贷:原材料　　　　　　　　　　　　　　　　　　　　　1 275

【例3.34】银杏标准酒店餐饮部"原材料——厨房柴油盘存"账户反映上月月末厨房原材料盘存21 650元。本月收到各供货商送交和采购员购进的鲜活原料,价值共计77 682元,向仓库领用干货调料的总价值为15 844元,均用于菜品制作,本月月末厨房菜品项目的原材料盘存18 478元。

本月菜品成本=21 650+77 682+15 844-18 478=96 698(元)

账务处理如下:

(1) 上月月末厨房原材料盘存转入成本。

借:主营业务成本——菜品　　　　　　　　　　　　　21 650
　　贷:原材料——厨房柴油盘存　　　　　　　　　　　　　21 650

(2) 本月购进鲜活原材料。

借:主营业务成本——菜品　　　　　　　　　　　　　77 682
　　贷:应付账款　　　　　　　　　　　　　　　　　　　　77 682

(3) 从仓库领干货、调料。

借:主营业务成本——菜品　　　　　　　　　　　　　15 844
　　贷:原材料　　　　　　　　　　　　　　　　　　　　　15 844

(4) 本月月末厨房原材料从成本转出。

借:原材料　　　　　　　　　　　　　　　　　　　　18 478
　　贷:主营业务成本——菜品　　　　　　　　　　　　　　18 478

(5) 本月菜品营业成本结转"本年利润"。

借:本年利润　　　　　　　　　　　　　　　　　　　96 698
　　贷:主营业务成本——菜品　　　　　　　　　　　　　　96 698

注意:餐饮部门原料成本以外的各项费用,均在"销售费用"账户核算。

3. 永续盘存法的优缺点

永续盘存法的优点是核算手续完备,各环节责任明确;但是,采用永续盘存法的餐饮部门,其日常核算手续烦琐,工作量大,且月末还需组织人员进行盘点。

（二）实地盘存法

实地盘存法是按照实际盘存原材料的数额，倒挤本期已销餐饮制品成本所消耗的原材料成本的一种方法。

平时领用原材料时不办理料的核算手续，也不做领料的账务处理；月末通过盘点库存原材料和厨房已领未用的原材料，计算出月末原材料的实际结存额，然后"以存计销"。餐饮成本计算公式为：

本期已销餐饮制品的总成本＝期初原材料的结存金额＋本期原材料的购进金额－期末原材料的盘存金额

在计算出本期已销餐饮制品所耗用的原材料成本后，应借记"主营业务成本"，贷记"原材料"账户。

【例3.35】银杏标准酒店餐饮部"原材料"账户的月初余额为2 000元，本月购进原材料总额为30 000元，月末，根据盘存表计算库存和厨房结存的材料总额为3 000元，采用实地盘存法计算当月餐饮部门耗用的原料的成本。

餐饮部门耗用的原材料成本＝2 000＋30 000－3 000＝29 000（元）

根据计算结果，进行账务处理如下：

借：主营业务成本　　　　　　　　　　　　　　　　　　　　29 000
　　贷：原材料　　　　　　　　　　　　　　　　　　　　　　　　29 000

实地盘存法的优点是核算手续简便，但是因平时原材料出库无据可查，会将一些原材料的丢失、浪费、贪污计入主营业务成本，不利于酒店企业加强成本管理和维护消费者利益；相比之下，采用永续盘存法计算餐饮成本，虽然手续较为烦琐，但因材料出库有据可查，对耗用的原材料的成本计算比较准确，有利于加强酒店企业进行成本管理，降低餐饮制品成本并维护消费者利益。

五、餐饮费用的核算

常见的餐饮费用包括工资及福利费支出、水电费耗费、燃料费、餐具以及一次性用品的消耗。

餐饮各项费用，均与客房核算方法基本相同，在"销售费用"账户各明细项目内进行归集和核算。

其中，燃料中的柴油，月末需对柴油的存量进行盘点，从费用中转出，下月月初再转入费用。

假设厨房4月末盘存柴油300千克，价值1 650元。

4月末的账务处理如下：

借：原材料——厨房柴油盘存　　　　　　　　　　　　　　　1 650
　　贷：销售费用——餐饮——燃料费　　　　　　　　　　　　　1 650

5月初将上月月末盘存的柴油转入费用：

借：销售费用——餐饮——燃料费　　　　　　　　　　　　　1 650
　　贷：原材料——厨房柴油盘存　　　　　　　　　　　　　　　1 650

第五节 餐饮制品毛利率和销售价格计算

一、餐饮制品毛利率

毛利率是指毛利额与销售收入的百分比,其中毛利额是收入和相对应的营业成本之间的差额。

由于酒店企业独特的经营特点,酒店企业的平均毛利率往往高于制造企业,其成本、费用构成与制造企业也存在较大的差异。

酒店企业所用的原材料(例如,农产品、畜禽产品、水产品等)价格的周期性变动会对酒店企业的平均毛利率水平产生较大的影响。酒店的酒水毛利率一般会高于餐饮制品的毛利率,两者之间也存在较大的差异。

(一)餐饮毛利率的作用

餐饮毛利率的作用主要有:

(1)酒店为了经营的需要,保持酒店的档次,并保证公道的利润,通常会通过制定毛利率来控制菜品的价格。

(2)经营菜品的餐厅不但品种多,而且新品种还会不断增加,特别是有些季节性的原材料价格波动较大,因此餐饮部门必须不断调整或制定新的销售价格。制定价格的根据,一是根据经营餐饮制品的原料的消耗情况,二就是毛利,两者缺一不可。

(3)餐饮毛利率是反映服务质量的主要指标。

(二)餐饮毛利率的计算

在计算餐饮制品的毛利率时,常见的计算方法有两种,分别是内扣法和外加法。

1. 内扣毛利率

内扣毛利率,又称销售毛利率。其计算公式为:

$$内扣毛利率(销售毛利率)=\frac{毛利额}{营业收入}$$

2. 外加毛利率

外加毛利率,又称成本毛利率。其计算公式为:

$$外加毛利率(成本毛利率)=\frac{毛利额}{营业成本}$$

【例3.36】银杏标准酒店餐饮部4月的营业收入为65 800元,营业成本为36 400元,计算出酒店4月份的毛利额29 400元。

$$内扣毛利率=\frac{29\ 400}{36\ 400}=44.68\%$$

$$外加毛利率(成本毛利率)=\frac{29\ 400}{65\ 000}=80.77\%$$

思考:以上两种毛利率分别适合在什么情况下使用呢?

(1)财务人员在进行财务分析时,通常更倾向于使用内扣毛利率,从而去判断餐饮制品的实际利润率水平。

（2）酒店的业务人员和经理则更倾向于使用外加毛利率进行分析，方便他们去了解成本投入后，是否产生了与预期相符的收益或利润。

二、餐饮制品销售价格的制定

对于餐饮部门而言，其每推出一道菜品，首先要为该菜品制定合理的销售价格，常见的定价方法主要有内扣毛利率法和外加毛利率法。

1. 内扣毛利率法（销售毛利率法）

内扣毛利率法（销售毛利率法）是以售价为基础，先确定餐饮制品的毛利率（毛利额占收入的百分比），再用内扣的方式确定餐饮制品的销售价格。其计算公式为：

$$销售价格 = \frac{原料成本}{(1-内扣毛利率)}$$

假设一份青椒炒肉的原料成本为8.3元，内扣毛利率为48%。

$$一份青椒炒肉的销售价格 = \frac{8.3}{(1-48\%)} = 16（元）$$

2. 外加毛利率法（成本毛利率法）

外加毛利率法（成本毛利率法）是以餐饮制品的成本价为基数，首先计算出菜品的成本价格，然后按确定的成本毛利率，在成本价的基础上进行成本加成，计算出菜品的销售价格。其计算公式为：

$$销售价格 = 原料成本 \times (1+外加毛利率)$$

假设一份青椒炒肉的原料成本为8.3元，外加毛利率为95%。

$$一份青椒炒肉的销售价格 = 8.3 \times (1+95\%) \approx 16（元）$$

采用内扣毛利率法（销售毛利率法）计算餐饮制品的销售价格，有利于酒店的餐饮部门进行核算管理，但计算较为麻烦；采用外加毛利率法（成本毛利率法）计算餐饮制品的销售价格，其核算较为简便，但不能满足管理上的需要。为了既满足管理上的需要，又简化计算手续，可采用换算的方法将内扣毛利率（销售毛利率）换算为外加毛利率（成本毛利率），其计算公式如下：

$$外加毛利率（成本毛利率） = \frac{内扣毛利率}{(1-内扣毛利率)}$$

$$= \frac{销售毛利率}{(1-销售毛利率)}$$

假设一份青椒炒肉的内扣毛利率（销售毛利率）为48%，则其外加毛利率（成本毛利率）为：

$$外加毛利率（成本毛利率） = \frac{45\%}{(1-45\%)}$$

$$\approx 92\%$$

二、餐饮保本点

（一）保本点的基本概念

保本点也称盈亏平衡点，是指企业经营达到不盈不亏、损益平衡的状态，在保本点上，企业的销售收入正好可以补偿全部的成本（变动成本和固定成本）。

计算和确定保本点，能够帮助企业管理人员控制和分析销售量与利润之间的关系。企业若想要赢利，其产销量必须达到并且超过保本点。此外，保本点的另一个重要作用在于，超过保本点后的产销量所提供的边际贡献就是企业的利润。

其计算公式为：

（1）按实物量计算。

$$保本点销售量 = \frac{固定成本}{(单位售价 - 单位变动成本)} = \frac{固定成本}{单位边际贡献}$$

（2）按金额计算。

$$保本点销售额 = \frac{固定成本}{(1 - 单位变动成本/单位售价)} = \frac{固定成本}{边际贡献率}$$

（二）餐饮保本点的计算

基于常规的保本点计算，餐饮保本点通常是以保本销售额作为主要指标。

餐饮的变动成本通常包含餐饮制品的直接成本、水电费耗费、燃料耗费等；餐饮的固定成本通常为餐饮部门工资及福利费支出等费用；边际贡献率则与餐饮毛利率概念相似。

为了简化操作，计算餐饮保本点时，通常用内扣毛利率替代边际贡献率，以餐饮费用替代餐饮的固定成本。

故，餐饮保本点的计算，首先是从餐饮的营业收入当中减去营业成本，计算出毛利额；再减去餐饮制品的费用，当余额刚好等于零时，即当毛利额刚好等于当期餐饮费用时，酒店餐饮部门就能实现保本了。

换言之，餐饮保本销售额就是以当期的餐饮费用除以餐饮毛利率来进行计算的。其计算公式为：

$$保本点销售额 = \frac{费用}{毛利率}$$

计算餐饮保本点，酒店的财务人员必须取得以下两项数据：

（1）本酒店餐饮部门的目标毛利率水平或当期毛利率水平。

（2）本月餐饮部门的销售费用，或者餐饮部门的预算（预期）销售费用。

计算餐饮保本点，可以帮助酒店管理人员了解到餐饮部门当期到底需要获取多少的毛利额，才能全面覆盖餐饮部门当期消耗的费用。

【例3.37】银杏标准酒店餐饮部门2019年上半年收入、成本信息如表3.17所示。

表3.17　银杏标准酒店餐饮部门2019年上半年收入、成本表

月份	营业收入/元	营业成本/元	毛利额/元	毛利率/%	销售费用/元	营业利润/元
1	410 000	205 000	205 000	50	165 800	39 200
2	400 000	200 000	200 000	50	165 800	34 200
3	390 000	195 000	195 000	50	165 800	29 200
4	380 000	190 000	190 000	50	165 800	24 200

表3.17(续)

月份	营业收入/元	营业成本/元	毛利额/元	毛利率/%	销售费用/元	营业利润/元
5	368 444	184 000	184 000	50	165 800	18 200
6	350 000	175 000	175 000	50	165 800	9 200

请根据现有数据，预测该酒店餐饮部门下个月最低需获得多少营业收入才能实现保本。

本例中，2019年1—6月，银杏标准酒店餐饮部门的毛利率水平始终保持在50%。但是，综合考虑到销售费用以及营业利润的情况，不难发现，酒店餐饮部门的营业利润，从1月到6月呈现出逐渐下降的趋势，如果销售额及利润继续下滑，酒店餐饮部门在以后的经营中，出现亏损的可能性非常高。计算该酒店餐饮部门的保本点，可以帮助其管理层判断该酒店餐饮部门营业收入的底线，即为了保证餐饮部门下个月不发生亏损，其营业收入必须达到的水平。

根据表3.18，银杏标准酒店的餐饮保本销售额为：

$$保本点销售额 = \frac{费用}{毛利率} = \frac{165\ 800}{50\%} = 331\ 600（元）$$

表3.18 餐饮保本点测算表

月份	营业收入/元	营业成本/元	毛利额/元	毛利率/%	销售费用/元	营业利润/元
1	410 000	205 000	205 000	50	165 800	39 200
2	400 000	200 000	200 000	50	165 800	34 200
3	390 000	195 000	195 000	50	165 800	29 200
4	380 000	190 000	190 000	50	165 800	24 200
5	368 444	184 000	184 000	50	165 800	18 200
6	350 000	175 000	175 000	50	165 800	9 200
7	331 600	174 200	165 800	50	165 800	0

通常，酒店餐饮部门不能随意调整其菜品的售价，短期之内，也无法降低其餐饮制品的直接成本，因此，对酒店的餐饮保本点进行计算和分析时，餐饮部门的毛利率、毛利额、费用都是固定不变的，营业收入和营业成本总额则会随菜品销售量的变化而发生增减变化，所以，酒店餐饮部门只有设法增加其销售量，扩大营业收入，才能够改善或避免亏损，保证餐饮部门能够实现保本甚至盈利。

（三）餐饮保本点分析的作用

餐饮保本点分析的作用，主要体现在以下三点：

1. 保证烹调服务、设施令人满意

我们通过餐饮保本点的计算与分析，可以帮助管理层进行费用消耗的相关决策。例如，在不影响公司的盈利的前提条件下，酒店餐饮部门最多可以将多少资金花费在除餐饮直接成本之外的餐饮费用上。

2. 为成本核算与管理提供依据

酒店的餐饮成本通常是按照实际发生的成本进行核算的，但是，在做好实际成本的核算之外，还应当考虑餐饮保本点下成本的最高限额，从而为管理层判断实际发生的成本是否符合公司的发展目标提供数据支持。

3. 开展促销活动，防止客户流失

餐饮保本点分析与餐饮制品定价直接相关。餐饮制品的销售价格是影响其销售量的重要因素之一，销售量的多少能够决定酒店营业收入总额的多少。我们通过餐饮保本点的分析，可以帮助管理层判断是否可以提高调整价格来促进销售，即在允许的范围之内，通过降低菜品的销售价格，采用薄利多销的方式去留住现有客户，或者去发展新的潜在的客户。

【例 3.38】银杏标准酒店的餐饮部 4 月发生业务如下：

（1）购进核桃 200 千克，每千克 15 元，经加工后共获得核桃仁 120 千克，核桃壳等下脚料由于没有什么用处，故作为厨余垃圾处理。

解：本题中核桃壳这一类下脚料，由于本身没有什么用处，所以，不可作价利用。因此，对酒店的餐饮部而言，核桃仁作为半成品的单位成本就等于购进原材料的总成本除以加工后半成品的总重量。

净核桃仁的单位成本 =（200×15）÷120 = 25（元/千克）

（2）酒店的餐饮部推出本月一款凉菜——凉拌核桃仁，该菜品成本如表 3.19 所示。

表 3.19 凉拌核桃仁标准成本单

主料				辅料/配料				调料			
名称	数量	单价	金额/元	名称	数量	单价	金额/元	名称	数量	单价	金额/元
核桃仁	0.25 千克	25	6.25	韭菜	0.1 千克	10	1	食用油	0.05 千克	8	0.4
								其他			0.6
小计			6.25	小计			1	小计			1

解：每一份凉拌核桃仁的标准成本合计 = 6.25+1+1 = 8.25（元/份）

（3）假设酒店餐饮部经理根据行业经验，认为凉拌核桃仁这道菜品需要达到 65% 的内扣毛利率，请计算凉拌核桃仁这道菜品的售价。

解：销售价格 = $\frac{原料成本}{(1-内扣毛利率)}$ = $\frac{8.25}{(1-65\%)}$ = 23.57（元/份）

（4）假设酒店餐饮部经理根据行业经验，认为凉拌核桃仁这道菜品需要达到 165% 的外加毛利率，请计算凉拌核桃仁这道菜品的售价。

解：销售价格 = 成本价 ×（1+外加毛利率）
= 8.25 ×（1+165%）
≈ 21.45（元/份）

本章小结

本章我们的学习重点是餐饮部的相关会计理论与操作。通过本节的学习，学生可对酒店餐饮经营的基本知识形成基本了解，并掌握餐饮材料采购、营业收入、成本的管理和核算，此外还能灵活运用毛利率确认销售价格，学会保本点测算。

学生可将本章的内容与酒店客房收入的相关内容进行对比学习，总结两种收入的异同点。

知识测试

一、单选题

1. 酒店为其寓客提供的免费早餐券处理正确的是（　　）。
   A. 确认酒店的餐饮营业收入　　B. 冲减酒店的客房营业收入
   C. 确认酒店的销售费用　　D. 冲减酒店的餐饮营业收入

2. 在中餐厨房的组织结构中，以下哪个部门是关键部门（　　）。
   A. 冷菜部门　　B. 配菜部门
   C. 面点部门　　D. 炉灶部门

3. 银杏标准酒店餐饮部门干香菇每天需要15千克，从订货到入库的周期为3天，采购周期为40天，安全系数库存50千克，则最低库存量是（　　）千克。
   A. 45　　B. 70
   C. 95　　D. 85

4. 银杏标准酒店"原材料"账户，反映上月月末厨房原材料盘存21 650元。本月收各供货商送交和采购员购进的鲜活原料77 682元，向仓库领用干货调料总值15 844元，均用于菜品成本项目，本月月末厨房菜品项目的原材料盘存18 478元，那本月菜品成本为（　　）元。
   A. 80 854　　B. 96 698
   C. 19 016　　D. 37 494

5. 酒店购入的鱼虾、禽类等鲜活类食材，一般直接计入（　　）。
   A. 原材料　　B. 低值易耗品
   C. 物料用品　　D. 主营业务成本

6. 以下哪项不属于鲜活类原材料（　　）。
   A. 牛肉　　B. 腊肉
   C. 水果　　D. 蔬菜

二、多选题

1. 西餐的服务方式又细分成为（　　）。
   A. 法式服务　　　　　　　　B. 俄式服务
   C. 美式服务　　　　　　　　D. 英式服务

2. 下列不应计入酒店餐饮制品的成本的有（　　）
   A. 厨师的工资　　　　　　　B. 原材料
   C. 餐具消耗　　　　　　　　D. 燃料消耗

3. 在经济订货量模型中，决策相关成本是由（　　）组成的。
   A. 订货变动成本　　　　　　B. 缺货成本
   C. 订货固定成本　　　　　　D. 储存变动成本

4. 原材料主要可以分为（　　）。
   A. 干货类　　　　　　　　　B. 鲜活类
   C. 粮食类　　　　　　　　　D. 调味类

三、判断题

1. 酒店营业收入内容较为复杂，收入项目较多。（　　）
2. 酒店回收的免费早餐券应作为餐费的递减，冲减餐饮部门的销售收入。（　　）
3. 酒店的客房送餐服务取得的收入应该确认为客房收入。（　　）
4. 酒店餐饮生产加工环节的员工工资应计入主营业务成本。（　　）
5. 餐饮菜品的原料成本和毛利率是制定销售价格的依据。（　　）
6. 仓库管理的最高库存量控制指的是要满足采购周期内的使用量。（　　）

四、业务题

1. 根据银杏标准酒店某天的餐饮营业日报表（见表 3.20）的内容，完成当天有关餐饮收入的账务处理。

表 3.20　餐饮部营业日报表

2019 年 11 月 30 日　　　　　　　　　　　　　　　　　　单位：元

项目 餐别	用餐人数 台数	用餐人数 人数	菜品	海鲜	主食	酒水	合计	结算 现金	结算 挂账	结算 餐券	结算 应酬	结算 合计
早餐	41	90			1630		1630	1300		330		1630
午餐	36	120	2790	3600	1830	1903	10123	6900	3223			10123
晚餐	50	290	4120	4804	2740	2590	14254	7890	5064		1300	14254
本日合计			6910	8404	6200	4493	26007	16090	8287	330	1300	26007
转外客	户名		金额	户名		金额	户名		金额	户名		金额
	华联商城		3000	尚城公司		2287						
转寓客	户名		金额	户名		金额	户名		金额	户名		金额
	李明		3000									

2. 假设银杏标准酒店厨房原材料盘存账户上月月末盘存 35 180 元,本月购入鲜活原材料 125 600 元,向仓库领用干货调料等 23 000 元,均用于菜品项目,本月月末菜品项目原材料盘村 25 915 元。

要求:根据以上资料编制餐饮成本核算的会计分录。

3. 假设某餐厅本月耗用柴油等燃料费 36 400 元,电费 18 548 元,水费 5 136 元,瓷餐具损耗摊销 1 150 元,一次性台布、快餐盒等费用 2 800 元。

要求:以上资料中柴油、水费、电费均以银行存款支付,一次性台布餐盒是向总仓库领用。瓷餐具损耗摊销在购入时,已按"长期待摊费用"注账。请编制餐饮费用核算的会计分录。

综合实训

某新开业的酒店餐饮部门需要编制餐饮制品标准成本卡,现以菜品"炸排骨"为例,已知这道菜的主料:净猪肉 0.15 千克,单价 20 元/千克;配料:鸡蛋 1 个,单价 0.40 元/个;面粉 0.05 千克,单价 2 元/千克;调料:食用油 0.1 千克,单价 8 元/千克;其他 0.6 元。现编制餐饮标准成本卡如表 3.21 所示。

表 3.21 餐饮标准成本卡

品名:炸排骨　　　　　　　　　　　　　　　　　　　　　　毛利率:50%
计量单位:千克

主料				配料				调料			
名称	数量/千克	单价	金额/元	名称	数量/个	单价	金额/元	名称	数量/千克	单价	金额/元
净猪肉	0.15	20	3	鸡蛋	1	0.40	0.40	食用油	0.1	8	0.80
面粉	0.05	2	0.10					其他			0.60
小计			3.10	小计				小计			1.40

任务要求

1. 计算"炸排骨"这道菜的标准成本合计。

2. 在餐饮毛利率为 50% 的情况下,计算"炸排骨"这道菜的销售单价应该定多少合适?

第四章 收入审计日常操作

学习目标

1. 酒店收入审计。
2. 酒店客房收入审计日常操作规范。
3. 酒店餐饮收入审计日常操作规范。
4. 收入审计岗位风险点防控。

案例导读

银杏标准酒店6月新到任的收入审计 Linda，在6月工作日期间遇到了许多的问题：酒店餐饮部客人的折扣比例混乱，餐饮部老是出现作废账单，优惠券的券号登记有误；酒店客房部出现房态差异，客人赔偿未见到票据，免费房未见到总经理签字审批的申请单；个别部门的招待用餐超过既定的额度。

思考：根据案例背景，请帮助 Linda 分析酒店收入审计的防控点有哪些。

第一节 日常审计操作——客房

由于酒店每天的营业收入量大，时间长，涉及营业岗位多而分散，包括酒店服务生、收银员、房务中心、厨房、酒吧、前台、稽核员等多个岗位，员工接触营业收入机会多，因此为了酒店内部财产的安全和餐饮销售收入的正常，防止舞弊现象的出现，确保会计资料的准确，须采取相应的方法和措施对酒店的全部收入实施管理和控制。良好的酒店收入审计不仅有利于酒店资金的正常循环周转，提高酒店的经营效率，还有利于树立酒店形象，促进员工内部团结，在酒店管理中占有十分重要的位置。

一、客房收入审计

客房收入指的是酒店通过向顾客提供设备齐全、舒适整洁的客房以及相关服务而向顾客收取的费用，而客房收入审计是指酒店对客房收入的发生、计算、取得以及汇总等一系列过程进行审核和控制的行为。

（一）客房收入审计的基本保证

1. 保证客房收入的合法性

（1）顾客入住酒店必须持有合法手续，也就是遵守公安等政府管理部门的相关规定和要求。不按规定就办理入住手续的行为带来的收入也就是非法收入，这是严格禁止的。

（2）向顾客收取客房费用时必须有依据，按照顾客入住的实际情况收费，禁止出现乱收费现象。

（3）租金的变化必须遵守酒店的相关管理规定，当顾客要求解释时要有具体的规定可以出示。

2. 保证客房收入的完整性

（1）保证所有售出客房的租金全部收取到位并且入账，避免漏收费或漏入账的现象。

（2）保证顾客在酒店的消费都能全部收取到位并入账。

3. 保证客房收入的及时性

（1）保证客房收入能够及时收取并及时入账，确保能够采取有效措施收取应收客账。

（2）对于没有到账的能够及时催收，最大限度地减少占用资金的现象，避免呆账、坏账的发生。

（二）客房收入审计的基本体系

1. 建立销售、服务、收款相互独立又相互牵制的控制体系

销售部门及销售和前厅负责客房的销售，房务部门负责客房的服务，财务部门总台收银负责客房的结账收款，三项职能分别由三个部门分别执行，同时也必须相互合作，每天将客房的所有信息汇总形成报告并进行核对，使得这个体系形成分工明确、相互监督、相互牵制的有机整体。

2. 建立以财务部总台收银为中心的收入信息系统

建立收入信息系统必须做到以下几点：

（1）总台收银需要及时、准确、快速地得到关于客房收入的一切信息和数据，这就要求另外两个部门能够配合总台反映这些信息。

（2）对顾客入住留下的各种消费记录能够妥善保管，避免查账时无据可依。

（3）建立每个房间顾客的消费账户，并且能够及时、准确地把顾客在酒店的所有消费记录到该顾客账户中。

（三）客房收入审计的重点

1. 严格把握客房的收入稽核

收入稽核是以天为单位，记录和控制顾客入账单的收支情况，对资金的支付以及部门的收入与费用进行跟踪记录。客房的收入稽核难点表现在与财务内部控制有关的所有数据都要逐步、逐笔核查，主要有以下三方面内容：

（1）严格审核前台的收银工作、客房部房间的出租情况、房租过账。

（2）二次核查当天顾客客房收益汇总表。

（3）对离店顾客消费明细表进行最终的核对，明确催收账款的具体数据。

2. 严格审核客房保证金、预收订金

要求合理设计收取和退回保证金、预收订金时的财务操作流程，完善其手续，会计对其单独列账。保证金、预收订金的审计要求每天顾客的账户余额由酒店财务稽核人员进行审核，顾客在居住客房期间预付的订金或信用卡授权不足以支付消费时，应及时通知有关人员补收订金或补授权。如果顾客在退房时发现订金单据遗失，则要求顾客在订金遗失单上签字并且提供身份证明，前台收银员需要将复印件和订金遗失单一同交至财务部门。

3. 严格把控换房控制

为了适应不同人群的消费习惯和需求，酒店设置了不同档次的客房。顾客换房是指顾客在住房期间可能由于各种原因提出更换房间的要求，而酒店客房类型不同，其对应的投入维护成本和服务也就不同，因此严格控制换房运作十分有必要，这个过程需要做到以下五点：

（1）要制订严格的换房权限制度。

（2）换房时应以同一类型客房更换为主。

（3）当顾客要求更换不同类型的客房时应补齐差价。

（4）严格按照规范操作，顾客换房时应填写换房单，更换房卡，同时收银员应该将其账户转入更换的房间。

（5）稽核人员在进行客房收入过账前，检查换房手续是否齐全。

二、客房收入审核流程

（一）客户账卡的设立

客人入住酒店，首先要在总服务台填写住宿登记表。前厅部将住宿登记表和宾客账单交收银员，收银员开立宾客卡账并适当收取客人押金。住店客人在客房、餐饮、商务中心等部门的消费，一般等退房时一并结算。前台需要及时详细记录客人的各项消费，以便客人退房时足额收取款项。

1. 住宿登记表

住宿登记表一式两联，一般由前台接待员填写，需要客人在表上亲笔签名。对团体客人，应要求导游或领队填写，最后由导游或领队在表上签名确认。在填好登记表后，由接待员核对、确认。主要是确认客人证件的合法性，再以证件确认登记内容的一致性。住宿登记表见表4.1。

表 4.1　住宿登记表

入住日期：2020 年 8 月 26 日　　房间号：103

姓名	性别	出生日期		身份证号码		电话			
袁丽	女	1988 年 11 月 19 日		511021198811191234		13912345678			
进店时间	8.26	拟住天数	1	离店时间	8.27	开通市话	Yes	No	开通长话	Yes	No
退房时间为中午 12 时整。无论在任何情况下，本人同意支付所有账目现金。负重物品请您寄存。否则如有遗失，恕不负责。有 Yes 无 No				房价	预收房费	发票号码		收银员	
				560	760	02802131		李斯	
				备注					

宾客签名：袁丽　　　　　　　　　　　　　　　　接待员签名：王宇

2. 宾客账单

客人入住，酒店要为每位客人开设账户，以便记录客人在住店期间的各项消费，如房费、餐费、洗衣费、商务费等，住店客人一般不会马上结账，而是先挂在其房账上，待退房时一并结清。宾客账单见表 4.2。

表 4.2　宾客账单

宾客账单		
2020 年 8 月 26 日		No. 00001
姓名：袁丽	房号：103	到店日期：8.26
		离店日期：8.27
日期	摘要	总额：
8.26	大床房 1 晚	560
付款方式：银行卡	宾客签字：袁丽	

3. 宾客卡账

房间卡账是酒店特制的存放账单的夹子，通常放在一个固定的盘子里或架子上。一个房间一张卡账，每张卡账代表一个房间。将客人登记表和其他消费账单等存放在房间卡账里。

4. 预收押金

客人入住酒店必须预交保证金，也称押金。保证金收据应一式三联：第一联交给客人；第二联，将其内容输进计算机后放到客人的卡账里；第三联，与当日的其他账单一起交由审计人员审核。收到的保证金现款也与当日收到的账款一起投入指定的保险箱内，由总出纳员点收。

在预收保证金后，收银员在客人登记表上签名，同时把登记表的第一联及其有关单据放入房间卡账里，另一联退还给接待处。大堂接待处看到收银员的签名，即把房间钥匙交发客人，至此客人开始入住。押金单收据见表 4.3。

表 4.3　押金单收据

日期：2020 年 8 月 26 日　　　　　　　　　　　　号码：0000000000123

住客姓名：袁丽	房间类型：大床房	
	房间号码：103	
现金金额（大写）：人民币贰佰元整	￥：￥200	
摘要：收到 103 号房间 8 月 26 日押金		

收银员：李斯

5. 入账

在建立宾客账户之后，酒店就可以将客人的各项消费支出计入户头，这就是入账。入账要求及时、准确。大部分酒店都用计算机进行入账，酒店各部门都应与总台收银处的计算机联机。这样，客人在酒店任何营业点消费，都能随着收银机的操作及时输入客人的消费账户中。但是酒店也有不能与总台计算机联机的地方，比如客房里的迷你吧等地方，这就需要手工入账。还有一些意外问题也会导致计算机联机入账不能实现，这时也需要手工入账。

客人账单最终汇总到总台收银处。由总台收银员放入各自的卡账里，作为客人结算的原始依据。总台收银员需要复核账单上的签字、房号与卡账里登记表上的房号、签字是否相符，然后再放入卡账中。

（二）客户结账方式与控制

当客人来付款结账时，收银员应做到以下七点：

（1）主动问候并确认客人要离店结账。

（2）请客人归还房卡和押金单。

（3）立即通知客房中心，以便楼层服务员检查客房状况，如客房物品是否齐备、损坏等，并开出消耗单据或先用电话报告给收银处。

（4）把客人房间号码输进计算机，并按照计算机显示该客人的账户内容，查明客人的全部账单是否已输进客人的账户。确定账户内容无误后，打印账单。账单被打印出来后，收银员应审核一遍，在确定无误后交给客人确认。客人如果对账单中的某项内容提出异议，应报告收银主管处理；如果争议仍不能解决，则报告大堂值班经理处理。收银员不要介入争议，以免影响其他客人结账。

（5）根据客人在登记表上选择的结算方式结账。一般结账方式有现金、信用卡、经同意的转账结算、旅行社凭单等。

现金：收银员收取现金应当面点清，辨别真伪。客人如果持有外币，应提醒客人到大堂外币兑换处换取人民币后付款。

信用卡：收银员要确认信用卡是否为酒店所接受的银行卡，确认是否有效，请客人在签购单上签字，向信用卡公司取得授权号，按预收订金的额度申请付款金额。

经同意的转账结算：有签单挂账协议的单位或个人与酒店的结算方式一般是转账。收银员应注意以下几点：客户是否与酒店有签单挂账协议，协议是否有效；签单客户是否是公司指定的签单人；签单项目和金额是否符合签单公司要求；客人签字后的账单转至酒店财务部做"应收账款"，由信贷收款员定期与签约方结账。

旅行社凭单：收银员应检查凭单是否有效，并根据旅行社凭单的功用检查是否产生凭单所含项目以外的消费。

（6）客人在结账离店后，账单的应收款项应为零。

（7）最后，客人在结账离店后，收银员应取出该房间卡账里的全部单据、资料，以便新入住的客人再次使用。

（三）酒店前厅收银员交款控制

每班收银员在下班时需整理好账单，编制收银报告，清点现金并交款。

（1）收银员把已离店结账的账单按照现金、转账、旅行社凭单等不同结算方式归类整理。

（2）把入住客人的保证金收据等进行分类整理。

（3）在每一类单据整理好后，应计算出一个合计金额，把合计金额的纸带或便条附在每一类单据上面，与所附单据扎在一起，以便核对。

（4）收银员平时在进行入账、结账操作时，已按照各自的代码将收银情况输入前台计算机，现在只需将自己的代码输进计算机并给出打印报告指令，计算机就会自动把该收银员的收银报告打印出来。收银报告是记录酒店客人消费和收银员收款情况的报表。收银报告见表4.4。

表4.4 收银报告　　　　　　　　　　　　　　　　　　单位：元

收银员：李斯　　　　　　　　　　　　　　时间：2020年8月26日

借方项目	金额	贷方项目	金额
房租	50 300	现金收进	15 600
服务费	98.20	现金支出	
洗衣费	100	信用卡	35 091.40
迷你吧	106.60	转账	
电话费		支票	
杂项费用	86.60		
减扣			
合计	50 691.40	合计	50 691.40
借贷差额：-			

（5）清点现金。清点现金即清点当班所收的现金，并按币种分类装入交款袋里，在密封后投入酒店指定的投币箱。开启投币箱需两把钥匙同时插入才能打开。两把钥匙分别由总出纳员和财会主管保管。交款袋交款的步骤一般为：在清点现金后填写交款袋，袋上的各币种的合计数额应与现金数额相等；将装入袋中的现金数与收银报告中的现金收入数额进行核对；在核对无误后，把现金装入交款袋并封好；找一个见证人，让见证人检查交款袋是否填妥，收银员是否已在规定的位置签上姓名。然后，在见证人的监督下，收银员将交款袋投入指定投币箱。

（6）核对账单与收银报告，即将整理好的账单与收银报告的有关项目核对。将日间房租及服务费账单、迷你吧账单、减扣单、现金支出单分别与收银报告中借项栏的有关项目逐个核对，将现金结算、银行卡结算、转账等单据分别与收银报告中贷方项目栏的有关项目逐一核对。

（7）核对现金与收银报告。收银报告中的"现金收进"项目减去"现金支出"项目的差额就是"现金应交额"；将现金结算收入账单的合计数额减去现金结算支出账单的合计数额，也是"现金应交额"。这两个"现金应交额"应该相等。

（8）送交款项、账单、收银报告。在现金核对正确后，按照交款步骤投入投币箱，同时将账单和收银报告捆扎好，交给收银主管或放在指定的地方。

四、客房收入审核的重点内容

（一）押金单据

查看客人预交押金的结账账单，查看押金单据是否收回，以免客人凭着押金单据再次来退款。具体预收多少押金，各酒店的做法不尽相同，但一般有两种，一种是只预收房租的押金，其他费用在离店时结算；另一种是房租及其他费用一起预收，结算时多退少补。收到的保证金现款也与当日收到的账款一起投入指定的保险箱内，由总出纳员点收。最后由稽核人员核对收到的单据与总出纳收到的现款，以保证钱单相符。

（二）客房消费单

审核客房送餐费、迷你吧、客房其他消费是否入账、票据是否完整。把前台已经整理好的账单与收银报告的有关项目核对，将日间房租及服务费账单、房间酒吧账单现金支出单、车务账单分别与收银报告中借项栏的有关项目逐个核对，将现金结算、银行卡结算、转账、旅行社凭单等单据分别与收银报告中贷方项目栏的有关项目逐一核对。

（三）审核免费房

审核是否有"免费房申请单"，且负责人已签字。免费房是没有形成收入的，这就需要上层领导相关文件批准——免费房申请单，还要审核是否有相关负责人签字确认。在客人入住时，免费房申请单必须随客人账务资料传递至客人档案，将结账后随客人资料传递至财务。就需要收入审计人员确认申请免费房时，检查申请人填写的免费房申请单上客人姓名、公司名称、宴请事由、住店日期等相关内容是否符合规范，所有免费的项目必须与免费房申请单批准的项目一致。每周须将免费房汇总报财务总监审核及总经理阅知。

（四）房费的折扣

客房作为产品，具有其价值，同时也具有时效性。每天的客房如果不能被使用，那么就失去了当天的价值，所以为了有效把握客房的时效性，吸引更多客源，酒店经常会推出当天或一段时间内的房价折扣，这也造成了房价折扣权限的具体操作变得灵活，不易控制，所以加强酒店的审批权限，保证完整的酒店收入，有必要加强房价折扣管理，具体要求有：

（1）每日房费过账前检查客房收入的折扣情况。

（2）检查折扣是否符合酒店的相关规定、是否存在个人批准的折扣。

(3) 检查客房收入是否与折扣后的比例一致以及折扣计算是否正确。

(4) 检查预订顾客和入住顾客的信息是否一致。

(五) Mini 吧酒水调减

客房小酒吧是酒店为了方便客人在房间内食用各类饮料及小零食而提供的一项服务，即根据酒店规定的品种和数量，在客房内放置装有饮料、酒水、零食等食品。酒店与携程等平台合作时会推出相应的优惠券来抵减 Mini 吧的酒水，相当于做的一个酒水折扣优惠，就需要审核是否有优惠券或是携程礼遇。

(六) 顾客赔偿

需要检查赔付收据是否和系统报表相符，赔偿金额与单据是否一致。宾客在酒店中住宿经常会因为这样或那样的原因，出现诸如物品丢失、打碎杯子、香烟烫坏地毯或床单留下污渍等对酒店利益造成损害的情形，就需要顾客进行赔偿。收入审计人员需要根据顾客赔偿核对与酒店的实际损失是否合理。

(七) 房态差异表

出现房态差异表的时候需要重点去审核，特别是注意检查 OS、OOO 房态是否准确。OS 是维修房、OOO 是故障房，都是不能入住、卖出的。

第二节　日常审计操作——餐饮

餐饮的收入控制是指通过建立健全餐饮的收入控制体系，制定合理有效的控制措施，采取有针对性的控制方法，减少餐饮收入的损失，堵塞餐饮收入的漏洞，增加酒店的利润。餐饮收入控制体系是为了确保厨房生产和餐厅销售都能获得正常的营业收入，收银员能正确地记录营业收入数额，防止员工贪污和顾客逃单等行为带来营业收入损失。

一、餐饮经营收入控制的特点

(一) 餐厅的种类多，相应的收银点多

酒店餐厅不同于一般的营业型餐厅，其对象主要为住店顾客，对应的服务项目也就较多，所以这使得收入控制时兼顾的地方较多，给控制带来一定难度。

(二) 餐厅空间大，人员流动快

因为酒店的客房数多，所以餐厅顾客数目多，空间也相应比较大，人员流动量大且快，这导致收入控制中存在诸多问题，例如顾客不付账、收银员容易出差错等。

(三) 服务项目多，价格差异大

酒店餐饮服务内容繁杂，所提供的价格也差异很大，收入控制对不同服务项目应该有具体方法，不能一概而论。

二、餐厅营业出现的问题

餐厅营业过程中收银人员常会出现以下两种问题：

（一）舞弊

舞弊是指收银员在收银过程中故意造成的逃账私吞餐饮收入的行为，主要包括：

（1）走单：走单是指收银时故意走失整张账单，进而私吞此账单的收入。

（2）走数：走数是指故意走失账单上某一项的金额。

（3）走餐：走餐是指不开账单，也不收取费用，浪费餐厅收入。

（二）差错

因为酒店每天的客流量大，服务内容繁杂，所以收银员在收银时很容易出现差错。另外，收银员缺乏经验或者能力不足也会导致各种错误，影响酒店的收入。

三、餐饮收入控制的基本程序

餐饮收入控制实行"三线两点制"。餐饮活动涉及货币、账单和物品三方面，具体关系为：物品消费掉，账单开出去，货币收进来，而"三线两点制"是指将物、单、钱按照三条独立的线路执行，执行完后再在终点设置核对点，将餐单与账单核对、将账单和货币核对。

（一）物品传递线

（1）餐厅工作人员根据顾客的要求开出点菜单，点菜单要求一式三联。点菜单见表 4.5。

表 4.5 点菜单

台号：　　　　　　　　　　人数：　　　　　　　　　　账单号码：

类别	项目	数量
热菜		
凉菜		
酒水		
主食		
其他		

（2）餐厅工作人员将点菜单交给收银员，收银员只需要留下一联用来开账单，其

他两联盖完章后退回给工作人员。

（3）工作人员自己保留一联点菜单，将另一联点菜单送至厨房。

（4）厨房根据点菜单制作菜品，再由工作人员将所点菜品送至顾客。

（5）厨师在下班之前将点菜单按各个餐厅名称及编号顺序整理好交至主管，主管将点菜单进一步汇总整理交至核算员。

（二）账单传递线

（1）收银员由点菜单的内容开出餐费账单，并附上点菜单以便顾客核对，按顺序放好等待顾客结账。餐费账单见表4.6。

表4.6 餐费账单

餐厅名称： 　　台号： 　　账单号： 　　日期： 　　年 月 日

类别	项目	单价	数量	金额
热菜				
凉菜				
酒水				
主食				
其他				
合计				

（2）顾客结账时，收银员按顾客的餐费账单的总金额向顾客收取相应的钱款。

（3）收银员在下班之前根据账单编制收银报告，附上餐费账单和点菜单，一起交至核算员，同时有必要上交账单使用情况表，用来统计该收银员使用账单情况。

（三）货币传递线

（1）收银员根据账单向顾客收取消费钱款。

（2）收银员下班前清点现金，并且填写交款单及收银报告交至核算员。收银报告见表4.7。

表 4.7 收银报告　　　　　　　　　　　　　　　　　单位：元

餐厅：　　　　班次：　　　　日期：　　　　　　　　　　　　　年　月　日

收入					结算				
项目	金额	更正		总计	项目	金额	更正		总计
		金额	账单号				金额	账单号	
食品	13 590.20				人民币	5 961.10			
饮料	6 842.08				外币				
服务费	23.73				房客	117.92			
香烟	133.4				挂账				
杂项	18.00				信用卡	14 528.39			
合计	20 607.41				合计	20 607.41			

（3）核算员核对完后将现金及现金交款单及收银报告交至稽核人员。

（四）点菜单与餐费账单核对

收入审核人员将厨房交来的取菜单与收银员交来的餐单进行核对，以检查餐单上的项目是否与取菜单的项目相符，即餐单是否完全根据取菜单的内容开立，有无遗漏。如有不符，应追查原因并写出处理报告或建议。

（五）餐单与货币核对

收入审核人员将根据餐单编制的餐饮收入每日报表中的现金结算数与总出纳员交来的总出纳员报告及银行存款回单等有关单据的数额进行核对，根据核对结果，编制现金收入控制表，并对现金溢缺写出追查结果。

上述两个核对点是整个餐饮收入控制的关键点。核对取菜单与餐单是保证单单相符，揭露走单、走数的关键；核对餐单与货币是保证账款相符，揭露现金短缺的重要环节，两者缺一不可。如果缺少取菜单与餐单的核对点，就难以搞清应记入餐单的账目是否实际全部记入，就难以发现有无跑、漏的账项；如果缺少餐单与货币核对点，就难以发现和控制应收款项是否全部收进以及现金短缺等现象。

四、餐饮收入审计的审核重点

（一）审查账单是否遗漏

正常来说账单应该是连号的，出现不连号的可能性是账单作废了，比如客人点餐加菜没有入账要重新入账，就需要把原来的账单作废，重新开一张新单，这就会出现不连号的情况。但是不连号不完全是因为餐单作废，也可能会出现风险问题，比如收银员销毁了账单，系统里删除了入账记录，私吞了餐费。这就需要审核人员要特别注意不连号的情况，对于作废账单也应该保留，不得销毁。

（二）餐饮账单与点餐单核对

餐饮账单应该是和后面附的点餐单明细是完全一致的，必须要确定点餐单上的菜品全部入账，形成收入。

（三）重点审核删除菜品

删除菜品可能是顾客点了之后又不需要而取消了，也有可能是其实上菜了，客人进行了消费，但服务人员故意删除取消菜品，私吞这部分收入。所以这是餐饮收入内部控制的重要环节。

（三）核对香烟进销存报表

核对香烟进销存报表，就是要审核香烟的采购、销售、库存，并做到账实相符。

（四）特殊用餐额度的审核

这一条就需要把挂账的账单、折扣账单、宴请账单、高管免费用餐额度作为重点审核的对象。需要看挂账账单上是否有相关协议公司的签字，对方是否是我们酒店合同签订的协议公司，还有账单的折扣比例是否准确，有无超过公司规定。酒店宴请 VIP 客人对酒店来说是没有形成收入的，酒店最后结账方式走的是宴请单这个程序，审核宴请账单时，一定要检查单据是否有相关领导的签字，程序是否符合规定。很多酒店都有为高级管理人员提供免费用餐的额度，就需要我们去审核这个免费额度是否在规定范围内，额度是否有超标的情况。

（五）核对海鲜产品的价格

海鲜食品属于一个贵价食品，贵价食品的单价比较高，我们就要重点去审核其价格是否正确，有无错漏。

（六）审核"特殊菜品"的价格

特殊菜品通常指的是菜单上没有的菜品。由于特殊菜品是由行政总厨定价，一定要注意审核价格是否合理，与以前同期价格进行比较。

（七）餐饮账单与收银报告的核对

检查各类账单、汇总与报表进行比较，做好餐饮账单与收银报告及货币线的核对，目的是防止收银员作弊，销毁电脑记录及账单，或用其他单据代替。餐饮日报表见表4.8。

表4.8 餐饮日报表

菜品酒水	人数/人	食品/元	酒水/元	服务费/元	香烟/元	场租	杂项/元	合计/元	平均消费/元
西餐厅									
早餐午餐	142	5 339.5		0.38				5 339.88	37.60
晚餐	37	3 408.10		2.43				3 410.53	92.18
合计	179	8 747.60		2.81				8 750.41	48.88
中餐厅									
午餐	4	509.12	59.20	(0.42)				567.9	141.98
晚餐	67	4 144.17	6 749.86	(0.28)	93.40		18.00	11 005.15	164.26
合计	71	4 653.29	6 809.06	(0.70)	93.40		18.00	11 573.05	163.00
大堂吧									

表4.8(续)

菜品酒水	人数/人	食品/元	酒水/元	服务费/元	香烟/元	场租	杂项/元	合计/元	平均消费/元
午餐									
晚餐									
合计									
送餐服务									
早餐									
午餐	1	52.00		7.41				59.41	59.41
晚餐	3	52.41		14.21	40.00			106.62	35.54
夜餐									
合计	4	104.41		21.62	40.00			166.03	41.51
宴会厅									
午餐									
晚餐									
合计									
迷你吧	9	84.90	33.02					117.92	13.10
合计	9	84.90	33.02					117.92	13.10
行政酒廊									
合计									
总计	263	13 590.20	6 842.08	23.73	133.40		18.00	20 607.41	78.36

五、其他收入控制

酒店服务项目较多，价格差异大，计价工作量大，仅酒店餐饮服务包括食品、菜肴、酒水饮料、香烟等就有上百个品种项目，所以除了上面提到的客房收入控制和餐饮收入控制以外，酒店还要对酒店康体、娱乐、保健等部门进行收入控制。

以康乐中心为例。随着时代的发展，酒店顾客的消费水平越来越高，除了住宿的基本要求之外，顾客趋于追求高质量的酒店服务，同时酒店之间的竞争也越来越激烈，康乐是酒店必不可少的一项服务。康乐中心的收入占酒店收入的比重增大，所以需要对其进行收入控制，具体可采取以下措施：

(一) 科学分配岗位

合理设置康乐中心的岗位，从上到下可分为：康乐部经理，娱乐部包括娱乐中心主管、各娱乐项目领班、各娱乐项目服务员，健康中心主管、各健康中心领班、健康中心项目服务员，美容美发师。这样可形成由上而下的监督管理体制，保证收入的正常稳定，减少收入的损失。

（二）做好选拔培养收银员的工作

严格选拔能力强的收银员，另外还需要对收银员做好培训工作，详细分工，制订收银员的奖惩制度，鼓励收银员认真工作，对工作表现突出的收银员予以物资和精神奖励，同时对不符合要求的收银员施以惩戒甚至辞退。

（三）合理设置收款地点和收款程序

收款地点应该能覆盖康乐中心的所有服务点，保证所有收入的到账，避免漏账、逃账的发生。收款程序也需要合理，一方面应该方便收银员收款，另一方面还要方便审核人员进行核对账项的工作。

（四）收款与开单职务分离制度

在不设置收银机的营业点，收银工作应采取收银与开单职务相分离的控制制度，即收银与开单两个职务不得由一人兼任，应分设两人执行。收银员不管开账单，开账单的不接触现款；开单只根据取菜单制作餐单，做好后自己留一联，另一联交给收银员，收银员根据餐单收款。下班时，收银员把现金交给总出纳员，开单员只把餐单交给审核人员，由审核员审核餐单，查对现款。

（五）请外单位人员不定期来餐厅进行检查的制度

请外单位人员或会计师事务所的核数师以客人的身份到餐厅、酒吧视察。他们以客人的身份点菜或饮品，仔细观察餐厅人员开单、服务、收款的全过程。他们常常会发现有关人员的错弊行为，所起的作用通常比酒店自身的检查还要大。但采用此法，也应注意一些问题：

（1）应选择那些餐厅人员不认识或不熟悉的人员来检查。如果被餐厅人员发现其身份，则起不到预期的作用。

（2）检查人员应熟悉餐饮的服务、收款程序及其他规定。

（3）在检查人员检查之前，应告知此次检查的重点。

（4）每次检查结束后，检查人员应向酒店有关方面负责人汇报检查情况。

（5）可以直接将请外单位人员随时来检查营业服务工作情况的制度告诉餐厅及各个营业点，使有关人员有所顾忌，起到预防和控制的作用。

第三节　收入审计风险防控

收入审核的重点就是审计酒店减扣营业收入的规范性。所有的抵减酒店收入的部分都是风险防控点，首先来看一下有哪些方面会涉及酒店营业额的减少。第一是优惠卡券，它是会递减收入的一种优惠形式。第二是招待用餐（宴请），宴请就是招待外宾，招待VIP客人免费用餐。第三是迷你吧酒水冲减凭证，酒店由于和相关平台合作，就会提供类似于代金券这样的抵扣迷你吧酒水的代金券。第四，自用房和免费用房的使用也是没有收入的。第五是房态差异报表。第六，折扣和退赔，也会直接抵减收入。

一、收入重点审计的对象

（一）优惠券

首先，需要收入审计人员依据优惠卡券凭证去核实优惠折扣的真实性，酒店会给不同的客户提供不同的折扣。不同的项目，不同的客户，给的折扣比例也不尽相同，收入审计人员就需要根据签订的不同合同去核实这个折扣额度的真实性及准确性。其次，对于优惠卡券的发行和消费记录要进行管理，本月发放的优惠卡券等客人来消费时，都要去做好登记工作。

（二）招待用餐

招待用餐的宴请通常是指酒店宴请贵宾，需要按部门及消费性质制作台账进行记录，这也是收入审计的一个重点工作。不管是管理部门还是营业部门，只要涉及有宴请就需要分部门去制作台账。宴请不会形成收入，但是有成本的支出，因此各个部门宴请的额度也是有限的。收入审计人员需要对宴请进行监督和控制，对各部门实际每月累计消费与限定消费额进行比较，定期向财务总监交汇总报告各个部门的宴请额度的使用情况。

（三）迷你吧酒水冲减凭证

迷你吧是为了方便客人在房间内食用各类小零食而提供的一种服务，即根据酒店规定的品种和数量，在客房内放置饮料、酒水、零食等食品。需要在客人离店时核实客人的正式账单是否有原始收费和调减回扣之间的时间差距。

（四）自用房和免费房

自用房和免费房的概念是不一样的。免费房，是由于会议或者团队的协议谈判，提供给客人的。而自用房是酒店自己的员工使用的，比如酒店的高层管理人员由于值班或者加班等原因入住酒店，就是通过自用房的方式结算。因此不管是自用房还是免费房，收入审核人员都要对客人姓名、住宿天数与批准单上的资料进行核实。合同有规定给予免费房的，确保符合最低要求，有时候酒店会与客人达成协议，比如客人在酒店订了婚宴，达到酒店消费的某个标准，酒店就会赠送免费房。最后是确认原预订与实际售出房间，以审查其真实性。申请自用房或者免费房的时候，都是要进行预订的，收入审计人员要确定原本预订的房间与实际售出的房间是否一致，以免出现差错。

（五）房态差异报表

房态差异报表也就是出现了矛盾房，意思指在系统里的房态与实际收入审计人员去查房时的房态不一致。有可能系统上显示这是一间故障房，而实际收入审计人员在实际查房的时候发现有客人入住，这就是矛盾房。出现矛盾房，是非常严重的一种情况，所以要对房态差异报表进行重点审核。最主要的是针对出现维修房客人在住、脏房客人未退还有其他与系统中不相符的情况，都要一一问询，做好记录。这就需要实际收入审计人员了解出现这个矛盾的原因是什么，有时可能是系统没有及时更新。比如说脏房已经打扫了，系统本来应该及时更新，但是没有及时更新，也会出现房态差异。因此不管出现哪一种差异，都是应重点审核的部分。

（六）折扣/退赔

折扣退赔都会导致酒店收入的减少，需要确保折扣与退赔不超出事先限定的权限与额度，折扣比例要符合要求。而退赔是实际上酒店在工作当中，可能因为酒店的失误，引起了客人的投诉，酒店方需要做的一个弥补措施。对于这两种情况，需要做正确的区分，折扣是增加销售量的有效手段，是针对不同的情况给予的销售折扣；而退赔是因为酒店所提供的服务可能达不到消费者的要求，从而产生了部分折让或全额退款的情况。酒店有自己的销售策略，对销售的产品做一些折扣，反而能够增加销售量。但实际上酒店的产品一般不会做太大的折扣，因为毕竟酒店的成本还是挺高的，但可以做适当的折扣，像淡季的时候，对客房单价打一点折扣，为的就是增加销售量。而退赔，主要是由于酒店自己的失误，没有达到客人的要求，酒店就会去弥补客人，在价格上做一些折让，目的是安抚客人，让客人不要产生不满的情绪，而不是为了增加销售量而做出的。

因此可以看出，从财务处理的角度来看，折扣和退赔有某些共同之处，都减少了酒店收入，折扣虽然减少了产品的单价，但增加的销售量会导致总收入的增加。而它们的区别在于：本质和产生的动因完全不同。折扣是一种积极的经营策略，财务应给予支持；而退赔是一种消极的弥补措施，要按权限严格把关，甚至对于产生退赔的相关责任人按规定给予相应的处罚，从而杜绝由于酒店员工的工作失误而导致的退赔。

二、酒店收入审计日间审核的步骤

（一）客房收入的日间审计

1. 稽核房租

稽核房租的依据是三份报表，目标是三表一致。这三份报表分别是：前台接待处的客房状况报告、客房部的房间状态报告和夜间稽核的房租过账表。

稽核的步骤是：

（1）核对前台接待处的客房状况报告和客房部的房间状态报告。前者在早晨离店的客人未退房之前编报，后者在早晨9点左右，即清理房时编报。核对时应逐个楼层、逐个房间核对，如发现两者不符，应追查原因并把原因写在报表上。

（2）核对房租过账表与前台接待处的客房状况报告。

只有核对了上述三份报表以后，才能保证过入的房租比较可靠。

2. 稽核客房收益结账表

客房收益结账表是夜间稽核工作的结果。然而，日间稽核员在汇总编制当日正式收益报告并将全部收益按项目记入各会计账之前，还必须核对这些数据，以确保入账数据的正确性。稽核步骤如下：第一，复核前台收银员的账单、报告；第二，复核其他营业点交来的账单、报告；第三，分项核对结账表；第四，核对结账表的余额，将结账表的承前余额、新余额分别与住客明细账的上日余额、新余额核对。

3. 复核夜审的会计分录过账表

首先，将账单等原始凭证按照会计分录过账表中的项目加总复核一次；其次，审核列入每一会计科目的内容是否合理正确，例如，有无把单位记账的餐饮费用当作住客的餐饮费用入账等；最后，把会计分录过账表中的借项数额与贷项数额分别相加，检查其总计是否正确，借贷是否相等。审核会计分录过账表后，将结账表附在其后，交由会计主管入账。

4. 编制每日收益报告

上述工作做完之后,便可着手编制每日收益报告。每日收益报告不仅包括客房收益,而且包括饮食收益及其他收益。由于它是整个酒店每天的全部收益报告,因此将其放在后面部分详细叙述。

5. 核对现金

如前所述,前台收银员收进的现金应装在交款信封里然后投到指定的保险箱内,次日上午总出纳员清点现金并存入银行。日间稽核人员负责核对账项中的现金数额与总出纳员实际收进的现金数额,以控制账实相符。

(二) 餐饮收入的日间审核

餐饮收入的日间审核主要包括三个方面的工作,一是检查餐饮收入夜间稽核的结果;二是汇总编制酒店每日营收报表;三是控制现金、银行存款的收进。

(1) 统计上日收益报告。日间稽核人员早晨上班,第一件工作就是将上日整个酒店的收益情况统计出来,送交财务总监,供酒店高级管理人员的每天早会使用。这份统计报告是粗略的、未经认真审核确认的,属非正式的报告资料。而正式的收益报告需经日间稽核人员逐项审核落实后才签发出来。

(2) 稽核餐饮收入日报表。稽核餐饮收入日报表可以对夜审的工作进行全面的检查,况且日报表编出来后尚未审核,其中的数据是否正确,有待验证。

对日报表的审核应从以下几个方面入手:

①复核各类账单的加总。

餐单里的内容已夜审过了,这时只需对各个餐单的结算额再加总一次,检查是否与夜审数据加总相等即可。

②用餐单核对餐饮收入日报表。

③检查餐饮收入日报表本身有无计算错误。

(3) 编制酒店每日营收报表。将餐饮收入日报表稽核出来的遗漏和错误补正后,客房收入的日间稽核工作也已完成,接下来就是汇总餐饮收入和客房收入,编制出一份正式的酒店每日营收报表 (见表4.9)。此表可以由客房收入日间稽核员编制,也可以由稽核主管编制。收益日报表编好后,经稽核主管审定盖章,报送财务总监、总经理及其他高级管理人员。

(4) 检查账单号码控制情况。

(5) 核对取菜单。

(6) 核对现金。总出纳员按照各收银员交款信封上的金额将现金清点收妥后,填写单据送存银行,同时编制总出纳员收款报告,并将送存银行回单及其他单据附在其后,一并送交日间稽核员审核。

日间稽核员对总出纳员收款报告审核后,编制现金收入控制表。

为了减少编表数量,有的酒店把总出纳员收款报告与现金收入控制表合二为一,由总出纳员填写"实交金额"栏,由日间稽核员填写"应交金额"栏,并负责审核现金的溢缺。

表 4.9 每日营收报表

房费收入	今日实际/元	本月实际累计收入/元	本月预算累计/元	预算与实际差额率/%	去年同期累计/元
商务散客房费	24 742.90	121 010.09	204 457.70	-40.81	226 245.48
休闲散客房费	13 962.87	100 324.57	107 929.85	-7.05	103 143.77
商务团队房费	4 709.20	268 448.64	91 007.68	194.97	91 836.47
休闲团队房费					
其他	7.55	669.84			139.62
房费服务费					
房费合计	43 422.52	490 453.14	403 395.23	21.58	421 365.34
食品＆饮料合计	20 432.28	305 939.24	322 438.05	-5.12	327 311.08
其他收入	151.40	64 097.61	41 096.77	55.97	19 020.67
餐饮服务费	23.73	226.70			294.67
餐饮合计	20 607.41	370 263.55	363 534.83	1.85	346 626.42
健身中心	336.80	40 102.72	18 064.52	122.00	24 395.35
电话服务费收入		38.63	79.03	-51.12	19.53
商务中心		84.89	519.35	-83.65	
洗衣服务		5 912.48	3 387.10	74.56	700.94
租车服务	47.17	47.17	1 354.84	-96.52	339.62
其他	4 698.41	32 888.89	38 951.61	15.56	32 243.73
其他收入服务费	9.21	895.80			105.15
其他收入合计	5 073.17	79 970.58	62 356.45	28.25	57 804.32
总计	69 103.10	940 687.27	829 286.51	13.43	825 796.08

本章小结

收入审计，即收入稽核，是根据客人入账单的收支情况进行记录和控制的过程。收入稽核是以天为基本单位，跟踪记录资金的支付以及部门的收入与费用。这项工作为整个资金支付提供物证并且为管理人员更深入地审查账目提供了参考。收入稽核在酒店中处于一个至高无上的地位，它不仅仅是一个核对的过程，通过收入稽核，将酒店的计划与经营每日进行比较，我们可以洞察应如何监管各部门以使其达到一个令人满意的收入水平。

学生通过本章的学习，可掌握酒店营业收入的构成，掌握酒店核算制度及客房和餐饮核算的特点，重点掌握客房和餐饮收入审核重点及风险防控点，提高纠正错弊及查找根源的能力。

知识测试

一、单选题

1. 检查赔付收据是否和系统报表相符是客房审计的（　　）项目。
   A. 客房消费　　　　　　　　B. 免费房
   C. 房费折扣　　　　　　　　D. 顾客赔偿

2. 餐饮中的货币传递线为（　　）。
   A. 餐饮账单与点菜单核对
   B. 餐饮账单与收银报告核对
   C. 点菜单与收银报告核对
   D. 餐饮账单与进销存报表核对

二、多选题

1. 收入审计前台日常操作包括（　　）。
   A. 检查前台收银员是否已交齐当天的收银报告
   B. 检查前台收银员是否已交齐当天的账单
   C. 将前台一天所处理的账单和单据进行归类
   D. 从前台系统中查看、打印当天已离店的客人名单及客房各类收入报表，与离店客人账单进行核对

2. 酒店餐饮营业收入中的其他收入包括下列的（　　）。
   A. 顾客赔偿
   B. "开瓶费"
   C. 送餐服务
   D. 香烟

3. 中餐厅主管下设岗位包括（　　）。
   A. 服务员
   B. 迎宾员
   C. 传菜员
   D. 酒水吧主管

三、填空题

1. 酒店餐饮收入审计内容为审核餐饮部各收银人员交来的（　　）和（　　）。
2. 审核优惠券需要对（　　）和（　　）进行管理。

四、判断题

1. 前台各班次收银员应在交班时，同时交接"前台备用金"，清点数额并签字确认。
（　　）

2. 针对出现维修房客人在住、脏房客人未退还有其他与系统中不相符的情况，都要一一问询，做好记录。（   ）

五、简答题

折扣和退赔的共同点和区别分别是什么？

综合实训

1. 项目名称：酒店收入审计控制方案设定
2. 实训目标：熟悉酒店客房和餐饮收入审计的各项风险防控点的操作方法，为酒店落实各项风险防控点提出有效方案。
3. 实训任务：
（1）学生自由组合，分成若干小组（4~6人为一组）；
（2）不同的小组分别针对同一案例酒店展开收入审计各项风险防控点的制定；
（3）分小组拟订方案并汇报每一项措施针对解决的问题；
（4）每个小组推荐一位代表汇报本组调研报告。

第五章

酒店应收账款管理

学习目标
1. 掌握酒店应收账款的含义、功能、风险与类型。
2. 掌握酒店应收账款的成本及管理措施。
3. 熟悉根据酒店客户实际情况制定信用政策的方法。
4. 掌握应收账款账龄分析方法。
5. 熟悉应收账款相关绩效考核指标的设定方法。

案例导读

银杏标准酒店应收账款的难题

银杏标准酒店为一家星级酒店,前些年,由于某种原因,客房出租率不高。为了更好地调动销售人员积极性,该酒店的销售经理召开了专题会议,布置落实销售人员全年及每月应完成的销售任务,承诺凡超过销售指标的部分按 2.5% 的比例兑现奖金。会后大家群情激奋,积极寻找客户。当年该酒店的客房出租率创造了历史新高,经营毛利率比上年同期增长了 30%。然而财务主管却高兴不起来,因为销售激励政策推出不到半年,该酒店的应收账款周转天数就急剧增加。同时,随着客房出租率的升高,各营业部门的进货需求也急剧增加,酒店当前处于资金告急、借贷困难、偿债更加困难的局面。

思考题:
1. 企业销售业绩上去了,为何财务经理不高兴?
2. 什么是有效的应收账款考核指标?

第一节 酒店应收账款的基本情况

一、应收账款的含义

"酒店应收账款"是指酒店在正常的经营过程中，通过为客人提供客房、餐饮服务等主营业务，而应向客人收取的款项。从根本上来说，它是伴随酒店的销售行为发生而形成的一项债权，是酒店在销售过程中被购买方所占用的资金。

由定义可见，酒店应收账款的产生会涉及其主营业务。这里的主营业务主要包含客房、餐饮、健身中心、租车、电话服务等项目，其中又以客房和餐饮服务最为重要。此外，酒店应收账款之所以会产生，是由于酒店为抢占客户、增加收入而提供了赊销服务。而应收账款管理的基本目标，就是在充分发挥应收账款功能的基础上，降低应收账款投资的成本，使提供商业信用、扩大销售所增加的收益大于有关的各项费用支出。

二、应收账款的功能

应收账款的功能也就是应收账款在酒店经营过程中的作用，主要表现在以下两个方面。

（一）提升销售额

在激烈的市场竞争中，赊销是促进销售的一种重要方式。竞争机制的作用迫使酒店以各种手段扩大销售。除了依靠较好的服务设施、价格、服务质量、广告等手段外，赊销也是扩大销售的手段之一。赊销的促销作用是十分明显的，价格相当、服务类似的两家酒店，实行赊销的酒店的销售额通常大于仅现金销售的酒店的销售额。

（二）减少存货

酒店持有存货，存在管理费等支出；相反，酒店持有应收账款，则无须上述支出。更何况酒店的最大存货——客房产品具有不可储存的特点，当天没出租，这天的效益自然就失去，即使第二天再出租，第一天的价值永远不能再收回。因此，酒店客房出租率较低时，一般都可采用较为优惠的信用条件进行赊销，把存货转化为应收账款，减少存货，节约支出。

三、应收账款的主要类型

通常来说，酒店应收账款分为四大类：宾客账（guest ledger）、外客账（city ledger）、线上旅行社挂账（OTA）和信用卡挂账（credit card）。

（一）宾客账（guest ledger）

宾客账（guest ledger）是指客人入住时预交的押金不足以支付客人在酒店消费金额时形成的应收款项，主要表现形式为超押金入住。宾客入住酒店时会预交一定数额的押金，住店期间消费可以采用"挂账"方式，无须实时结算。当挂账和房费总额大于押金时，就产生了宾客账。宾客账的主要风险点在于，客人超押金入住太久，占用过多流动资金。此外，客人可能不补齐费用就离店，导致后期形成额外的追账成本，甚至产生坏账。当然，相对而言，宾客账的风险指数较小，大部分住店宾客是讲究诚信、珍惜个人信用的，离店前会结清账务。宾客账的管理责任人一般是前台操作人员，前台应该做到不轻易允许超押金入住，对于已经形成的宾客账，前台操作人员要加强跟踪，催促欠账宾客尽快补交押金。

（二）外客账（city ledger）

外客账（city ledger）是指信贷客户在事先确定的消费限额内，先签单消费后结算而形成的应收款项。其中，"信贷客户"是指酒店与之签订了信贷协议，并给予信用额度的往来客户。酒店为了扩大销售，赢得更多的客户，故提供"赊销"服务，来获得更多的客户资源。而这种做法，也形成了风险较大的外客账。外客账的主要风险在于，信贷客户可能有意拖延账款，导致资金占用时间过长，增加催账费用。更有甚者，客户可能在结清账务前就破产，致使欠款无法收回。外客账的风险指数很高，一般由应收主管负责，整个部门充分重视，通过分析账龄、设置预警、管理好证据链、摸清客户付款模式等措施，全方位管控外客账应收账款。

（三）线上旅行社挂账（OTA）

线上旅行社挂账（OTA）的含义是，宾客在与酒店合作的线上平台订房时，平台收到款项后、付款给酒店前所产生的应收账款。这里的线上平台，既可以是携程、Booking等大型综合性线上旅行平台，也可能是短视频、直播等新兴在线消费渠道。在线渠道在代收客人付款后，要扣除佣金再转款给酒店，会有一定的时滞，这就产生了应收账款。OTA这类应收账款的主要风险点在于，平台可能由于一些特殊原因无法如期顺利付款给酒店，形成资金占用。但总体而言，这种风险的概率是较低的，因此OTA应收账款的管理，一般直接由应收部门的文员负责。在管理中，要注意选择流量大、稳定性高的安全平台进行合作，要按制度做好应收账款的日常管理，以便将风险降到最低。

（四）信用卡挂账（credit card）

信用卡挂账（credit card）是指酒店客人用银行卡结账时，POS机消费银行到账时间与酒店实际入账时间不一致所形成的应收款项。由于这种结账方式非常成熟，银行通常拥有较好的操作规范、较高的信誉度，故此类应收账款风险很低，应收文员只要按制度做好应收账款的日常管理，一般不会出现显著的损失。

通过对四种应收账款的剖析，我们可以总结出，酒店应收账款的风险主要集中在以下三点：

（1）消费结算环节占用资金较多，影响酒店的资金周转。客户赊账消费形成后，表面上增加了酒店的营业收入，提高了收益，但实际却增加了应收账款，虚增了资产，易造成虚假的繁荣。因未得到及时兑付，酒店经营资金不能完全到位，久而久之将影响酒店经营性资金周转，降低了酒店资金的使用效率。

（2）收账成本加大，管理费用增加。应收账款形成后，酒店要指派专人负责追催、清理，付出大量的人员工资、电话费、车辆费、诉讼费等，增加了酒店对应收账款的管理成本。

（3）账龄时间过长，易造成呆账，形成坏账损失。应收账款催收、清理不及时，长期挂账，很容易形成呆账，最终导致无法收回。

第二节 酒店应收账款的成本及管理措施

合理使用赊销，能帮助提升销售额。但持有应收账款也是冒着不少风险，要付出相应代价的。本节将就该话题展开讨论。

一、酒店应收账款的成本

（一）机会成本

机会成本，是指酒店资金因投放于应收账款而放弃的其他收入。该成本存在的前置条件是：酒店资金如果不被应收账款占用，可以通过其他渠道获得投资收益，例如通过投证券市场获取利得等。我们知道，任何资金都是有成本的，当酒店本身现金流短缺时，资本市场无风险收益高时，机会成本会更高，提供赊销服务时也应更加慎重。

例如，银杏标准酒店预测2021年度赊销额为1 200万元，应收账款平均收账天数为60天，变动成本率为70%，资金成本率为10%，计算应收账款的机会成本。

应收账款平均余额＝12 000 000×60）÷360＝2 000 000（元）

维持赊销业务所需要的资金＝2 000 000×70%＝1 400 000（元）

应收账款机会成本＝1 400 000×10%＝140 000（元）

（二）管理成本

管理成本主要是指进行应收账款管理时产生的费用。其主要包括调查顾客信用状况的费用、收集各种信息的费用、账簿记录的费用以及收账费用等。这其中还包括酒店应收主管、应收文员等岗位产生的人力成本，也包括为收回坏账而产生的诉讼成本等。

无论应收账款最后是否能全额收回，机会成本和管理成本都无法避免。为何酒店愿意付出这些成本呢？是由于借助应收账款的销售方式增加的收益大于产生的成本。在所提供的服务和产品没有本质上的重大差异时，潜在客户很可能因为某一家酒店提供更好的赊销政策而选择它。因此，不愿承担应收账款成本的酒店，自然就失去了这部分客户。

（三）坏账成本

坏账成本，是指应收账款无法收回而给酒店带来的损失。通常来说，应收账款金额越大，坏账发生的可能性就越大。会计上出于谨慎，会对应收账款做提取一定坏账的准备。坏账成本不是应收账款必然会出现的成本，而一旦出现对酒店来说就是重大的损失。因此，酒店应从多方面入手，做好应收账款的管理，尽可能避免产生坏账成本。

二、应收账款成本的管理措施

此处探讨的应收账款管理，主要针对的是四种酒店应收账款中的"外客账"。如前所示，外客账是风险系数最高的一种应收账款。

（一）健全应收账款管理制度

要做好应收账款的管理，首要的措施即健全应收账款管理制度。无规矩不成方圆，只有建立了完善合理的制度，相关组织和人员才能依据制度高效地开展应收账款管理工作。该项措施包含两个要点：

1. 明确部门权责，建立完善的风险防控体系

外客账的形成会涉及销售部、信贷部、财务部等多个部门，通过制度明确权责分工和流程控制关键点后，相关人员可以更好地各司其职，避免不必要的责任纠纷。

2. 建立客户访问和定期对账制度

我们知道，多数信贷客户是由销售部负责维护的，而财务部往往只有在出现欠款时才向客户催收。如此操作，会让财务部处于十分被动的局面。为了解决这个问题，应将了解客户账务的跟踪和经营情况作为一种制度固定下来，能更好地避免因工作疏忽或对客户盲目信任等缘由，出现账龄过长、呆账坏账等情况。

（二）建立严格的信贷审批程序

首先，应做好信贷申请及调查。每个信贷客户都应填写信贷申请表，并按要求提供证明文件给财务信贷经理进行评估、审核，这里的证明文件包含且不限于客户营业执照、财务报表、财务状况证明等；同时，财务应通过各种渠道来评估客人的信用等级，例如与银行核实客户提供的财务状况信息是否属实。

其次，要严格实施信用审批。信贷政策一般只授予公司客户，每个账户必须有一个合理的消费信贷限额，每月挂账金额不可超过该限额。

最后，要签订挂账协议。信贷申请获准后，双方签订挂账协议，协议中应详细记载有效签单人及签名字样。这里的签单人，一般是信贷客户的总裁、财务总监等高管。酒店要清楚记录签单人的签名字样，必要时还要与客户电话核对消费情况。此外，协议还要明确消费折扣比率、付款时间及违约责任等重要信息，这样，酒店就可以更好地用法律来维护自己的合理权益。

（三）建立客户信用档案

建立签约信用客户档案，可以帮助开展信用预警管理，建立签约客户信用评估控制程序。通过对客户应收账款额度和账龄的全面分析，对可能出现坏账的款项进行提前预警，加强跟踪与催收。同时，要求酒店对客户进行信用分类管理，执行信用政策审批管理制度，按信用等级高低使用信贷额度、回款期限及优惠政策。通过建立客户信用档案，酒店可以针对不同信用等级的客户实施定制化的管理措施，做到量体裁衣，有的放矢，降低应收账款成本的同时，最大限度地争取更多优质客户资源。

（四）建立严格的应收账款催收制度

通过催收制度，信贷经理定期召开清收会议，确定合理的风险应对策略。对违反协议规定的客户，要及时停止消费签单权限，以书面告知函的形式通知挂账单位并采取相应措施，及时清收账款。具体说来，应收账款催收流程分为以下三步：第一步，与信贷单位联系，准备对账单并开具发票。第二步，邮寄对账单和发票（一般邮寄复印件即可），确认客户收到资料后，定期确认是否回款。这两项是对每个信贷客户都会执行的常规操作。第三步，则主要针对应收账款可能逾期或已经逾期的客户。如果客户迟迟不回款，酒店要下发催收函，详细做好催账记录。如果最终需要通过诉讼程序来收回欠款的话，这些书面记录都将是重要的证据。另外，对于账龄较长的账款，酒店要及时计提

"坏账准备"。

以上就是应收账款管理的四项重要措施。仔细观察,大家会发现这些措施实际上是针对应收账款管理工作各阶段分别提出的。其中,健全应收账款管理制度,建立严格的信贷审批程序是对事前阶段的要求,建立客户信用档案是事中管理的要点,而建立严格的应收账款催收制度就是应收账款事后管理的关键。可见,只有从全局入手做好应收账款各环节的管理,才能真正降低应收账款的风险与成本。

第三节 制定合理的信用政策

酒店应收账款的大小在很大程度上取决于市场的经济情况和酒店的应收账款政策,即信用政策。市场的经济情况,酒店无法加以控制,但是酒店可以运用自己信用政策的变化来调节应收账款的多少。宽松的信用政策会扩大销售额,同时应收账款的占用资金、收账费用、坏账损失也随之增加。严格的信用政策会减少销售额,同时应收账款的占用资金、收账费用、坏账损失也会随之相应减少。酒店应建立妥善的信用政策,并利用它作为促进销售的有力工具,使占用在应收账款上的资金成为增加收益的一个积极因素。

酒店的信用政策包括信用标准和信用条件两部分。

一、酒店客户的信用标准

要合理分析客户信用水平,首先应该明确信用的标准。信用标准是酒店同意向客户提供商业信用而必须具备的最低条件,一般以坏账损失率表示。酒店在制定信用标准时,主要考虑以下三个方面的因素。

(一) 同行业竞争对手的情况

如果竞争对手实力很强,酒店就应考虑采取较宽松的信用标准,增强对客户的吸引力,尽可能提高业务量;反之,则可以考虑制定比较严格的信用标准,降低应收账款风险,同时并不会明显减少业务量。

(二) 酒店承担违约风险的能力

当酒店具有较强的违约风险承受能力时,就可以考虑采用较宽松的信用标准,以提高酒店产品的竞争能力;相反,如果酒店承担违约风险的能力较弱时,则应制定较严格的信用标准,谨防坏账的发生。

(三) 客户的资信水平

酒店应在对客户的资信水平进行调查、分析的基础上,判断客户的信用状况,并决定是否给该客户提供商业信用。客户的资信水平通常可以从以下五个方面来评价,即"5C"评价法。"5C"是评价客户信用水平的五个方面,即品质(character)、能力(capacity)、资本(capital)、抵押(collateral)和条件(conditions)。

1. 品质

品质指客户履约或违约的可能性。酒店需要设法了解客户过去的付款概率,评价其以前是否一贯能按期如数付款，客户是否愿意按期支付款项与该客户以往的交易过程中所表现出来的品质有很大的关系。因此，品质是评价客户信用的首要因素。

2. 能力

能力指客户支付款项的能力。这取决于其资产，特别是流动资产的数量、质量，流动比率以及现金的持有水平等因素。一般来说，流动资产数量越多，质量越好，流动比率越高，持有现金越多，其支付应收账款的能力就越强；反之，就越弱。而对客户偿债能力的评价，主要依据客户的资产负债表、偿债记录以及对客户进行实地考察等。

3. 资本

资本指客户的经济实力和财务状况。其主要通过客户财务报告的所有者权益相关数据来体现，分析时可以根据有关的财务比率来测定客户净资产的大小及其获利的可能性。

4. 抵押品

抵押品指客户拒付款项或无力支付款项时能被用作抵押的资产。当对客户的信用状况有一定怀疑时，如果客户能够提供足够的抵押品，就可以向其提供商业信用。这不仅对顺利收回款项比较有利，而且一旦客户违约，也可以变卖抵押品，挽回经济损失。

5. 经济状况

经济状况指可能影响客户付款能力的经济环境，包括一般经济发展趋势和某些地区的特殊发展情况。当发现客户的经济状况向不利的方向发展时，给其提供商业信用就应十分谨慎。

以上就是"5C"评估法的主要内容。这种方法是对酒店客户的定性分析法，对客户信用能力进行定量分析，酒店可建立数学模型，进一步判断客户的信用水平。

二、酒店客户的信用条件

如果酒店的信用条件较严，只对信誉很好、坏账损失率很低的客人给予赊销，则会减少坏账损失，减少应收账款的机会成本，但是酒店将丧失一部分客户的销售收入及这部分销售收入的利润；相反，如果信用条件较宽，虽然会增加销售，但会相应增加坏账损失和应收账款的机会成本。酒店应根据具体情况进行权衡。

信用条件主要包含信用期限、现金折扣和信用额度三方面的内容。

(一) 信用期限

信用期限是酒店为客户规定的最长的付款时间界限。越长的信用期限，能给客户越多的优惠，吸引越多的客户消费，增加酒店销售。但信用期限过长，会给酒店带来各项相关支出，如应收账款的管理成本、机会成本和坏账损失等。为在赊销过程中获取收益，酒店需要合理确定信用期限，预计收益和相应的成本损失，在成本效益原则的要求下，使酒店总收益最大。酒店合理确定信用期限，可以采用边际分析法、净现值流量法进行测算，针对不同客户科学确定相应的信用期限。边际分析法是通过计算应收账款的边际收益和边际成本，比较边际收益的大小来确定信用期限。净现值流量法是通过计算应收账款带来的现金流入净现值和现金流出净现值，比较现金净流量来确定信用期限。

(二) 现金折扣

现金折扣是酒店对客户在商品价格上所做的扣减，目的在于给客户适当的折扣，吸引客户提前付款，以缩短酒店收款期。现金折扣通常表示的方式为："6/10, 3/20, N/45"，即客户履约最迟付款期为45天，如果客户能在10天内付清货款，就可享受6%的现金折扣，只需支付94%的货款；如果客户能在20天内付清货款，就可享受3%的现金折扣，只需支付97%的货款。现金折扣期限与现金折扣率的大小呈反比例关系。企业是否愿意提供现金折扣，主要看加速收款所得收益能否补偿现金折扣的成本。现金折扣对客户来说也是很有吸引力的。由于现金折扣的条件都较优厚，一般情况下，客户是不愿意轻易放弃这个机会的，只要有可能，企业宁可向银行或其他金融机构借款也要保证在卖方提供的折扣期限内偿付债务。

从上述计算方式可以看到，现金折扣能为酒店客户带来可观的收益，同时酒店本身要付出相应的代价，即当客户接受现金折扣优惠时，就会导致企业原来计算的销售收入额的相对减少。现金折扣额相当于企业提早收回账款的成本。企业应当采用多长的现金折扣期限、多大的现金折扣，必须要与信用期限、加速收款所得的收益以及付出现金折扣成本结合起来分析。

（三）信用额度

信用额度是酒店所能允许的客户最高赊销额。酒店合理确定信用额度，需要综合考虑自身的资金实力、销售政策、经营规模、存货库存量等因素以及外部的竞争压力。信用额度在一定程度上代表着酒店的资金实力，反映了酒店为客户承担的机会成本和坏账风险。科学合理地确定信用额度的常用方法有：

（1）根据收益与风险对等的原则，确定每一客户的授信额度。

（2）根据客户营运资金净额的一定比例，确定每一客户的授信额度。

（3）根据客户清算价值的一定比例，确定每一客户的授信额度。

酒店在为特定客户选择信用条件时，应综合考虑同行竞争程度、自身承受能力和客户的信用水平，合理约定信用条件，以达到提高对客户的吸引力同时保障应收账款回收率的目标。一般来说，同行竞争程度低、酒店本身承受风险能力强、客户信用水平高时，可为客户设置较长的信用期限、较小的现金折扣和较高的信用额度；而同行竞争程度高、酒店本身承受风险能力弱、客户信用水平低时，要为客户设置较短的信用期限、较大的现金折扣和较低的信用额度。

总的来说，开展酒店客户信用分析，首先需要从同行、自身和客户三个角度入手明确信用的标准，其次，应从信用期限、现金折扣和信用额度三个方面合理约定客户信用条件，才能更好地防范客户信用风险，减少呆账坏账。

第四节 酒店应收账款的日常管理

一、客户信用政策及信贷实施

酒店对于符合授信资格条件的客户，可以根据客户的信用特征等级、交易金额比重大小、授信额度大小实行不同的信用政策。

(一) 根据客户不同的信用特征等级实行不同的政策

对客户资信情况采用特征分析法进行评价,可以把客户分为 6 个等级,如表 5.1 所示。

表 5.1 用特征等级分析法评定客户信用

评估值	等级	信用评定	信用幅度
86~100	CAA	资信状况极佳,给予结算优惠	大额
61~85	CAB	资信状况良好,尽快给予信用额度	较大
46~60	CAC	资信状况正常,按正常程序授予信用额度	适中
31~45	CAD	资信状况稍差,需要进行信用监控	小额
16~30	CAE	资信状况较差,需要提供担保	建议提供有担保或抵押的信用信度
0~15	CAF	资信状况极差,不宜进行交易	不提供信用额度

针对以上客户的 6 个不同等级特征,酒店应实行不同的信用政策,如表 5.2 所示。

表 5.2 不同客户信用等级实行的信用政策

信用特征级别	客户特点	实行的政策
CAA 和 CAB	实力雄厚;规模较大;在酒店销售中占有较大份额;销售前景看好;信誉良好	可采取较为宽松和灵活的信用政策;建立经常性的联系渠道,努力维护良好的业务关系,发展和客户业务人员及高级管理人员的个人友谊;时刻关注客户状况,及时了解信息
CAC	客户数量多;从总体上分析没有太大缺点;目前没有破产征兆;具有继续保持交易的价值	以信用限额为标准进行适当的控制;争取与客户建立良好的关系并不断加深了解;定期收集客户的经营状况和产品市场变化状况信息
CAD	一般是新客户或与企业发生业务往来时间不长的客户;对客户资信状况了解不全面	与这类客户交易,酒店应适度保持谨慎,实行较为严格的信用政策;必要时要求客户提供担保;需要对客户做专门的调查或委托专业机构对客户资信状况进行评价,从中发现优质的客户
CAE 和 CAF	资信状况较差或者难以在合理的成本下取得该类客户的资信状况信息	仅限现金交易,不允许与这类客户产生信用交易;无须对这类客户进行调查;对一些价值非常小、管理成本高的客户可以放弃

以上分类只是原则性的,酒店在具体应用中还需结合自身的情况加以分析利用。

(二) 根据与客户交易金额比重大小实行不同的政策

按照与客户交易金额占企业销售额的比重可以将客户分为大客户、中等客户、小客户。

大客户的数量不多,但是其交易额占到酒店交易总额的 80% 以上,给酒店带来较高的收益,大客户一旦发生信用风险,将给酒店带来巨大损失,因此要对大客户予以特别关注,以防止大客户流失。

中等客户的数量较多,酒店与每个中等客户发生交易的交易额较大,交易次数频繁,因此酒店应花费一定的物力和人力对中等客户的资信进行调查。

小客户的数量很多，但是交易额很小，交易频率不是很高，因此，酒店不必花费太多的时间维持与小客户的关系，一旦小客户发生拖欠行为，应立即停止与其的交易，直到小客户付清全部欠款。

（三）根据授信额度大小实行不同的政策

对于授信额度较大的客户，酒店应给予更多的关注，在交易中提供对方较多的优惠，如提供折扣、提供住房升级服务、优先办理业务、额外赠送礼物等。

对于授信额度较小的客户，酒店应考虑对维持客户关系所花费的成本和维持客户关系所带来的收益进行比较，收益大于成本者为酒店需要维持的客户。

对于没有信用额度的客户，酒店应谨慎与其合作，在交易中一般采用先收款再发货的方式。

（四）信贷申请的审批流程

一般来说，信贷申请必须以正式形式予以完成，规定最大信用金额、支付期限及方式、信贷客户授权在酒店做预订的代表人等。每年需对所有信贷申请进行重新审阅。分工方面，信贷经理负责检查信贷申请以及调查申请人的信用记录，财务总监及总经理负责批准信贷申请。信贷申请的程序通常如下：

（1）填写酒店信贷申请表，列出公司详细信息及授权预订代表人名单，说明公司信贷的结算方式。

（2）信贷经理必须审查申请表的完整性和准确性，通过独立的资信调查社或网上调查机构等方式对公司偿付能力执行正式调查。

（3）根据酒店信贷政策确定对客户信贷申请是予以批准还是拒绝；如果通过申请，还需确定其信用赊账最高金额以及偿还期限符合酒店的信贷政策。

（4）财务总监以及总经理对信贷申请档案做执行前的最终批准。

（5）信贷经理将向申请人递送正式信函，通知其结果。信贷申请通过批准后，只可将授予的支付期限向该客户透露，信用限额不得披露，因为信用限额仅供酒店用于评估债务人的信贷余额，并有可能定期进行调整。

（6）通过批准的信贷申请将按照字母顺序在信贷部进行归档。

此外，信贷申请必须每年更新一次，以确保公司状况是否有变更以及保证公司授权预订人的有效性。酒店管理层必须定期审查信用限额，确保当前授权限额的效力。连续两期或两期以上超过信用限额的公司应在信贷会议上予以分析。

二、应收账款的账龄分析与收账管理

（一）应收账款账龄分析

应收账款账龄分析，也称为应收账款账龄结构分析，是对各笔应收账款按照发生的时间顺序归类，并计算出各账龄应收款的余额占总计余额的百分比。一般来说，应收账款收款期越长，形成呆账、坏账的可能性越大。我们通过定期编制账龄分析表，可以掌握不同收款期的应收账款的分布情况，如表5.3所示。

表 5.3　银杏标准酒店账龄分析表

账龄	金额/元	百分比/%
0~30 天	1 200 000	40
31~60 天	850 000	28
61~90 天	640 000	21
90 天以上	310 000	10
合计	3 000 000	100

从表 5.3 可以清楚地看出该酒店应收账款的分布及变化情况。一方面，1 个月内的账龄所占比重最大，可见酒店信用政策制定得较为严格，该部分应收账款收回概率较高。另一方面，酒店还存在 3 个月以上账龄的应收账款，对此需尤其重视，加强管理。因为账龄越延长，坏账风险越大，收账成本也越高。

（二）酒店应收账款收账管理

收账是酒店应收账款管理的一项重要工作。应收账款发生后，酒店应采取各种措施，尽量争取按期收回款项，否则会因拖欠时间过长而发生坏账，使酒店遭受损失。这些措施主要有以下三个方面。

1. 使客人确切了解酒店的信用政策

客人不按时付款的原因可能比较多，而其中一种情况就是客人对酒店的信用政策没有充分的了解。解决这个问题的办法是，必须使客人确切酒店的信用政策。所以，应该在客人预订时或在办理住店手续时，直接向客人说明或在销售部门与客房签订合同时注明本酒店的信用政策。

2. 寄送付款通知书及账单

这是一个常被忽略的问题，酒店应及时将付款通知书及账单寄出。很多客人以及没有设置应付账款制度的旅行社，要依靠付款通知书及账单才会晓得付款期已到。因此，酒店如果疏忽付款通知书及账单的寄送工作，则无法要求客人按时付款。

3. 制定有效的收账政策

收账政策是指违反信用条件时，酒店采取的收账策略，包括准备为此付出的代价。酒店如果采用较积极的收账政策，可能会减少应收账款投资，减少坏账损失，但要增加收账成本。如果采用较消极的收账政策，则可能会增加应收账款投资，增加坏账损失，但会减少收账费用。因此制定收账政策，应权衡增加收账费用与减少应收账款机会成本和坏账损失之间的得失。

制定有效得当的收账政策在很大程度上靠有关人员的经验。从财务管理的角度讲，也有一些数量化的方法可以参照。根据收账政策的优劣与应收账款总成本大小有关的道理，可以通过各收账方案成本的大小对其加以选择。表 5.4 列举了一个可供参考的积极收账政策。

表 5.4　银杏标准酒店积极收账政策说明

行动	说明
行动 1	开出发票日期起 30 日内没有收到账款，需电话提醒
行动 2	开出发票日期起 45 天内，经电话提醒后仍未收到付款，发出第一次催款信；写明未付金额及明细
行动 3	（1）在第一次催款信后，若账户仍欠款 60 天，发出第二封催款信；写明从信函日期起 7 天内仍未收到账款，信贷特权将被中止/撤回 （2）在第二封催款信发出后或 7 天内还未收到账款，信贷经理可发一封通知告知相关部门撤销该信贷账户
行动 4	（1）欠款人无视信贷经理所有的催款信和电话，在信贷中止/撤销后仍未支付账款，信贷经理可发出最终催款信 （2）最终催款信上需阐明从信函起草日起 7 天内必须收到账款，否则酒店将委托律师或收账公司提交法律程序 （3）发出最终催款信后 7 天仍未有回音或收到账款，该事项得到总经理和财务总监批准后需立即委托酒店律师/收账公司负责债务追讨

三、应收账款相关考核指标设定

赊销会给酒店增加营业收入，但同时也伴随着成本与风险。为了提高应收账款及时回收的可能性，需要适当控制赊销的比例，加速资金周转，以提高资金的使用效率。这些工作的有效开展，离不开应收账款相关考核指标的制定。

1. 赊销百分比

赊销百分比是指酒店客房收入中赊销收入所占比例。其计算公式为

$$赊销百分比 = \frac{计算期赊销收入净额}{计算期销售收入净额} \times 100\%$$

2. 应收账款周转率

应收账款周转率是指一定时期内（通常为 1 年）应收账款转变为现金的次数。其计算公式为

$$应收账款周转率 = \frac{计算期赊销收入净额}{应收账款平均余额} \times 100\%$$

式中：赊销收入净额 = 计算期营业收入总额 − 现金销售收入 − 销售折扣和销售退回

$$应收账款平均余额 = \frac{期末应收账款 + 期初应收账款}{2}$$

在实际工作中，经常运用应收账款平均收账期反映应收账款的周转速度。所谓应收账款平均收账期是指 1 年内应收账款平均收回所需的时间。该指标的计算公式为

$$应收账款平均收账期 = \frac{365}{应收账款周转率}$$

应收账款周转率越高，平均收账期越短，说明应收账款的收回越快。

3. 应收账款回收率

应收账款回收率是指酒店在一定时期内收回的应收账款与应收账款的占用及发生额之间的比率。影响企业应收账款回收率的主要因素是时间、债务人偿债能力和客户的信用等级。其计算公式如下

$$应收账款回收率=\frac{应收账款收回额}{应收账款占用及发生额}\times100\%$$

式中：应收账款收回额为应收账款全年的贷方发生额扣除核销的坏账损失。应收账款占用及发生额为年初应收账款余额与应收账款全年借方发生额的合计数。该指标越高，说明客户付款及时、企业收款迅速、企业资产流动性强、偿债能力强；企业发生坏账损失减少，企业信用政策执行情况良好。并且，企业通过该指标的计算，还可以间接反映企业的赊销规模大小。

4. 坏账损失率

坏账损失率与应收账款回收率正相反，该指标反映企业一定时期内应收账款中发生坏账的比率。该指标越低，说明企业发生的坏账损失越少，企业信用政策执行情况越好。

银杏标准酒店是一家商务型酒店，拥有客房500间。酒店在2021年设定销售人员的考核收入指标如表5.5所示。

表5.5 银杏标准酒店营业收入全年考核指标　　　　单位：万元

	1月	2月	3月	4月	5月	6月	7月	8月	9月	10月	11月	12月	合计
必考指标	80	40	90	90	80	100	90	80	110	100	90	80	1 020
力争指标	92	46	104	104	92	115	104	92	128	115	93	80	1 158

由表5.5可见，销售人员必须完成全年1 020万元的销售指标，同时酒店方鼓励销售业绩设定的力争指标为1 158万元。如果销售人员所实现的销售收入均为赊销，酒店应考虑设定约束指标。结合前面所述有关应收账款的计算公式，开立酒店财务部设置如下应收账款管理水平的考核指标（见表5.6）。

表5.6 银杏标准酒店设置应收账款的相关考核指标

收入指标	赊销指标	应收账款指标	坏账损失率
1 020万元	年末应收账款余额不得超过年客房收入的20%	全年应收账款平均收账期不得超过30天	年坏账损失率低于1%

同时酒店还制定了相应的销售奖励方案：超出必考指标部分按1.5%计提奖励，超出力争指标部分按3%计提奖励，不足必考指标部分按0.8%扣罚，并规定当月客房收入应扣除应收账款。应收账款在3个月内正常收回后补提奖励；3个月至6个月收回的应收账款按50%计提奖励，6个月收回的不再奖励。

本章小结

本章首先介绍了酒店应收账款的基本情况，解读了应收账款的含义、功能、风险与类型。其次，探讨了酒店应收账款的成本及管理措施，为有效管理应收账款提供了依据。再次，分析了根据酒店客户实际情况制定信用政策的方法。最后，探讨了几种酒店应收账款管理过程中的重要工作：如何根据实际情况实施合理的信贷政策、怎样应收账款账龄分析以及如何设定应收账款相关绩效考核指标等。

知识测试

一、单选题

1. 以下关于"酒店应收账款"的说法，正确的有（　　）
   A. 酒店应收账款是指酒店在正常的经营过程中，通过为客人提供客房、餐饮服务等主营业务，而应向客人收取的款项
   B. 酒店应收账款是伴随酒店的销售行为发生而形成的一项债权，是酒店在销售过程中被购买方所占用的资金
   C. 酒店应收账款可能涉及的业务包括客房、餐饮、健身中心、租车、电话服务等，其中，以客房和餐饮服务为主
   D. 酒店应收账款主要是为抢占客户、增加收入而提供赊销服务而产生的

2. 以下哪项不属于评估客户资信水平的"5C"评价法要考虑的因素（　　）
   A. 品质　　　　　　　　　　B. 资本
   C. 性别　　　　　　　　　　D. 经济状况

3. 以下哪项指标可衡量一定时期内（通常为1年）应收账款转变为现金的次数（　　）
   A. 应收账款回收率　　　　　B. 坏账损失率
   C. 应收账款周转率　　　　　D. 赊销百分比

二、多选题

1. 以下哪些属于酒店外客账存在的风险（　　）
   A. 占用过多流动资金
   B. 增加管理成本
   C. 由于特殊原因导致在线平台无法如期顺利付款给酒店，形成资金占用
   D. 客户结清账务前就破产

2. 以下哪些属于健全应收账款管理制度工作中的重要举措（　　）
   A. 明确部门权责，建立完善的风险防控体系
   B. 实施客户信用分类管理
   C. 建立客户访问和定期对账制度
   D. 签订挂账协议

3. 以下哪项属于应收账款催收制度下的工作环节（　　）
   A. 准备对账单
   B. 确认是否签订销售协议
   C. 对逾期的单位，下发催收函
   D. 对于账龄较长的账款计提"坏账准备"

4. 以下哪些项目属于酒店应收账款管理的工作要点（　　）
   A. 健全应收账款管理制度
   B. 建立严格的信贷审批程序
   C. 建立客户信用档案
   D. 建立严格的应收账款催收制度

5. 以下哪些是酒店在制定信用标准时应考虑的主要因素（　　）
   A. 管理者个人偏好
   B. 同行业竞争对手的情况
   C. 酒店承担违约风险的能力
   D. 客户的资信水平

三、填空题

1. 通常，在确认（　　）的同时，应一并确认酒店应收账款。

2. 酒店（　　）销售渠道是指酒店直接拥有和控制的销售渠道，不含中间环节。预订中心、酒店官方网站、酒店前台、销售部等属于这类销售渠道。

四、判断题

1. 线上旅行社类的应收账款是指宾客在与酒店合作的线上平台订房时，平台收到款项后付款给酒店前所产生的应收账款。它是四种应收账款中风险最大的类型。（　　）

2. 调查顾客信用状况的费用、收集各种信息的费用、账簿记录的费用以及收账费用等属于酒店应收账款的管理成本。（　　）

3. 表述为"4/10，2/20，N/45"的现金折扣含义是：4天内付清货款，享受10%的折扣；2天内付清货款，享受20%的折扣；最迟需要45天内付清货款。（　　）

4. 酒店管理人员应该更加警惕收款期更长的应收账款，因为这类账款形成呆账坏账的可能性更大。（　　）

5. 酒店采取何种信用政策，应该以综合考虑机会成本、收账费用及坏账损失之后的信用成本收益大小为基本的依据。（　　）

综合实训

1. 项目名称：酒店应收账款账龄分析

2. 实训目标：熟练开展酒店应收账款账龄分析，理解不同客户及相关应收账款的风险

3. 案例背景：

某五星级酒店是一家位于市中心的商务型酒店，新上任的应收主管Mary通过3月的账龄分析表发现：2021年3月应收账款共计194 600元，其中，16 000元来自携程网，8 000元来自美团网，50 200元是由于客人刷卡消费的金额银行还未和酒店结算，

83 200 元是公司客户挂账未收回的欠款（见表 5.7）。

表 5.7　2021 年 3 月应收账款账龄分析表　　　　　　　　单位：元

种类	公司名称	信贷月限额	合计	30天以内	1~2个月	2~3个月	3~4个月	4~5个月
业主单位	煤田地质局	20 000	28 400	15 000	5 600	7 800		
信贷单位	电子科技集团公司第三十八研究所	100 000	34 000	34 000				
信贷单位	阿普拉塑料制品有限公司	20 000	49 200			27 000	15 600	6 600
信用卡	中国银行		50 200	45 000	5 200			
在线旅行社	携程网		16 000	16 000				
在线旅行社	美团网		8 000	8 000				
合计	合计		194 600	126 800	37 800	23 400	6 600	

由于 Mary 刚接触应收账款管理工作，还需要在账龄分析表上多花功夫，Mary 知道首先应该根据各类应收账款的性质进行归类，并对各类型的应收账款的风险进行评估。

4. 实训任务：

（1）根据 3 月账龄分析表中的公司名称，总结酒店应收账款的类型并填空（见表 5.8）。

表 5.8　酒店应收账款类型　　　　　　　　单位：元

种类	公司名称	信贷月限额	合计	应收账款类型
业主单位	煤田地质局	20 000	28 400	
信贷单位	电子科技集团公司第三十八研究所	100 000	34 000	
	阿普拉塑料制品有限公司	20 000	49 200	
信用卡	中国银行		50 200	
在线旅行社	携程网		16 000	
	美团网		8 000	
合计	合计		194 600	

（2）分析为什么不同的公司信贷月限额不同，应该依据什么来确定月限额。

（3）根据账龄长度，分析哪个公司形成的应收账款坏账损失风险最大及如何解决。

（4）试着分析酒店各类型的应收账款的风险大小。

第六章 酒店餐饮成本控制

学习目标

1. 了解酒店餐饮管理特点。
2. 掌握餐饮成本控制工作目的及重要性。
3. 理解成本控制存在的误区。
4. 了解酒店成本控制部门组织机构设置。
5. 熟悉成本控制重要环节。
6. 掌握收货管理工作内容。
7. 掌握仓库管理工作重点。
8. 了解餐饮成本控制点。
9. 掌握餐饮成本控制实操。

案例导读

中国酒店业的餐饮问题分析及解决对策——以厦门香格里拉大酒店为例[①]

一、我国酒店经营中餐饮模块的发展现状

我国酒店行业经过多年的发展已经比较成熟,酒店不断为顾客提供高水准的服务。餐饮服务作为酒店盈利的重要一环,其在酒店经营中占据的地位愈发重要。过去,依靠标准化和专业化服务而存在的酒店餐饮一度是引导我国餐饮发展的中坚力量,然而近些

---

① 李冬,李竟雄. 中国酒店业的餐饮问题分析及解决对策:以厦门香格里拉大酒店为例[J]. 中外企业家,2018(16):115-116。

年来随着大众独立餐饮行业的蓬勃发展，酒店餐饮受到了不小的冲击，收入持续走低。单一的餐饮服务模式、低质量的餐饮服务、高额的餐饮成本等都阻碍了酒店餐饮行业的发展。经营者面对"鸡肋"的酒店餐饮业务如果不提出有效的应对策略，将很难赢得消费者的认可。

二、提供优质餐饮服务的意义

（一）优质餐饮服务有助于节约酒店经营成本

优质服务的前提是拥有优质的服务执行者。能够把顾客需求当成自己的责任的餐饮服务人员能够出色地完成自己的本职工作，这样无形中减少了顾客投诉，提升了顾客满意度，一定程度上减少了酒店补偿顾客的那部分成本。此外，优秀的餐饮服务人员能够将自身的作用发挥到极致，减少了新增人手的需要，降低了无谓的资源损耗，节省了酒店的人力，有助于提升酒店餐饮经营的收益。

（二）优质餐饮服务有助于吸引客源，提高酒店经济效益

如今规模稍大的酒店为了在激烈的竞争中挽留住更多顾客的心，无一不把经营重心投入酒店餐饮部分。酒店利益和餐饮服务的优劣息息相关。如果说酒店餐厅的装潢是餐饮经营的硬件设施，那么到位贴心的服务就是一家酒店运营餐饮业务的软件设施。周到的服务能够吸引更多的客源，大量客源就意味着酒店的经济效益的增加。

（三）优质餐饮服务有助于树立良好的酒店形象

当前的酒店竞争的实质就是服务上的竞争。相当一部分客人追求的用餐体验多体现在对该酒店餐厅的服务水平上。周到的餐饮服务能为用餐客人提供愉悦的观感，可以让客人感觉受到应有的重视，随着满意度提升而来的自然是酒店企业形象的升高。反过来，当顾客在酒店用餐时体验了质量低下的服务，整个酒店的形象会一落千丈。酒店形象一旦受损，相应地该酒店的市场价值也会受到影响。

三、厦门香格里拉大酒店餐饮问题分析

（一）厦门香格里拉大酒店概况

厦门香格里拉大酒店位于福建厦门思明区台东路168号观音山国际商务中心，酒店面朝风景秀丽的海滩，距离高崎国际机场仅需二十分钟车程，距离厦门国际会展中心仅仅只有十分钟车程。酒店拥有面积从42平方米到168平方米的三百多间豪华客房、套房与服务式公寓，其酒店客房的创新舒适设计为其住客提供豪华阁贵宾廊的周到服务，足以满足商务、休闲及团体旅客的需要。厦门香格里拉大酒店完善的休闲设施和健身娱乐器械，如水深达二十五米的室内游泳池、令人身心舒缓的蒸汽浴和桑拿浴以及水疗护理设备，为住客提供了放松身心的完美享受。厦门香格里拉大酒店拥有可容纳九百位宾客的大型宴会厅、可容纳三百位宾客的小型宴会厅和六间会议室，是举行大型会议和社交宴请的不二选择。

（二）厦门香格里拉大酒店餐饮问题分析

1. 服务缺乏特色，菜品口感不佳

古话说得不错，民以食为天。随着收入的提高，人们外出住宿时对酒店餐饮服务的要求也在不断提高，这意味着过去酒店单一的餐饮服务模式已经不能满足住客的需要。客人在选择酒店时不单单会考虑住宿的环境，用餐环境和特色餐饮渐渐成为吸引客源的

一大有利武器。保持餐饮卫生是餐饮服务中最基本的一点。厦门香格里拉大酒店最初将经营重点放在客房卫生监督和客房设施的建设上，对于餐饮部的管理和精力投入还很少。酒店甚至没有专门的餐饮规划部门，千篇一律的食物和用餐环境是厦门香格里拉大酒店餐饮部门急需解决的问题。酒店提供的咖啡、蛋糕、水果和其他菜品等食物口味比较普通，完全满足不了不同层次客人的需求。同样的居住条件下，拥有制作考究和独特风味的食物的酒店必然更能吸引人们入住。

2. 餐饮价格过高，成本控制不尽人意

厦门香格里拉大酒店的餐饮部门缺少合理的成本控制机制。首先在餐厅的食材采购上，错估实际需要的食材数量就会导致采购成本增高。当负责采购的员工购买的食材量少于日常所需时，酒店无法及时供应顾客的点餐需求，出现某些产品的断档，这样不仅给顾客造成了不好的印象，也降低了餐厅的营业额。而当负责采购的员工购买的食材量多于日常所需时，已经购买的蔬菜、肉类、水果等食材腐烂变质则造成成本浪费，即使勉强做成菜肴也会影响口感，引起顾客投诉，最终有损酒店的企业形象。此外，餐饮部门采购回扣现象泛滥也是造成餐饮成本居高不下的一个因素，酒店必须及时采取措施进行整治。酒店餐饮成本占酒店经营成本的绝大部分，餐饮成本的高低在某种程度上会影响餐饮的质量和价格。成本过高时，厦门香格里拉大酒店为了获得更多的经济利益，必然会提高价格，餐食价格的提高使得顾客望而却步，造成顾客的减少。厦门香格里拉大酒店餐饮成本的控制问题亟待解决。

3. 餐饮部员工整体素质不强，服务质量不高

基于我国的就业现状，从事餐饮行业的员工普遍学历比较低。然而在餐饮服务中，厦门香格里拉大酒店只对管理层和负责策划的部分职员有学历限制，而对于服务的具体执行者即基层服务人员仅仅要求形象大方即可，在整体服务素质上并没有过多要求，也并不会进行严格的上岗培训和必要的未来发展规划。厦门香格里拉大酒店对餐饮服务员的要求仅仅是拥有点菜、传菜、结账等简单劳动的能力，认为服务员并不需要拥有多高的知识水平，只要形象过关就足以应对顾客的需要。但往往服务人员才是和顾客拥有最多直接接触的人，他们的一举一动都代表着酒店的企业形象。厦门香格里拉大酒店的不予重视和自身素质的限制导致餐饮服务员并未在工作中全身心付出，他们仅仅把自己的工作当作一种赚取生活所需的手段。这样的服务无法使顾客感受到服务人员的真心，也体现不出酒店的用心，自然无法让住客品尝到宾至如归的美好体验，久而久之住客就会转向酒店的竞争者那一方了。

四、厦门香格里拉大酒店解决餐饮问题的对策

（一）强化用餐环境和菜品特色，注重菜品口感

厦门香格里拉大酒店的餐饮模块要摆脱过去单一的服务模式，提供特色菜品，就要求酒店重视顾客的需求，提供针对性服务。不同国家、不同地域的顾客在不同的季节和不同的场景对餐饮服务有着不同的要求。厦门香格里拉大酒店意识到菜品特色和口感的重要性，致力于打造全厦门最美味的餐厅，要求酒店大厨依据当地特色和时节不断推出新鲜的菜品，以求为顾客提供色、香、味、形全方位的独特用餐体验。厦门香格里拉大酒店不仅聘用了善于制作中餐的大厨不间断供应南北方特色菜系，还建立了设有透明厨

房的日料餐厅，精通日本料理的大厨会现场烹饪美食供应来自世界各地的食客。除此之外，酒店大堂还专门设有酒廊雇佣乐队提供现场演出和特色小吃饮品，配以美妙的夜景，让顾客乐不思蜀。其个性化的服务，特色美味的菜品获得了大批顾客的青睐，同时营造了非常好的品牌效应。

（二）完善餐饮成本控制制度，合理定价

针对食材采购时造成的成本浪费情况，厦门香格里拉大酒店的餐饮部门完善了现有的成本控制制度。酒店采购人员需要将每天的采购数额预期和当天食材的使用情况进行对比，得到一个平均值后填写采购清单，厨师长确认采购清单后交由食材的库存管理人员。库存管理人员对比剩余现存食材量进行适当修改后更新采购清单再交回采购人员进行采购。另外，采购人员必须掌握不同食材价格随着季节和时间的变化，还要拥有优秀的讨价还价能力，不能盲目采购，这就需要酒店对采购人员进行适当的采购知识培训。从根源上减少成本浪费后，酒店要对菜品进行合理定价，绝不给顾客留下华而不实、形式大于实质的用餐体验。此外，厦门香格里拉大酒店加强对采购人员的监督，杜绝采购人员收取回扣的情况发生，节省了酒店的餐饮成本。

（三）加强员工薪资待遇，聘用高素质人才

餐饮服务行业对人才的需求日益加大，因为只有高素质人才才能提供高品质的服务，从而吸引更多客源。基于这一点，厦门香格里拉大酒店越来越注重人才培养，近年来与各大高校的酒店管理专业展开了良好的合作，为酒店管理专业学生提供了许多实习机会和工作机会。即使是酒店的基层服务人员，厦门香格里拉大酒店也不放宽录用要求，酒店会聘用在酒店餐饮服务上经验丰富的员工，致力于为顾客提供更高品质的服务。从选拔人才、培育人才到留住人才方面，厦门香格里拉大酒店都做了不小的投入。酒店为入职员工提供完善的技能培训和岗位晋升机制，加强员工薪资待遇，通过一系列的措施保障其餐饮人员的权益，为其创造良好的学习环境，从而提升服务品质。

当今中国酒店业的发展已经进入白热化。酒店餐饮是酒店型企业盈利的重要组成部分，餐饮服务质量的优劣直接影响了客户对酒店的选择，进而影响了酒店的经营效益，提升餐饮服务质量迫在眉睫。面对餐饮服务模式单一、餐饮成本过高、餐饮部员工整体素质不强等问题，酒店餐饮管理者需要保持清醒的头脑尽快寻求解决对策，并始终保持高质量的餐饮服务，才能在激烈的市场竞争中开辟一条更有利的道路。

解读：随着市场竞争日益激烈，我国酒店行业想要生存发展得更好，除了提升酒店自身品牌、提升酒店服务质量以外，酒店作为一个以营利为目的的经济实体，酒店成本的高低也直接影响到酒店的经济效益。然而我国大多数酒店的成本高居不下，因此，需要提高对成本控制在酒店财务中重要性的认识，引入内部控制的理念与方法，加大对成本控制管理的监督检查力度。

思考并回答：
案例酒店餐饮存在的问题分别属于哪一个成本控制环节？

第一节 餐饮成本控制概述

餐饮管理是一项集经营与管理、技术与艺术、秉承与创新于一体的业务工作，与其他部门的管理相比，具有不同的特点，其要求饭店在餐饮管理上也应独具特色，以适应管理主体的要求。餐饮成本控制是餐饮管理的一个重要环节，是提升酒店餐饮部门经济效益的有力手段。

一、餐饮管理特点

(一) 产销具有即时性，收入弹性大

餐饮业务管理是通过对菜点的制作和对客服务过程的计划、组织、协调、指挥、监督、核算等工作来完成的。其业务过程表现为生产、销售、服务与消费连续完成，即具有生产时间短、随产随售、服务与消费处于同一时间的特点。这就要求餐饮部必须根据客人需要马上生产，生产出来立即销售，不能事先制作，否则就会影响菜的色、香、味、形甚至腐烂变质，造成经济损失。由此可见，做好预测分析，掌握客人需求，提高工作效率，加强现场控制，是酒店餐饮管理的重要环节。不仅如此，饭店餐饮作为主要的创收部门，与客房相比，其具有收入弹性大的特点。客房收入来源于住店客人，其房间数和房价保持相对不变，客房收入是相对固定的，其最高收入往往是一个可预测的常量。而餐饮的服务对象除了住店客人外，还有非住店客人，而且客人的人均消费也是一个弹性较大的变量。饭店可通过提高工作效率、强化餐饮促销、提高服务质量等手段提高人均餐饮消费量，使餐饮的营业收入得到较大幅度的增加。所以，餐饮往往是饭店营业收入多寡的关键项目。

(二) 业务内容杂，管理难度高

餐饮业务构成复杂，既包括对外销售，也包括内部管理；既要考虑根据饭店的内部条件和外部的市场变化，选择正确的经营目标、方针和策略，又要合理组织内部的人、财、物，提高质量，降低消耗。另外，从人员构成和工作性质来看，餐饮部既有技术工种，又有服务工种；既有操作技术，又有烹调、服务艺术，是技术和艺术的结合。这必然给餐饮管理增加了一定的难度，要求我们既要根据客观规律组织餐饮的经营管理活动，增强科学性；又要从实际出发，因地制宜，灵活处理，提高艺术性。同时，餐饮成本构成广泛，变化较大。从原材料成本来看，有的是鲜活商品，有的是干货，有的是半成品，有的是蔬菜瓜果。这些原材料拣洗、宰杀、拆卸、涨发、切配方法和配置比例存有明显差异，加工过程中损耗程度各不相同，而且有些原材料的价格往往随行就市，变动幅度较大。但是酒店餐厅的菜点价格又不能经常变动。此外，还有燃料、动力费用、劳动工资、餐具等易耗品的消耗，家具、设备的折旧等，其中有些是易碎品，损耗控制难度较大。因此如何加强餐饮成本控制，降低消耗，往往是餐饮管理需要特别注意的工作环节。

(三) 影响因素多，质量波动大

餐饮质量是餐饮管理的中心环节，但由于影响餐饮质量的因素较多，餐饮质量控制难度较大。首先，餐饮是以手工劳动为基础的。无论是菜点的制作，还是服务的提高，主要靠人的直观感觉来控制，这就极易受到人的主观因素的制约。员工的经验、心理状态、生理特征，都会对餐饮质量产生影响。这和客房部的作业具有明显区别，要做到服务的标准化难度较大。其次，客人的差异大。俗话说："众口难调"，客人来自不同的地区，其生活习惯不同，口味要求各异。这就不可避免地会出现同样的菜点和服务，产生截然不同的结果。最后，依赖性强。饭店的餐饮质量是一个综合指标，餐饮质量的好坏，不仅依赖市场的供应，而且还受到饭店各方面关系的制约。菜点质量如何，同原材料的质量直接有关，对协作配合的要求也非常严格。从采购供应到粗加工、切配、炉台、服务等，都要求环环紧扣，密切配合，稍有扯皮，就会产生次品。不仅如此，它还要求工程等其他部门的紧密配合。

（四）品牌忠诚低，专利保护难

一方面，在一般餐饮消费上，客人求新求异、求奇求特的消费心理使其在餐饮消费上不断追逐新产品、新口味、新服务，常会出现"吃新店、吃新品"的一窝蜂"随新赶潮消费"现象。另一方面，饭店餐饮部很难为自己的装饰、服务方式等申请专利，因此，倘若某一产品或服务能吸引客人，则仿者甚多，这一切都给餐饮管理带来了很大挑战性。

二、餐饮成本控制

（一）目的

餐饮成本控制是餐饮经营管理的重要内容，由于餐饮的成本结构制约着餐饮产品的价格，而餐饮的价格又影响餐厅的经营和上座率，因此，餐饮成本控制是餐饮经营的关键。做好成本控制，有利于提高竞争力，更有利于实施可持续生存和发展。

（二）重要性

1. 有利于提高餐饮企业的竞争力

食品成本控制是增加利润的重要手段，有效控制成本，才能使利润达到最大化，从而提升餐饮企业的市场竞争力。餐饮企业成本包括原材料成本和人工成本两部分，原材料成本是控制因素上的重要环节，因为原材料不易保存，因消费需求不断变化，原材料的存量很难控制，易造成供应不足或者供过于求的情况，这也是成本提高的主要原因，因此，做好餐饮成本控制是增加利润总额的重要手段；在菜点等食品销售额一定的情况下，食品价格的高低对企业的利润能够产生直接的影响。也就是说，在营业额一定的前提下，生产成本越低，企业的利润水平就越高，而创造的纯利就越大。

2. 直接体现餐饮企业管理水平的高低

餐饮企业经营成败离不开企业管理水平的高低，餐饮成本控制体系本身也是餐饮科学管理的表现，通过预算核对实际成本与标准成本之间的差异性进行分析，对经营过程采取指导、约束和干预等手段实现降低成本的目的。

3. 体现出餐饮企业员工的凝聚力

服务人员自身对于成本控制的意识是餐饮成本控制的基础，节约开支并不仅仅是管理层的意识，要得到全企业员工的有效执行才有效，企业可以建立相应的奖惩制度，对于充分利用原材料、适当控制成本有效的员工给予相应的奖励,对于浪费的员工给予惩罚,以提高整体员工的成本控制意识。

4. 利于满足顾客的利益

餐饮成本控制关系到产品的质量、价格和规格,成本的高低直接影响售价,消费者都希望能够得到物美价廉的商品,能够在享受到精美菜肴的同时得到热情服务,因此,为了满足消费者的需求就必须进行餐饮成本控制。

三、成本控制误区

(一)有利于提高餐饮企业竞争力

有一些餐饮管理者主观地认为,食品成本高没什么可怕,反正所有的成本都可以体现在菜价上,只是顾客多花些钱,餐厅并不会损失。于是就对食品成本的管理马马虎虎,而把主要精力放在如何争取客源和争取客人理解的工作上。时间一长,相比其他进行成本控制的商家来说,竞争力会越来越弱。从客户方提高成本是餐饮行业最大误区之一。

(二)营业额等于净利润

厨房管理人员和餐饮经营人员认为:只要营业额高,就不愁没有利润。这些餐厅在尽可能提高营业额的同时大大增加了成本,如高薪聘请管理者和技术人员,盲目使用价格昂贵的原料来提升菜品销售价格和宴席价格,结果是营业额上去了,利润却不乐观。若遇到经济波动,营业额滑坡,就难以支付庞大的生产成本了。

四、酒店成本控制

(一)成本控制部门组织机构设置

成本控制部组织机构见图6.1。

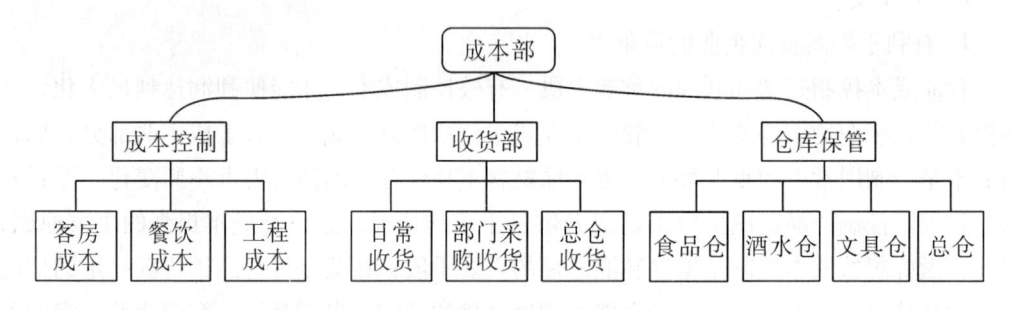

图6.1 成本控制部组织机构

酒店成本控制部,主要职责是对酒店餐饮、酒水、仓库领用调拨等进行控制、监督,对成本差异及反常报告提供正确的建议,按照程序协助计算宴会、特别活动等的实际使用情况,监督食品、饮料、耗用品的每月库存的计算,参照潜在成本对餐饮部的执行情况进行考核,管理固定资产等相关工作。成本控制部门主要由成本控制经理、成本主管、收货员和库管员组成。

1. 成本控制经理(cost control manager)

成本控制经理负责管理,参与收货、储藏、发货、计量,对食品、饮料、杂品建立质量标准，为总经理、餐饮总监和行政总厨提供营业成本信息，使食品和饮料的数量和质量得到最大限度的利用，提高食品和酒水的利润。

2. 成本主管（cost supervisor）

成本主管有记录、报告及控制成本数据的职责，负责计算酒店使用或购买的食品、饮料、经营用品及设备的数量和实际成本。

3. 收货员（receiving clerk）

收货员确保所有采购的食品、饮料、杂货及营业设备的数量、计量、重量的准确及正确分类。

4. 库管员（storekeeper）

库管员负责食品、酒水和总仓货品的补库、验收、保管、发放；确保货品的质量，确保货品的及时供应，确保货品账、卡、物一致；搞好存货管理，加速存货周转。

（二）餐饮成本控制环节

餐饮成本控制是酒店成本控制的重点模块。酒店行业的特点是：有收入的开支归为成本，无法产生收入的归为费用，即酒店餐饮部门产生的成本、费用占比重较大，需要特别控制，一旦收入过低便容易发生亏损。在进行餐饮成本控制时需要特别注意五个环节：采购、验收、仓储、加工烹饪以及销售（见图6.2）。

图6.2 餐饮成本控制环节

1. 采购

进货成本控制在于对进货数量和进货单价的控制，着重于进货单价的控制。各部门根据实际情况将本部门所需物品以采购申请单的形式，列明名称、申购数量、规格等，交由采购部询价，采购部询价后，填写好市场调查价格上呈酒店总经理（或有关负责人）审批，经总经理审批后方可购买。要建立采购比价制度，通过物品进行货比三家，同等规格质量多家报价，公开竞争并采取询价，与市场比价、与同行比价，在保证质优的同时，争取最优惠的价格；拓宽物品进货渠道，直接到产地、厂家采购，减少中间环节；少买、勤买，要做到心中有数，每天需要多少原料就采购多少原料，遇到生意特别好的时候，就应多去采购几次；库存的货尽量用完再进，以免久放变质。采购部门应随时了解市场信息及菜价的变化。对有些因季节或别的原因影响而容易涨价的原料，可以选择那些较耐贮存的提前在低价时多采购一些，但一定要保存好。设计整桌套菜时，应先想到冰柜里有哪些货。要先把存货用上，不能让冰柜里的原料放得时间太长。

2. 验收

库存管理员对物资采购实际执行过程中的数量、质量、标准与计划以及报价，通过严格的验收制度进行把关。对于不需要的超量进货、质量低劣、规格不符及未经批准采购的物品有权拒收，对于价格和数量与采购单上不一致的及时进行纠正；验货结束后库管员要填制验收凭证，验收合格的货物，按采购部提供单价，活鲜品种入海鲜池，由海鲜池人员二次验货，并做记录。购买、收货和使用三个环节上的相关人员要相互监督、相互合作，共同做好工作。对于有争议的问题应各自向上级报告协调解决。

验收环节控制点：

（1）原料符合质量要求。

（2）收货数量与订购数量要相同（对收到的菜品原料进行盘点）。

（3）收货数量与付款的数量相同（根据发货票）。

（4）核对发货票中的小计数。

（5）在菜品原料上注明到货日期和成本。

（6）使用适当的验收设备，保证设备的完好无损。

（7）营业高峰、繁忙时间不能接受送货。

（8）培训验收人员，掌握正确的验收方法。

（9）迅速地将菜品原料送入库房保存。

（10）拒收不符合要求的菜品原料和劣质原料。

（11）抽查已加工切配好的菜品原料的种类，了解皮重是否已经扣除。

（12）肉、鸡等原料鲜开箱，再称重量。

（13）检查整个纸板箱中的水果和蔬菜，检查质量是否相同。

3. 仓储

仓储环节为成本控制的重要环节，库存不当会引起原材料的变质或丢失等，从而造成菜品成本的增高和利润的下降。若库存不够会影响酒店经营，相反，库存过多易导致原材料变质或丢失，引起餐饮成本虚高。

仓储环节控制点：

（1）储存时间最长的菜品原料首先使用。

（2）已开箱的菜品原料不可与洗手气味的菜品原料一起储藏。

（3）及时清除已过期和已腐败的菜品原料。

（4）做好防鼠、防虫工作。

（5）仓库保持适当的温度：干藏室21℃；冷藏室0~4℃。

（6）冷菜菜品原料应覆盖好。

（7）在冷冻室储藏的菜品原料应存放在密封的容器里，或放在冷冻袋里，后用铝箔纸包好。

（8）原料解冻好，不要再冷冻。

（9）仓库加锁，闲人莫入。

（10）对贵重菜品原料采取特殊安全措施。

（11）员工不可带包进入仓库。

（12）严格执行存货记价和控制资料记录程序。

（13）货架上原料存放的顺序应和存货记录顺序一致。

（14）妥善保管仓库钥匙。
（15）仓库储藏不使用时必须上锁。
（16）由非库房人员参加每月存货记价工作。

4. 加工烹饪

加工烹饪主要由餐饮部门负责，成本控制部门则负责科学准确地测定各种原材料的净料率以及监督餐饮部门的操作规范性。厨房推崇两种管理方法：一种是"五常管理法"。其是用来创造和维护良好工作环境的一种有效方法，即"常组织、常整顿、常清洁、常规范、常自律"。另一种是"量化管理法"。量化管理就是把菜品制作、管理以分数的形式进行标准控制和考核。这里对"五常管理法"进行介绍。

（1）常组织。

目的：把"空间"腾出来活用并防止误用。

做法：

①对所在的工作场所进行全面检查。

②制定需要和不需要的判别标准和方式。

③清楚不需要物品。

（2）常整顿。

目的：整齐、有标示，不用浪费时间寻找东西，30秒找到要找的东西。

做法：

①对可供放的场所和物架进行统筹（划线定位）。

②物品在规划好的地方摆放整齐（规定放置方法）。

③标示所有的物品。

（3）常清洁。

目的：环境整洁、明亮、保证取出的物品能正常使用。

做法：

①建立清洁责任区。

②清洁要领。

③履行个人清洁责任。

（1）常规范。

目的：通过制度化来维持管理成果。

做法：

①认真落实前面常组织、常整顿、常清洁工作。

②分文明责任区，分区落实责任人。

③视觉管理和透明度。

（5）常自律。

目的：改变"人质"，养成工作规范认真的习惯。

做法：

①维持推动常组织、常整顿、常清洁、常规范，并习惯化。

②制定共同遵守有关的约定。

③持之以恒。

5. 销售

销售环节的控制一方面是如何有效促进销售，另一方面是确保售出产品全部有销售回收。

酒店需要对菜品销售排行榜进行分析。通过分析，我们不仅能发现宾客的有效需求，更能促进餐饮的销售。对利润高、受欢迎程度高的"明星菜肴"应大力包装和推销，如开发成"总厨推荐菜"；对利润高、受欢迎程度低的菜品要查找原因；要策划如何销售利润低但受欢迎程度高的菜，研究如何提高利润；而对利润低且受欢迎程度低的菜品则应进行调整和置换，以提高销售效率和利润率。

小结：随着市场经济的发展，酒店业之间的竞争日趋激烈。要想在同行业的竞争发展中立于不败之地，酒店需要有较好的成本控制体系来控制成本。目前，我们可着手从原材料的采购、原材料的加工使用、服务人员的培训等方面加强餐饮成本管理，降低浪费。并在今后的经营管理中，探索创新的成本管理措施。酒店要把成本战略计划纳入酒店整体战略发展计划，以求得酒店的可持续发展。

第二节 收货管理与仓库管理

一、酒店收货管理

采购环节完毕，货物运输到酒店，就开始成本控制中的验收环节。酒店收到货物后会增加存货，与此同时，因酒店付款制度原因，产生存货的同时，应付账款也会相应增加，所以收货管理是成本控制的一大重要环节。收货验收所依据的标准是在采购之前所制定的标准化采购细则。验收的重要职能就是使用一定的检测设备检验所采购的货物在数量、质量和价格上是否符合标准化采购细则的要求，另外，还要检验货物是否及时地抵达酒店。验收人员应该持有一份货物规格明细单，以检验货物的质量、形状、样式和大小是否正确，同时验收人员还应该持有一份订货清单，以核对数量是否正确、交货是否及时以及价格是否符合双方商定的价格。

验收货物需要验货人员具有丰富的实践经验，能够通过细致的检验发现在货物的采购和运输过程中是否存在采购人员和负责运输人员相互勾结、以权谋私、损害公司利益的现象。因此，要对验收人员进行业务培训，让他们了解在实际中经常会出现的一些问题，并能够及时查明原因。比如，酒店会大量采购肉类食品，而且大都使用冷冻车运输，如果运输人员在肉上洒水，经过冷冻后就可以增加肉的重量，而运输人员就可以把多出来的货物据为己有，这种情况在实务中很常见，验收人员一定要严把质量关，尽快查明肉上形成冰块的原因，并及时上报给管理人员。

二、收货管理内容

酒店把烹饪的原料采购进来之后，不合格的次品是不能卖给客人的。因此，餐饮采购前就应该建立一套合理、完整的验收体系，以机制体系的完善来保证采购工作的验收。酒店成本控制部门收货工作一般分为三类：每日订购单收货、仓库收（发）货和部门采购收货。

（一）每日订购单（market list）收（发）货

每日订购单收货，也称为 market list 收货。这类货物是各厨房每日下午计划采购第二天需要用的鲜活类，如蔬菜、肉类、水果等，第二日早晨成本控制部收货员负责收货。在验收这类货物时应遵守的收货原则为：保证货物质量符合标准，重量达标，品种符合各厨房下单要求。

作为一名合格的收货员，首先应有较强的责任心，对验收工作感兴趣；其次是诚实可靠，热爱集体，对领导衷心；最后应具备较丰富的食品原料知识，验收货物需要验货人员具有丰富的实践经验。

在进行每日订购单收货过程中，需要特别注意六大点：产品名称及规格、数量（重量）、质量、单价、申请部门以及送货单（供应商）。

（1）产品名称及规格：检查下单产品和规格是否与实际收货相符。

（2）数量（重量）：每样待收货物必须过秤，核对下单数量（重量）与实际送货数量（重量）是否一致，只可多不可少，若实际送货数量少于下单数量，及时修改系统下单数量，避免不必要的成本产生。

（3）质量：每日订购单的货物一般为新鲜蔬菜水果肉类等，收货时注意检查货物的新鲜度，保证收货质量。

（4）单价：检查单价是为了确保收到的货物与订购货物是完全同等级的货物，避免收到与下单质量不相符的产品。

（5）申请部门：核对各货物与下单部门，酒店各厨房下单内容是否一致。

（6）送货单（供应商）：供应商须在收货工作结束后，在对应的送货单上签字，证明货物已送达，这也是供应商月末结算货款的重要凭证。

1. 每日订购单（market list）收货流程

第一步：收货前打印收货记录单，收货记录单为前一天各餐厅下单的菜品。

第二步：各餐厅依次收货，注意：每件货物必须过称，可超出采购重量，若小于采购重量，按实际重量记录。

第三步：收货结束后厨师长签字确认。

2. 每日订购单（market list）发货流程

第一步：待各餐厅收货工作结束后，收货员修改实际收货量小于采购量的部分。

第二步：收货员数据修正完毕后将最终收货单打印出来存档。

第三步：各餐厅厨师长或负责人在收货单领货人处签字确认已收货并自行保管收货单黄联，收货部门同时完成每日订购单发货工作。

（注：白联：应付部门，红联：供应商，蓝联：成本部，黄联：使用部门）

（二）仓库收（发）货

酒店仓库包括酒店总仓、文具仓、食品和酒水仓库，部门系统下单，凭系统下单单据收货，收货时注意生产日期、保质期、生产厂家和中文标识等，杜绝"三无"产品的入库。严格按照采购单上的规格、数量等验收入库。仓库收货流程与每日订购单流程一致。

发货流程是由使用部门提出领货申请,成本控制部门收货人员打印领货单并由相关负责人签字,由使用部门工作人员到仓库领取货物并签字确认。

(三) 部门采购货物收(发)货

部门采购即各部门根据日常需要,采购酒店仓库无库存的物品。成本控制部门收货员根据部门下单单据(采购部打印采购单 PR 单红联)进行收货,确保货品质量、数量、品牌符合部门要求。

1. PR 收(发)货工作流程

(1)采购订单、采购申请获批准后立即将采购单交成本部收货处。

(2)收货前,收货员应确认以下信息:①涉及采购订单;②与采购订单/合同上描述的质量、数量规格一致;③价格与采购订单/合同上一致。

(3)收货部员工在收到货物之后需做收货记录。

(4)供应商需在收货记录原始凭证上签字告知货物已送达酒店。

(5)收货部员工保留原件,并在每一联盖当日收货章。

(6)使用部门也应检查所收到的物品,签字验收。

(7)若有退货或者多收货,供应商需发收款通知单,如果不被接受,提供正确发票,送货员和收货员在上面签字。

2. 收货注意事项

(1)所有货物在收货平台进行收货,由使用部门,收货部门和供应商三方共同验收。缺少任意一方不能收货。若为外地供应商通过邮寄物流等方式送达酒店,由采购部代替供应商一方进行收货。

(2)在无 PR 单的情况下,若供应商将物品送至酒店,须征得财务总监的同意方可进行收货。

(3)供应商不得私自将 PR 单、收货记录带离酒店,一经发现,将作废其 PR 单与收货记录。

(4)在未经收货部收货的情况下,私自将物品送至使用部门,收货部一律不开具收货记录。

(5)收货期间,供应商需将货物送至收货平台,有序等待。

(6)合同类收货,严格按照合同清单进行收货,品牌、数量和规格收货,在无财务总监另行通知的前提下,物品与合同明细必须保持一致。

(7)收货部门在开具收货记录前应该仔细核对物品定价是否合理,一经发现供应商报价虚高,与实际价格相差过大,以后此供应商所送所有货物需提供厂家价格证明、厂家品牌证明。

(8)工程类维修 PR 单后附物品用料清单,包括品牌、规格和数量等信息。收货部在未验收材料的情况下进行施工,概不开具收货记录。

(9)收货部不当班时,由值班经理负责验收,供应商将物品放置收货平台摄像头处进行验收、拍照。物品在摄像头下必须清晰显示其数量,供应商拍照物品清晰显示出品牌和规格。

三、酒店仓库管理

仓库管理这个岗位在酒店中属于后台工作，管理酒店的各类物资，物资占酒店流动资产的很大比重。如果不能保证正确的进货和库存控制及发货，会导致管理费用的增加，服务质量也会难以得到保证，从而影响酒店的日常运作。仓库管理主要负责食品、酒水、总仓和文具仓库货品的补库、验收、保管、发放；确保货品的质量，确保货品的及时供应，确保货品账、卡、物一致；搞好存货管理，加速存货周转。

食品仓：食品仓主要储存进口冻货，如进口牛排、海鱼等。

酒水仓：酒水仓主要储存红酒、白酒、啤酒、饮料以及矿泉水。

总仓：总仓主要储存客房用品，如洗漱用品、卫生纸、毛巾等消耗品。

文具仓：文具仓主要储存酒店各类印刷品（如客房信封、纸质印刷品、广告册等）及酒店各部门日常工作所需文具。

（一）职责和义务

（1）协助仓库所有的备货工作。

（2）完成其他分配的相关任务。

（3）库管员最重要的职责之一就是要在降低存货量的同时防止断货，因此在订货时要掌握好最佳订货点和进货批量。

（4）每季度更新一次最大最小库存清单，并打印出来给相关使用部门总监确认签字留存。

（5）每月更新一次滞销物品清单并交由成本控制部经理，且每季度更新一次滞销物品处理表并邮件给各使用部门。

四、酒店仓库管理内容

（一）补库

（1）为库存的所有货品建立最低存量和最高存量，当货品达到最低存量时，出补库申请单进行货品的补充。

（2）补库申请单上要注明订货日期、到货日期、订货数量、货品名称。

（二）收货

（1）检查从收货处交来的食品、饮料、总仓物品及营业设备保证数量质量无误。

（2）所有入库的货品除收货部进行把关外，库管员也应根据补库申请单进行严格的核对。

（3）检查入库货品的数量、质量、保质期，不合格的坚决退回。

（4）货品验收合格后，及时运至相应的仓库保存。

（5）将仓库存货有序并有效存放。

（6）货品入库后，注意将新到的物品放在下面，以便实物能够"先进先出"。

（7）根据采购申请单和每日购货单上的价格在收获记录上标明收到物品的价格。

入库注意事项：

（1）对于业务人员购入的货物，保管人员要认真验收物资的数量、名称是否与货单相符，对于实物与货单内容不符的，办理入库手续要如实反映。

（2）对于货物验收过程中所发现的有关数量、质量、规格、品种等不相符现象，保管人员有权拒绝办理入库手续，并视具体情况报告主管人员处理。

（三）发货

（1）库管员依据领用申请并根据"先进先出"的原则按部门发放，并及时登记实发数量，交提货人签字确认。

（2）更新仓库所有物品的卡片以保证存货记录的连续性。

发货注意事项：

对于一切手续不全的提货，保管人员有权拒绝发货，并视具体情况报告主管人员。

小结：酒店餐饮业的各环节之间都有联系，任何一个环节的任何疏忽都会导致餐饮成本的增加。收货工作和仓库管理工作看似是酒店后台工作，但是可以从源头上将酒店餐饮成本控制在可接受范围内，降低酒店餐饮成本率，提高酒店餐饮部门的收益。

第三节 餐饮成本控制实务

酒店餐饮部门是与客房部配套不可缺少的一个重要部门。但餐饮的盈利水平往往不如客房，原因就是成本、费用所占比重较大，一旦营业收入过低便会发生亏损。不过餐饮部门创收潜力很大，不像客房那样有局限性。例如：当生意兴旺时，房间客满，便无法再增加收入，而餐饮却可以采取增加座位或延长营业时间等措施而取得超额营业收入。所以，要想改善餐饮的经营管理，努力扩大餐饮营业收入，餐饮成本控制是餐饮部门的头等大事。

一、餐饮成本控制点

餐饮成本的控制点有：

（1）食品酒水标准化。

（2）每日收货控制。

（3）配料单 Recipe。

（4）肉类出成率报表。

（5）潜在食品成本和菜单销售分析-餐厅 & 宴会。

（6）潜在酒水控制分析-销售 & 迷你吧。

（7）标准库存量的制定与管理。

（8）仓库发货控制。

（9）月度盘点表。

（10）每日、每月成本报表。

（11）OE（Operation Equipment）损耗表。

（12）贵价测试。

二、餐饮成本控制实操

（一）标准成本单

每个菜品在定价前由行政总厨完成标准配方表的制定，根据标准配方由成本部计算出每道菜的成本价然后再确定销售价格，所有的标准配方表每季度应根据当期报价计算一次。每月底从系统中打印销售表并计算标准成本与实际成本之间的差别做对比和分析。

标准成本单是指对每道菜品所需各种用料的名称、数量、价格以及烹饪时间、所需器具、制作过程、制作样图等做出详细说明的清单。标准成本单的具体内容见表6.1。

有了标准成本单可以保持菜品质量稳定性，能准确计算和分析实际成本发生的差异及其原因。

表6.1 餐饮标准成本单

品名：炸排骨　　　　　规格：8#　　　　　毛利率：50%
计量单位：千克

主料				配料				调料			
名称	数量/千克	单价	金额/元	名称	数量/个	单价	金额/元	名称	数量/千克	单价	金额/元
净猪肉	0.15	20	3	鸡蛋	1	0.40	0.40	食用油	0.1	0.80	0.80
面粉	0.05	2	0.10					其他			0.60
小计			3.10				0.40				1.40
总计	4.9										

注：销售价=4.90/（1-50%）=9.80（元）

$$销售价 = \frac{原料成本}{1-毛利率}$$

课堂思考

分析标准成本单在酒店成本管理中的作用。

（二）贵价品种管理

贵价品种即为价格较高的食材或商品，如鲍鱼、燕窝、贵价酒水等。

1. 厨房自行统计，月度末交成本控制人员核对

在进行贵价品种管理的过程中，厨房需仔细对酒店常用的贵价品种月度采购量进行统计，月度结束后统计使用数量并将统计表以及宴会预定表和菜单交由成本控制人员进行核对。

2. 加强成本控制人员检查力度

加强成本控制人员的检查力度。首先，对菜品配料表的核查，每周三次，每月一个周期，针对厨房整理出来的常用贵价品种采购使用统计表里的相关菜品进行核查，确认厨房是否按照配料表进行菜品的制作。其次，统计贵价品种直发数量，以及零点消耗数量，其差额应与厨房提供的数据一致。如果不一致，应计算差额率。因为贵价品种对每月成本影响较大，且期末存货中所占比重也在20%～30%，因此成本控制人员对厨房整理出来的常用贵价品种采购使用统计表应在盘点时严谨精确，贵价品种涉及海鲜、冻品以及干货，盘点以及监督盘点的参与人员，应涵盖相关部门，并具有一定的工作经验，可以确实保证盘点的正确以及准确性。

例：

银杏标准酒店按照月度采购金额、实际使用数量以及物品单价，筛选出 12 项物品，清单如下：高级雪龙牛肉（A3）、冻湖南金猪、古巴龙、斑节虾、菲律宾东星斑、苏眉斑、带膏富贵虾、活大鲩、东海野生大黄鱼、小苏眉、韩国参、花胶筒。

厨房对所有涉及以上 12 项物品的婚宴以及宴会用量进行统计，并附宴会预定表和菜单。月度结束后，将各项统计数量以及附件交由成本控制人员进行核对。

3. 贵价品种管理实务操作

（1）贵价干货鉴别。

一是燕窝的鉴别（见图 6.3）。

图 6.3　贵价干货——燕窝

①燕丝细而密（几乎没有空隙）。
②盏形大而厚（大约三只手指叠起一般大）。
③手感干爽（保持少量水分）。
④盏内有少量细毛。
⑤燕角较细。
⑥内部囊丝较少。
⑦燕窝泡水后，平均可发大 5~6 倍，而上等燕窝如官燕等，甚至可以发大 7~8 倍；
⑧燕窝的色泽通透带微黄，有光泽。

二是鱼翅的鉴别（见图 6.4）。

图 6.4　贵价干货——鱼翅

①伪翅不耐火，虽成粗针状，但很快便可煮软，一咬即断；真翅爽口且有弹性；
②伪翅散条放在桌上，用手指搓，有米饭状物落下；而真翅有弹性纤维。
③伪翅翅针泡水后，特别晶莹剔透。
④真正的鱼翅用温水浸泡会有腥气，而伪翅没有。
三是鲍鱼的鉴别（见图6.5）。

图6.5 贵价干货——鲍鱼

①上品鲍鱼干：形体完整；呈淡黄或粉红的半透明状，大小均匀，干燥结实，有微香。
②下品鲍鱼干：局部有黑斑，表面有粉白色，背部暗红。
四是辽参的鉴别（见图6.6）。

图6.6 贵价干货——辽参

①辽参体型完整、干燥、肉刺挺直饱满无空洞。
②用舌头舔干海参表面，口感过咸或过甜都不太好（海参干制的有盐渍、糖渍等方法）。
③可把海参横切开，真参肉质丰厚、体内洁净。
（2）贵价干货收货管理。
①头数与PR单保持一致。在验收鲍鱼、辽参时，应先称1千克来确认其头数是否与PR单上保持一致。
②辽参收货称重时记录条数。为防止在盘点时由涨发率引起的误差，辽参在称重后，除了需要记录其重量，还需要准确地记录条数。
③收货后完成涨发率测试。贵价干货在第一次收货完成后，应与厨师长共同完成贵

价干货涨发率的测试工作。涨发率至少每半年更新，重新测试。

（3）潜在成本测试。

成本控制部门人员需要不定期去厨房抽查贵价干货的耗用情况，根据标准食谱得出理论库存与实际库存进行比较，如出现差异，进行差异分析，找出差异原因，这就是潜在成本测试。其主要目的就是监督厨房是否按照标准食谱进行食材的使用、菜品的烹饪，保证菜品质量的同时也能有效控制餐饮成本。贵价食材潜在成本测算表见表6.2。

表6.2 贵价食材潜在成本测算表

项目		木瓜炖雪蛤	五谷煮关东辽参/位	桂花瑶柱炒鸡蛋
单位		克	克	克
成本单价/元		0.750	102.778	0.85
标准食谱用量/份		3.000	6.00	100.000
当期销售数量/份		802	105.5	10
数量	期初结存	12 250.00	1 200.00	
	当期采购			2 000
	理论消耗	2 406.00	633.00	1 000
	理论结存	9 844.00	567.00	1 000
	实际结存	10 000.00	561.00	1 230
金额	期初结存	9 188	123 333.33	0
	当期采购	0	0.00	1 699
	理论消耗	1 805	65 058.33	850
	理论结存	7 383	58 275.00	850
	实际结存	7 500	57 658.33	1 045
差异额		117	(616.67)	195
差异率		2%	−1%	19%

（4）监控管理 & 案例

案例1

银杏标准酒店海鲜池一直采购澳洲龙虾，供应商就用红龙虾顶替澳洲龙虾，在复查监控时发现了该问题。

案例2

酒店厨师、餐厅人员没有按照《海鲜池招标管理办法》进行收货，而是由中标单位自行称重、打订单，在营业时间结束后再由厨师、餐厅人员补签。审计抽查海鲜池监控录像发现，供应商频繁出现以水代替海鲜进行称重的情况。据统计，2014年10月至2015年6月，海鲜池采购成本共17.93万元，供应商同意赔偿酒店6万元。

（三）贵价酒水管理

1. 贵价酒水收货管理

贵价酒水在收货时应注意以下几个方面：

（1）检查外包装是否有磨损、破损痕迹。

（2）供应商提供酒水随附单。

（3）每瓶酒在入库前应贴上酒店LOGO标签。

（4）进口红酒应有相应的入关证明。

（5）收货时应进行真伪验证，客人消费时，开瓶前最好当客人面进行验证。

2. 随机抽查

酒店应在不通知部门的情况下，对贵价酒水进行随机抽查，确保部门酒水库存正确、合理。

3. 客人存酒

客人存酒卡见表6.3。

表6.3 客人存酒卡

×××大酒店

存酒日期	品名	规格	数量	经手人

当客人需要将酒水寄存在餐厅时，当班人员应当填写酒水寄存卡并签字，挂在客人存酒瓶上，以和酒店库存酒水区分开。

（三）成本日报

每日需要完成成本日报作为日常观测手段，而成本经理或主管应与行政总厨每日进行查看，并确保每日的收货记录，内部调拨单都正常入账。

表6.4 成本日报表

Daliy Food &Beverage Costt Report 成本日报表

Date

Outlets		FOOD 食品						BEVERAGE 酒水					
		TODAY 当日			M-T-D 当月			TODAY 当日			M-T-D 当月		
各餐厅		COVERS 人数	SALES 收入	AVG. 人均收入	COVERS 人数	SALES 收入	AVG. 人均收入	COVERS 人数	SALES 收入	AVG. 人均收入	COVERS 人数	SALES 收入	AVG. 人均收入
Coffee Shop 咖啡厅	Breakfast 早餐												
	Lunch 中餐												
	Dinner 晚餐												
	Supper 夜宵												
	Discount 折扣												
	Total 总收入												
	Cost 成本												
	Cost% 成本率												

表6.4(续)

Outlets		FOOD 食品		BEVERAGE 酒水	
		TODAY 当日	M-T-D 当月	TODAY 当日	M-T-D 当月
Chinese Restaurant 中餐厅	Breakfast 早餐				
	Lunch 中餐				
	Dinner 晚餐				
	Supper 夜宵				
	Discount 折扣				
	Total 总收入				
	Cost 成本				
	Cost% 成本率				
Other 其他	Breakfast 早餐				
	Lunch 中餐				
	Dinner 晚餐				
	Supper 夜宵				
	Discount 折扣				
	Total 总收入				
	Cost 成本				
	Cost% 成本率				
TOTAL 合计	Sales 总收入				
	COST 总成本				
	COST% 总成本率				

Event 会议	FOOD 食品			BEVERAGE 酒水		
	SALES 收入	COST 成本	COST% 成本率	SALES 收入	COST 成本	COST% 成本率

本章小结

餐饮成本包括酒店的食品成本和饮料成本。食品成本即制作菜品过程中发生的原料、辅料和调料成本,如肉类、奶制品、水果、蔬菜、调味品及其他干杂原材料。一般来说,食品成本在餐饮成本中所占比重较大,也是餐饮管理的重点。饮料成本是在制作饮料过程中发生的成本,如白酒、葡萄酒、可乐、茶、咖啡等饮料的进价成本;也包括用来生产和调制饮品所需配料,如樱桃、柠檬等常用水果。做好餐饮成本管理主要是通过制定标准菜谱,统一各种食品成本和饮料成本的生产标准,加强采购、验收、仓储、生产、销售各环节的管理;进行成本差异分析,及时发现问题。

知识测试

一、单选题

1. 酒店成本控制部门主要负责收发日常采购货物的岗位是（   ）。
    A. 库管员   B. 成本控制经理
    C. 收货员   D. 成本主管
2. 酒店餐饮成本控制的源头环节为（   ）。
    A. 验收   B. 采购
    C. 烹饪   D. 仓储
3. 酒店在日常收货工作过程中，需要对每日的鲜活类货物进行过秤，主要是为了（   ）。
    A. 保证质量   B. 检查单价
    C. 保证数量/质量   D. 检查品种规格
4. 酒店仓库管理员需要根据仓库库存量决定是否进行（   ）。
    A. 收货   B. 发货
    C. 补库   D. 验收
5. 酒店仓库管理员在发货时，应遵循（   ）。
    A. 先进先出原则   B. 后进先出原则
    C. 流动性原则   D. 定置定位原则

二、多选题

1. 酒店成本控制环节收货管理需要处理（   ）。
    A. 日常采购收货   B. 部门采购收货
    C. 仓库采购收货   D. 员工个人网购收货
2. 酒店日常收入又称 market list 收货，收货员收货时主要需要检查（   ）。
    A. 名称、规格   B. 数量/重量
    C. 供货商、送货单位   D. 申请部门
3. 酒店仓库包括（   ）。
    A. 食品仓   B. 酒水仓
    C. 总仓   D. 文具仓
4. 在控制餐饮成本时，验收环节主要需要注意货品的（   ）。
    A. 品质   B. 送货单位
    C. 数量   D. 价格
5. 餐饮成本控制销售环节主要工作内容包括（   ）。
    A. 通过销售分析，及时处理销量低和滞销的菜品
    B. 严格按照标准操作程序及要求进行加工

C. 加强切配环节的成本把控

D. 加强餐饮营业收入审计，杜绝收款环节舞弊行为

三、判断题

1. 餐饮成本控制加工烹饪环节，在粗加工过程中的成本控制主要是科学准确地测定各种原料的净料率。（ ）

2. 采购环节不需要定期进行市场询价，货比三家，只需按照习惯找固定供应商开展采购工作。（ ）

3. 收货行为除了会形成企业的存货，导致企业应付账款产生。（ ）

4. 成本控制收货环节结束后，收货员不需要修改实际收货量小于采购量的部分。（ ）

综合实训

案例背景：某五星级酒店总经理在与餐饮总监和财务总监讨论第三季度酒店餐饮成本率时，要求餐饮部降低平均餐饮成本率，请你帮助餐饮总监和财务总监制订相关成本控制方案。（提示：可以考虑增加收入或者降低成本）

1. 项目名称：五星级酒店餐饮成本控制方案制定

2. 实训目标：熟悉酒店餐饮成本控制各种实操方法，为酒店切实降低餐饮成本制定有效方案

3. 实训任务：

（1）学生自由组合，分成若干小组（4~6人为一组）。

（2）不同的小组分别针对同一案例酒店展开餐饮成本控制方案的制订。

（3）分小组拟订方案并汇报每一项措施针对解决的问题。

（4）每个小组推荐一位代表汇报本组调研报告。

第七章

酒店财务分析

学习目标

1. 了解财务分析的目的及意义。
2. 掌握财务评价的方法。
3. 了解四大财务报表分析的目的。
4. 掌握四大财务报表的结构内容。
5. 掌握四大财务报表分析的内容要点。

案例导读

美国 SDT 公司的跨国经营成效

SDT 公司是全球较大的房地产和旅游酒店服务运营商之一,主要为顾客提供房地产服务、酒店服务、分时度假、旅游分销和汽车租赁业务。为了分散国内经营风险、获取协同效应以及实现垂直一体化战略,自 2008 年以来,该公司逐步实施战略重组计划,通过出售等方式先后剥离了车队、多元化服务、搬家网、集体保险、房屋置换等业务,逐步减少与核心业务关联性一般的业务投入,如抵押贷款业务。其跨国经营成效表现在:

(1) 成长能力分析。相对于 2008 年的销售收入,2009—2015 年酒店业务的销售收入呈增长趋势,其中 2015 年的酒店业务的销售收入比 2008 年增长了 9.5 倍,销售同比增长率为 4.2 倍,而在 2011 年酒店业务收入的销售收入比 2008 年增长 1.1 倍,销售同比增长率为 2 倍,2015 年净利润同比增长率为 2.2 倍,2011 年净利同比增长率为 0.6

倍，2013—2015 年销售收入呈稳定增长趋势，但是净利在 2014 年达到高点后出现下滑趋势，净利同比增长率由 2014 年 3.5 倍降到 2015 年的 2.2 倍。

（2）盈利能力分析。通过对 2011—2015 年 SDT 公司销售净利率、总资产净利率、净资产收益率等指标分析可以看出，SDT 公司的盈利能力指标具有相同的增长趋势，特别是在 2014 年，销售净利率（16.40%）、总资产净利率（12.48%）和净资产收益率（4.89%）都达到了最高值。

（3）海外销售分析。2011—2015 年，SDT 公司各地区子公司销售收入净额呈明显下降趋势，特别是 2015 年，美国各子公司销售收入所占比例降到 84.9%，而同期在其他国家和地区的子公司销售收入净额呈明显的增长趋势，由 2011 年的 8.2% 增加到 2015 年的 15.1%。

（4）海外资产情况分析。2011—2014 年，SDT 公司位于美国的各子公司的资产占公司总资产比例比较稳定。然而，2015 年其美国资产比重明显下降，由 2011 年的 93.7% 下降到 2015 年的 61.3%；同期，其在英国的资产比重由 2011 年至 2014 年的平均 2.42% 增长到 26.12%。

[思考]（1）案例中企业采用哪些财务分析方法评价其跨国并购的成长、盈利、销售、资产等情况？（2）你认为要综合评价企业跨国并购成效，还应该考虑哪些内容要素？

第一节 酒店财务分析概述

酒店财务分析是运用财务报表数据以及其他经营管理类报表中的有关数据对酒店过去已经发生的经营成果和财务状况，以及未来的发展前景所做的综合评价。我们通过这种分析评价，可以为酒店的财务决策、计划和控制提供服务，并调整经营实体的行为和活动，以实现酒店经营管理的目标。

一、财务分析的目的及意义

财务分析的目的是评价过去的经营业绩、衡量现在的财务状况、预测未来的发展趋势。酒店的投资者、债权人、政府、酒店经营管理者、酒店内部员工出于不同利益考虑，对财务分析提出了不同的需求。

1. 酒店所有者

酒店所有者作为投资人，其关心资本的保值和增值情况，因此较为重视酒店的获利能力指标。

2. 酒店债权人

酒店债权人因不能参与酒店剩余收益分配，首先关注的是投资的安全性，因此更重视酒店偿债能力指标。

3. 酒店经营管理者

酒店经营管理者关心的是企业经营业绩及未来发展趋势，以获得成就感及相应的高额报酬,所以必须对酒店经营理财的各个方面,包括运营能力、偿债能力、获利能力及发展能力的全部信息予以详尽的了解和掌握。

4. 政府

政府关心的是企业经营状况对社会稳定与经济发展的影响,以及企业能否及时、足额地缴纳税款。

5. 酒店员工

酒店员工关心的是收入水平、工作稳定性及社会保障程度,因此更加重视对酒店经营业绩情况的了解。

6. 酒店供应商

酒店供应商要通过分析酒店的发展能力,确定企业是否可作为长期合作伙伴,并分析企业信用水平,确定可允许拖欠货款的时间。

7. 雇员和工会

雇员和工会需要分析企业财务,评价企业的盈利状况与雇员收入、保险和福利等方面的关系是否相适应。

8. 中介机构

中介机构也会参与其中,如注册会计师通过财务报表分析可以确定审计重点,咨询人员根据客户需求为各类报表使用者提供专业的咨询服务。

尽管不同的利益主体进行财务分析有各自的目的,但从总体来看,进行财务分析的好处有:有利于判断酒店的偿债能力、营运能力、盈利能力和发展能力,同时了解酒店经营状况;有利于评价资本结构的合理性和现金流量的管理水平高低;有利于评价和考核酒店的经营业绩,揭示财务活动中存在的问题;有利于酒店挖掘潜力,寻求提高经营管理水平和经济效益的途径;有利于评价酒店未来的发展趋势。

二、财务分析的依据

财务分析的起点就是财务报表,这里的报表包括对内财务报表和对外财务报表。

(一) 对内财务报表

对内财务报表包括收入明细表、成本费用明细表、税金明细表、往来客户结算明细表以及酒店各部门利润表等。有些酒店需要结合业务列报表,如销售统计表、客源分析表等对经营业绩进行评价。

(二) 对外财务报表

对外报表是依据《中华人民共和国会计法》《企业会计准则》和《企业会计制度》的规定要求编制的必须对外公布的报表,主要包括资产负债表、利润表、现金流量表和所有者权益变动表。

1. 资产负债表

资产负债表是反映企业在某一特定日期全部资产、负债和所有者权益情况的报表。通过资产负债表,我们可以全面了解企业资产、负债和所有者权益的组成情况,用来分析企业的偿债能力和获利能力、资金周转能力。

2. 利润表

利润表是反映企业一定时期内利润或亏损形成情况的报表。我们通过利润表可以从总体上了解企业收入、成本和利润（或亏损）的组成情况以及利润分配情况。它是了解企业经营业绩尤其是获利水平的主要报表。

3. 现金流量表

现金流量表反映企业一定时期（年）现金及现金等价物流入和流出信息的会计报表。现金流量表主要提供酒店现金流量方面的信息，如经营活动产生的现金净流量、投资活动产生的现金净流量和筹资活动产生的现金净流量，使报表使用者了解和评价企业获取现金和现金等价物的能力，并据以预测企业未来的现金流量。

4. 所有者权益变动表

所有者权益变动表又称股东权益变动表，是指反映构成所有者权益的各组成部分当中的增减变动情况的报表。所有者权益变动表应当全面反映一定时期所有者权益变动的情况。所有者权益变动表解释在某一特定时间内股东权益如何因为企业经营的盈亏及现金股利的发放而发生的变化。它是说明管理阶层是否公平对待股东的重要的信息。

除了上述的财务报表以外，进行财务报表分析所需要的资料还包括日常核算资料（凭证、账簿）等，营销计划、生产计划等方面的资料、同行业其他企业发布的财务报告、专门机构出具的研究报告、本酒店进行的调研报告等，如营销竞争对手分析报告、顾客满意度报告、员工满意度分析报告等。

三、财务评价的方法

财务分析的方法一般有定量分析和定性分析两种。定量分析是指分析者根据经济活动的内在联系，采用一定的数学方法，对所收集的数据资料进行加工、计算，对企业财务状况和经营成果进行分析的一种方法，如比率分析就是定量分析的表现形式。定性分析法是指分析者运用所掌握的情况和资料，凭借经验和观察，对企业的财务状况和经营成果进行分析的一种方法。在实际工作中，酒店财务分析是两者相结合，所出具的财务分析报告更有可靠性。

酒店采用的财务评价方法有比较分析法、比率分析法、趋势分析法等。

（一）比较分析法

比较分析法是对两个或两个以上有关的可比数据进行对比，揭示差异和矛盾的分析方法。比较分析法是财务分析的基本方法。

1. 按比较对象分类

按比较对象分类，比较分析法分为纵向分析法、横向分析法、差异分析法三种。

（1）纵向分析。纵向分析是指与本企业历史相比，即不同时期指标相比，如与上年数相比，或与历史时期最好数相比。

（2）横向比较。横向比较是指与同类酒店相比，即与同行业平均数或竞争对手相比。

（3）差异分析。差异分析是指与预算数相比，即将实际数与预算数进行比较。

2. 按比较内容分类

按比较内容分类，比较分析法分为比较会计要素的总量、比较结构百分比和比较财务比率三种。

（1）比较会计要素的总量。总量是指报表项目的总金额，如总资产、净资产、净利润等。总量比较主要用于时间序列分析，如研究利润的逐年变化趋势，看增长潜力，有时也用于同行业比较，看酒店在市场上的相对竞争地位。

（2）比较结构百分比。比较结构百分比是指以财务报表中的某一项目为基础，与统计其他项目所占比重进行比较。如分析利润表时，以营业收入为基数，分析其他各项目所占比重，通过百分比分析可以发现有显著问题的项目，及时分析原因。

（3）比较财务比率。比较财务比率是指将不同时期的财务比率进行比较，以反映发展变化的情况，如比较上年与本年的资产负债率。

运用比较分析法时，指标的可比性是非常关键的，即选定的比较指标的口径必须相同，包括指标内容、计算方法、评价标准、时间单位以及产生指标的不同酒店的经营规模和业务范围等方面的一致性。

（二）比率分析法

比率分析法是通过计算各种比率指标确定经济活动变动程度的分析方法。比率是相对数，采用这种方法，能够把某些条件下的不可比指标变为可比指标，以利于进行分析。

比率指标可以有不同的类型，主要有构成比率、效率比率和相关比率。

1. 构成比率

构成比率又称为结构比率，是某项财务指标的各组成部分数值占总体数值的百分比，反映部分与总体的关系，计算公式见式7.1：

$$构成比率 = \frac{某个组成部分数额}{总体数额} \times 100\% \tag{7.1}$$

例如，能源费用占总营业收入的比例、客房营收占总营收的比率等，同时可以分析营收、费用等项目的变化与整个经营情况变化的相互关系；又比如酒店资产中的流动资产、固定资产和无形资产占资产总额的百分比，酒店负债中的流动负债与长期负债占负债总额的百分比，利用构成比率可以分析总体中某个部分的构成和安排是否合理，以便协调各项财务活动。

2. 效率比率

效率比率是某项财务活动中投入与收益的比例，反映投入与产出的关系。利用效率比率指标可以进行得失比较，分析经营成果，评价经济效益。比如，将利润总额项目与销售成本、销售收入、资金等项目加以对比，可以计算出成本利润率、销售利润率以及资本金利润率指标，也可以从不同角度观察比较酒店获利能力的高低以及增减变化情况。

3. 相关比率

相关比率是以某个项目与其他有关但又不同的项目加以对比所得的比率，反映有关经济活动的相互关系。利用相关比率，可以分析酒店的相关业务安排是否合理，以保障运营活动得以顺利进行。比如，将流动资产与流动负债加以对比，计算出流动比率，据以判断酒店的短期偿债能力。

比率分析法的优点是计算简便，计算结果也较容易判断，但在具体运用中要注意以下三点：

（1）项目的相关性。在相关比率中，两个对比指标也要有内在联系，才能评价有关经济活动之间是否协调均衡，安排是否合理。计算比率的子项和母项必须具有相关性，把不相关的项目进行对比是没有意义的。

（2）对比口径的一致性。计算比率的子项和母项必须在计算时间、范围等方面保持口径一致。

（3）衡量标准的科学性。运用比率分析，需要选用一定的标准与之对比，以便对酒店的财务状况做出评价，通常而言，科学合理的对比标准有：预定目标，如预算指标、设计指标、定额指标、理论指标等；历史标准，如上期实际、上年同期实际、历史水平以及有典型意义时期的实际水平等；行业标准，如主管部门或行业颁布的技术标准、国内外同类酒店的先进水平、国内外同类酒店的平均水平等。

（三）趋势分析法

趋势分析法是比较分析法的延伸，是将两期或连续数期财务报告中的相同指标进行对比，确定增减变动的方向、幅度，以说明酒店财务状况和经营成果变动趋势的一种方法。采用这种方法，可以分析引起变化的主要原因、变动性质，并预测酒店未来的发展前景。

趋势分析法的具体运用主要有以下三种方式：重要财务指标的比较、会计报表的比较、会计报表项目构成的比较。

1. 重要财务指标的比较

重要财务指标的比较是将不同时期财务报表中的相同指标或比率进行比较，直接观察增减变动情况及变动幅度，分析发展趋势，预测发展前景。对于不同时期财务指标的比较，可以有两种方法：

（1）定基动态比率。它是以某一时期的数额为固定的基数额而计算出来的动态比率，计算公式见式7.2：

$$定基动态比率 = \frac{分析期数额}{固定基期数额} \times 100\% \qquad (7.2)$$

（2）环比动态比率。它是以每一分析期的前期数额为基期数额而计算出来的动态比率，计算公式见式7.3：

$$环比动态比率 = \frac{分析期数额}{前期数额} \times 100\% \qquad (7.3)$$

2. 会计报表的比较

会计报表比较是将连续数期的会计报表并列起来，比较相同指标额增减变动金额和幅度，据以判断酒店财务状况和经营成果发展变化的一种方法。会计报表的比较，具体包括资产负债表比较、利润表比较、现金流量表比较等。

3. 会计报表项目构成的比较

会计报表项目构成的比较是在会计报表比较的基础上发展而来的。它是将会计报表中某个总体指标设为100%，再计算其他各组成项目总体指标的百分比，从而来比较各个项目百分比的增减变化,以此来判断有关财务活动的变化趋势。这种方法既可用于同一酒店不同时期的财务状况的纵向比较,也可用于同一时期不同酒店之间的横向比较,有利于分析酒店的耗费水平和盈利水平。例如,酒店之间常用来进行比较的 GOP 率、能耗率、人工成本率等指标。

采用趋势分析法时,酒店应注意:①用于进行对比的各个时期的指标,在计算口径上必须保持一致;②剔除偶发性项目的影响,所采用的分析数据应能反映正常的经营情况;③应用例外原则。对某项有显著变动的指标做重点分析,分析产生的原因,以便采取对策,及时查漏补缺。

第二节 资产负债表分析

一、资产负债表分析的目的

资产负债表分析的目的,就在于了解酒店会计对酒店财务状况的反映程度,以及所提供会计信息的质量,据此对酒店资产和权益的变动情况以及酒店财务状况做出恰当的评价,具体来说就是:

(一)通过资产负债表分析,揭示资产负债表及相关项目的内涵

从根本上讲,资产负债表上的数据是酒店经营活动的直接结果,但这种结果是通过酒店管理人员依据某种会计政策,按照某种具体会计处理方法进行会计处理后编制出来的。因此,酒店采用何种会计政策,使用何种会计处理方法,必然会对资产负债表上的数据产生影响。例如,某一经营期间耗用的材料一定时,采用不同存货计价方法进行会计处理,期末资产负债表上的存货金额就会有很大差异。如果不能通过分析搞清资产负债表及相关项目的内涵,就会把由酒店会计处理产生的差异看作生产经营活动导致的结果,从而得出错误的分析结论。

(二)通过资产负债表分析,了解酒店财务状况的变动情况

在酒店经营过程中,酒店资产规模和各项资产会不断发生变动,与之相适应的是资金来源也会发生相应的变动,资产负债表只是静态地反映出变动后的结果。酒店的资产、负债及股东权益在经过一段时期的经营后,发生了什么样的变化,这种变动对酒店未来经营会产生什么影响,只有通过对资产负债表进行分析才能知道,在此基础上,再对酒店财务状况的变动情况做出合理的解释和评价。

(三)通过资产负债表分析,评价酒店会计对酒店经营状况的反映程度

资产负债表是否充分反映了酒店的经营状况以及其真实性如何,资产负债表本身不能说明这个问题。酒店管理者出于某种需要,既可能客观地、全面地通过资产负债表反映酒店的经营状况,也可能隐瞒酒店经营中的某些重大事项。根据一张不能充分真实反映酒店经营状况的资产负债表,是不能对酒店财务状况的变动及其原因做出合理解释的。虽然这种评价具有相当大的难度,特别是对那些不了解酒店真实经营状况的外部分析者来说,其难度更大,但却是资产负债表分析的重要目标之一。

（四）通过资产负债表分析，评价酒店的会计政策

酒店的会计核算必须在酒店会计准则的指导下进行，但酒店会计在会计政策选择和会计处理方法选择上也有相当的灵活性，如存货计价方法、折旧政策等。不同的会计政策和会计处理方法，体现在资产负债表上的结果往往不同，某种会计处理的背后，总是代表着酒店的会计政策和会计目的。酒店所选择的会计政策和会计处理方法是否合适，酒店是否利用会计政策选择达到某种会计目的，深入分析资产负债表及相关项目的不正常变动，了解酒店会计政策选择的动机，可以揭示出酒店的倾向，评价酒店的会计政策，消除会计报表外部使用者对酒店会计信息的疑惑。

（五）通过资产负债表分析，修正资产负债表的数据

资产负债表是进行财务分析的重要基础资料，即使酒店不是出于某种目的进行调整，资产负债表数据的变化也不完全是酒店经营影响的结果。会计政策变更、会计估计及变更等酒店经营以外的因素对资产负债表数据也有相当大的影响，通过资产负债表分析，要揭示出资产负债表数据所体现的财务状况与真实财务状况的差异，通过差异调整，修正资产负债表数据，尽可能消除会计信息失真，为进一步利用资产负债表进行财务分析奠定资料基础，以保证财务分析结论的可靠性。

二、资产负债表的总体结构

资产负债表是反映酒店在某一特定日期财务状况的财务会计报表。它是根据资产、负债和所有权益之间的相互关系，按照一定的分类标准和一定的顺序，把酒店在一定日期的资产、负债、所有者权益各项目予以适当排列并对日常工作中形成的大量数据进行高度浓缩整理后编制而成的。它表明酒店在某一特定日期所拥有或可控制的、预期能为酒店带来利益的经济资源、所承担的现有义务和所有者对净资产的要求权。

资产负债表的作用主要包括以下三个方面：反映酒店资产的构成及其状况，分析酒店在某一特定日期所拥有的经济资源及其分布情况；反映酒店某一特定日期的负债总额及其结构，分析酒店目前与未来需要支付的债务数额；反映酒店所有者权益的情况，了解酒店现有的投资者在酒店资产总额中所占的份额。

资产负债表的结构形式，目前国际上通行的主要有报告式和账户式两种。

（一）报告式资产负债表

报告式资产负债表又称竖式资产负债表，编制依据是"资产＝负债+所有者权益"的会计平衡公式，自上而下列示各类项目，即先列示资产类项目数额，后列示扣减的负债类项目数额，最后再列示所有者权益项目及其余额。

（二）账户式资产负债表

账户式资产负债表又称平衡式资产负债表，编制依据是"资产＝负债+所有者权益"的会计平衡公式。

账户式资产负债表分左右两方，左方为资产项目，大体按资产的流动性大小排列，流动性大的资产如"货币资金""交易性金融资产"等排在前面，流动性小的资产如"长期股权投资""固定资产"等排在后面。右方为负债及所有者权益项目，一般按要求清偿时间的先后顺序排列，"短期借款""应付票据""应付账款"等需要在一年以内或者长于一

年的一个正常营业周期内偿还的流动负债排在前面,"长期借款"等在一年以上才需偿还的非流动负债排在中间,在酒店清算之前不需要偿还的所有者权益项目排在后面。

账户式资产负债表中的资产各项目的合计等于负债和所有者权益各项目的合计,即资产负债表左方和右方平衡。因此,通过账户式资产负债表,可以反映资产、负债、所有者权益之间的内在联系,即"资产=负债+所有者权益",格式见表7.1。

表 7.1 资产负债表

编制酒店:　　　　　　　　　　　　　　年　月　日　　　　　　　　　　　　　单位:元

	栏次	年初数	期末数		栏次	年初数	期末数
流动资产:	1			流动负债:	1		
货币资金	2			应付账款	2		
交易性金融资产	3			预收账款	3		
以公允价值计量且其变动计入当期损益的金融资产	4			应付职工薪酬	4		
应收账款	5			应交税费	5		
预付账款	6			一年内到期的非流动负债	6		
其他应收款	7			流动负债合计	7		
存货	8						
一年内到期的非流动资产	9			非流动负债	8		
其他流动资产	10			长期借款	9		
流动资产合计	11			递延所得税负债	10		
				其他非流动负债	11		
非流动资产:	12			非流动负债合计	12		
长期应收款	13			负债合计	13		
长期股权投资	14						
其他权益工具投资	15			所有者权益:	14		
其他非流动金融资产	16			股本	15		
固定资产	17			资本公积	16		
在建工程	18			其他综合收益	17		
无形资产	19			盈余公积	18		
长期待摊费用	20			未分配利润	19		
递延所得税资产	21			股东权益合计	20		
非流动资产合计	22						
资产合计	23			负债及所有者权益	21		

三、资产负债表分析的内容

资产负债表分析主要包括以下内容：

（一）资产负债表水平分析

资产负债表水平分析，就是指通过对酒店各项资产、负债和股东权益进行对比分析，揭示酒店筹资与投资过程的差异，从而分析与揭示酒店生产经营活动、经营管理水平、会计政策及会计估计变更对筹资与投资的影响。

资产负债表水平分析的目的之一就是从总体上概括了解资产、权益的变动情况，揭示出资产、负债和股东权益变动的差异，分析其差异产生的原因。资产负债表水平分析的依据是资产负债表，通过采用水平分析法，将资产负债表的实际数与选定的标准进行比较，编制出资产负债表水平分析表，在此基础上进行分析评价。

资产负债表水平分析要根据分析的目的来选择比较的标准（基期），当分析的目的在于揭示资产负债表实际变动情况，分析产生实际差异的原因时，其比较的标准应选择资产负债表的上年实际数。当分析的目的在于揭示资产负债表预算或计划执行情况，分析影响资产负债表预算或计划执行情况的原因时，其比较的标准应选择资产负债表的预算数或计划数。

资产负债表水平分析除了要计算某项目的变动额和变动率外，还应计算出该项目变动对总资产或权益总额的影响程度，以便确定影响总资产或权益总额的重点项目，为进一步分析指明方向。某项目变动对总资产或权益总额的影响程度可按式 7.4 计算：

$$\text{某项目变动对总资产（权益总额）的影响（\%）} = \frac{\text{基期总资产（权益总额）}}{\text{基期总资产（权益总额）}} \times 100\%$$

(7.4)

（二）资产负债表垂直分析

资产负债表垂直分析，就是指通过将资产负债表中各项目与总资产或权益总额进行对比，分析酒店的资产构成、负债构成和股东权益构成，揭示酒店资产结构和资本结构的合理程度，探索酒店资产结构优化、资本结构优化的思路。

资产负债表结构反映了资产负债表各项目的相互关系及各项目所占的比重。资产负债表垂直分析是通过计算资产负债表中各项目占总资产或权益总额的比重，分析评价酒店资产结构和权益结构的变动情况及合理程度，具体来讲就是：①分析评价酒店资产结构的变动情况及变动的合理性；②分析评价酒店资本结构的变动情况及变动的合理性。

资产负债表垂直分析可以从静态角度和动态角度两方面进行。从静态角度分析就是以本期资产负债表为分析对象，分析评价其实际构成情况。从动态角度分析就是将资产负债表的本期实际构成与选定的标准进行对比分析，对比的标准可以是上期实际数、预算数和同行业的平均数或可比酒店的实际数。对比标准的选择视分析目的而定。

（三）资产负债表趋势分析

资产负债表趋势分析，就是指通过对较长时期酒店总资产及主要资产项目、负债及主要负债项目、股东权益及主要股东权益项目变化趋势的分析，揭示筹资活动和投资活动的状况、规律及特征，推断酒店发展的前景。

(四) 资产负债表项目分析

资产负债表项目分析就是指在资产负债表全面分析的基础上，对资产负债表中资产、负债和股东权益的主要项目进行深入分析，包括会计政策、会计估计等变动对相关项目影响的分析。

对资产负债表的项目分析，并不是指对资产负债表中的所有项目都进行分析，而是在水平分析和垂直分析的基础上，选择那些变动幅度大，在资产负债表结构中所占比重也比较大的项目进行分析，挖掘其变化的深层原因。资产负债表中每个项目的数据都不是单独形成的，分析过程中，我们通常需要结合资产负债表的其他项目甚至是利润表或现金流量表的相关项目来进行。对重点项目的分析，能帮助报表使用者充分挖掘分析项目中"潜伏"的酒店信息。下面我们选择资产负债表中的部分重要项目进行阐述。

1. 货币资金

在所有资产项目中，货币资金的变现速度是最快的，可以直接用于酒店的支付，所以货币资金的偿债能力也是最强的，能够直接进行债务的偿还。酒店的货币资金应当保持一个怎样的规模才算合理？那我们就要结合酒店的具体情况，从以下四个方面着手分析：①行业特点。不同行业的酒店，即使资产规模相当，所需持有的货币资金数量也大为不同。②酒店规模和业务量。一般情况下，酒店规模越大，业务量越多，所需持有的货币资金量就越多，反之就越少。③酒店的筹资能力。如果酒店的信用度较高，与银行等金融机构保持有良好的关系和沟通，筹资渠道丰富畅通，就没有必要保有大量的货币资金，从而影响酒店的盈利能力。④货币的运筹能力。如果酒店经营者对资金的运筹能力较强，则可保持较低的货币资金持有量，提高货币资金的运用效率。

2. 应收账款

应收账款的管理是酒店资产管理中的重点和难点。一方面，应收账款迎合了客户对现金的要求权，会带来酒店销量的增长和业绩的增加；另一方面，应收账款也会导致酒店收账成本的增加以及坏账风险的增大。因此，如何看待应收账款？作为酒店管理者应该要把握好其中的尺度，在保持销量增长的同时，应当注意保证应收账款的规模和占比都在可控范围，防止酒店应收账款管理失控，影响酒店的盈利和现金流。对酒店应收账款的管理情况可结合应收账款周转率或应收账款周转天数进行分析。

在对酒店应收账款分析时应注意，首先要分析应收账款的账龄结构，对于账龄期比较长的应收账款，应该组织人员积极进行沟通和追缴，尽量预防坏账情况的发生；其次需要注意分析债务规模前五名酒店的债务状况与偿还能力，关注债务的集中程度，预防出现"一棵树上吊死"的现象，增加经营风险；最后，在对应收账款进行管理和分析时，还需要关注酒店对债权的回收能力，若酒店对债权回收能力较弱，可考虑通过专门的收账公司进行催讨，如若当真遇上了"老赖"，必要时也可诉诸法律。

3. 存货

由于存货本身具有占用资金大以及流动性差等特点，存货项目虽然是酒店的流动资产，但都是实物资产，所以不宜过多。酒店存货过多即意味着酒店的存货可能滞销或者积压，资金不能迅速回笼，影响酒店正常经营，长期维持此种情况，酒店经营会出现问题，必须考虑转产或停产。因此，存货增加一般来说不是好消息，但小幅变动属于正常波动，影响不大。

4. 固定资产

固定资产代表酒店的生产能力，一般来说，酒店固定资产的占比越大，酒店的营运能力就越强。但是，固定资产的增加也带来了折旧费用、管理费用的负担，会对酒店的盈利能力产生一定的影响。因此，经营者需对固定资产的投资做出合理的选择，固定资产的利用效率越好，酒店的效益才能越高。对固定资产使用效率的判断，我们通常可以采用固定资产周转率或固定资产周转天数这两个财务指标进行分析。

5. 短期借款

在酒店流动资金不足的情况下，酒店可以向金融机构举借一定数量的短期借款，以保证酒店生产经营资金的需要。短期借款带给酒店的影响有：一是期限短，要求要在一年内偿还，偿债压力较大；二是短期借款利率一般情况下会比长期借款的利率低，利息负担较轻。当然，合理的举债对每个酒店的经营都是必需的，但应当进行科学的安排和统筹，长期借款和短期借款的比例与时间要得当，避免出现借款的归还期限过于集中，影响酒店正常现金流量的需要，造成经营压力。酒店借款的规模应当根据酒店本身的偿债能力进行合理的评估来确定。

6. 长期借款

在酒店进行长期举债经营时应注意分析以下三点：①避免把长期借款充当短期资金来使用，这样会使资金成本得不偿失。②在资产报酬率高于负债利率的前提下，适当增加长期借款可以增加酒店的盈利能力，提高酒店的投资报酬率；同时，负债具有一定减税的作用，可在一定程度上提高酒店的获利能力。③在酒店资产报酬率下降甚至低于负债利率的情况下，举借长期借款将增加酒店还本付息的负担，如果酒店盈利不理想，还有可能会导致亏损，从而加大酒店的财务风险。

第三节 利润表分析

一、利润表分析的目的

利润，通常是指酒店在一定会计期间收入减去费用后的净额以及直接计入当期损益的利得和损失等，也称为酒店一定时期内的财务成果或经营成果，具体包括营业利润、利润总额和净利润等。在商品经济条件下，酒店追求的根本目标是酒店价值最大化或股东权益最大化。而无论是酒店价值最大化，还是股东权益最大化，其基础都是酒店利润，利润已成为现代酒店经营与发展的直接目标。酒店生产经营过程中的各项工作，最终都聚焦在所创造利润的多少这一结果上。

利润分析的目的具体表现在以下三个方面：

第一，通过利润分析可正确评价酒店各方面的经营业绩。由于利润受酒店生产经营过程中各环节、各步骤的影响，因此，通过对不同环节进行利润分析，可准确评价各环节的业绩。如通过产品销售利润进行分析，不仅可以说明产品销售利润受哪些因素影响以及各因素的影响程度，还可以说明造成影响的是主观因素还是客观因素，是有利影响还是不利影响等，这满足了准确评价各部门和环节业绩的要求。

第二，利润分析可及时、准确地发现酒店经营管理中存在的问题。正因为利润分析不仅能评价业绩，还能发现问题，因此，借助利润分析，酒店在各环节存在的问题或缺陷都会一目了然，为酒店进一步改进经营管理工作指明了可行的方向。这有利于酒店放宽眼界，全面改善经营管理，从而促使利润持续增长。

第三，利润分析为投资者、债权者进行投资与信贷决策提供可靠信息。这是利润分析的一项重要作用。前面提及，由于酒店经营权自主化及管理体制的改变，人们愈发关心酒店的利润。酒店经营者关心利润，投资者、债权者也是如此，他们通过对利润做出分析，预测酒店的经营潜力及发展前景，进一步做出切合实际的投资与信贷决策。另外，国家宏观管理者研究酒店对国家的贡献时也会用到利润分析这一重要手段。

二、利润表的总体结构

利润表（损益表）是反映酒店在一定会计期间经营成果的报表。例如，反映1月1日至12月31日经营成果的利润表，由于它反映的是某一期间的情况，所以，又称为动态报表。

利润表可以反映酒店在一定会计期间的收入、费用、利润（或亏损）的数额及构成情况，帮助财务报表使用者全面了解酒店的经营成果，分析酒店的获利能力及赢利增长趋势，从而为酒店做出经济决策提供依据。

利润表的格式主要有单步式和多步式两种。

（1）单步式利润表是将所有收入和所有费用、损失分别加总，然后两者相抵，计算出当期净利润。在这种格式下，利润表分为三个部分：①营业收入和收益，包括主营业务收入、其他业务收入、投资收益等；②费用和损失，包括主营业务成本、营业费用、税金及附加、其他业务支出、营业外支出、所得税费用等；③根据前面两部分内容，计算出本期净利润。这种编制方法便于投资者理解。

（2）多步式利润表是将收支的内容做多项分类，通过多步计算，得出本期净利润。多步式利润表便于投资者对酒店的生产经营情况进行分析，并且可以与其他酒店进行比较，还有利于预测酒店今后的盈利趋势。目前，我国酒店的利润表采用多步式结构，具体格式见表7.2。

表7.2 利润表

编制酒店　　　　　　　　　　　年　月　　　　　　　　　　　单位：元

项目	栏次	本月数	本年累计数
一、营业收入	1		
减：营业成本	2		
税金及附加	3		
销售费用	4		
管理费用	5		

表7.2(续)

项目	栏次	本月数	本年累计数
财务费用	6		
其中：利息费用	7		
利息收入	8		
加：其他收益	9		
投资收益	10		
其中：对联营企业和合营企业的投资收益	11		
公允价值变动收益（损失）	12		
信用减值利得（损失）	13		
资产减值利得（损失）	14		
资产处置收益	15		
二、营业利润	16		
加：营业外收入	17		
减：营业外支出	18		
三、利润总额	19		
减：所得税费用	20		
四、净利润	21		
其中：持续经营净利润	22		
五、其他综合损失得税后净额	23		
（一）不能重分类进损益的其他综合收益	24		
其他权益工具投资公允价值变动	25		
（二）以后将重分类进损益的其他综合损失	26		
1. 权益法下在投资单位以后将重分类巾损益的其他综合收益（损失）中享有的份额	27		
2. 可供出售金融资产公允价值变动损益	28		
六、综合收益	29		

三、利润表分析的内容

在明确利润分析目的之后，进一步进行利润分析时，应凭借利润表及相关信息展开。利润表分析主要由以下内容构成：

（一）利润表综合分析

利润表综合分析，主要是对利润表主表各项利润额的增减变动、利润结构变动情况进行分析。

1. 利润额增减变动分析

利润额增减变动分析借助水平分析法，结合利润形成过程中相关的影响因素，反映利润额的变动情况，评价酒店在利润形成过程中的各方面管理业绩并揭露存在的问题。

2. 利润结构变动分析

利润结构变动分析，主要是在对利润表进行垂直分析的基础上，通过各项利润及成本费用相对于收入的占比，反映酒店各环节的利润构成、利润率及成本费用水平。

3. 营业利润分析

营业利润分析，反映酒店营业利润金额的增减变动，揭示影响营业利润的主要因素。

(二) 利润表分部分析

利润表分部分析主要是由分部报告分析和产品销售利润变动情况分析两部分构成。

1. 分部报告分析

分部报告分析，可以展示酒店各经营分部的经营状况和成果，有助于改善酒店内部组织结构、满足管理要求、优化产业结构、加强内部报告制度，也为企分部进行战略调整指明方向。

2. 产品销售利润变动情况分析

在进行这项分析前，首先要明确影响产品销售利润的因素，分析过程采用因素分析方法，并通过实际的案例分析进一步揭示各因素变动对产品营业利润的影响，从而分清生产经营中的绩效与不足。

(三) 利润表分项分析

利润表分项分析主要是结合利润表有关附注所提供的详细信息，对酒店利润表中重要项目的变动情况进行分析说明，深入揭示利润形成的主观及客观原因。一般来讲，营业利润应是酒店利润形成的主要渠道。要想深入了解酒店营业状况的好坏，还须深入地分析构成营业利润的每个项目，具体包括酒店收入项目分析、费用项目分析、资产减值损失项目分析、投资收益项目分析、净利润项目分析等。

1. 收入项目分析

收入是指酒店在销售商品、提供劳务及让渡资产使用权等日常活动中所形成经济利益的总流入，包括主营业务收入、其他业务收入、补贴收入，不包括为第三方或客户代收的款项。对收入项目进行分析应从以下三个方面着手：

(1) 分析酒店营业收入的品种构成。在多品种经营的条件下，酒店不同产品的营业收入构成对信息使用者有很重要的意义：收入比重大的产品是酒店过去业绩的主要增长点。

(2) 分析酒店营业收入的地区构成。占总收入比重大的地区是酒店过去业绩的主要地区增长点，不同地区消费者对不同商品具有不同的偏好，不同地区的市场潜力在很大程度上制约着酒店的未来发展。

(3) 分析主营业务收入所占的比例。只有酒店主营业务收入突出，占酒店收入总额的绝大部分，才能保证酒店的经营方向。它是酒店实现利润的主要来源，也是决定酒店获利能力的最主要因素。我国规定股份公司的主营业务收益应达到总收益的70%，否则应引起关注。

2. 费用项目分析

费用是指酒店在一定期间从持续的、主要或中心业务中因生产交付商品、提供劳务或其他活动，所产生的资产流出、其他消耗或负债的发生。期间费用即酒店主要经营活动中必定要发生，但与主营业务收入的取得并不存在明显的直接因果关系，主要包括销售费用、财务费用和管理费用。

（1）酒店营业成本水平的高低既有酒店不可控的因素（如受市场因素的影响而引起的价格波动），也有酒店可控的因素（如酒店可以选择供货渠道、采购批量来控制成本水平），还有酒店通过成本会计系统的会计核算对酒店制造成本的处理。因此，对营业成本降低和提高的评价应结合多种因素进行。

（2）从销售费用的构成上看，有的与酒店业务活动规模有关（如运输费、销售佣金、展览费等），有的与酒店从事销售活动人员的待遇有关，也有的与酒店的未来发展、开拓市场、扩大酒店品牌的知名度有关。在酒店业务发展的条件下，酒店销售费用不一定需要降低。片面追求在一定时期的费用降低，有可能对酒店的长期发展不利。其中销售费用中的广告费用一般是作为期间费用处理的，有些酒店基于业绩反映的考虑，往往把广告费用列为待摊费用或长期待摊费用核算，这实际上是把期间费用予以资本化。

（3）经营期间发生的利息支出构成了酒店财务费用的主体，其大小主要取决于三个因素：贷款规模、贷款利息率和贷款期限。从总体上说，如果因贷款规模的原因导致利润表财务费用的下降，酒店会因此而改善盈利能力。但我们对此也要进行警惕，酒店可能因贷款规模的降低而限制了发展。由于酒店利率水平主要受酒店外在环境的影响，我们不应对酒店因贷款利率的宏观下调而导致的财务费用降低给予过高的评价。

（4）我们通过将主营业务成本、销售费用、管理费用、财务费用与主营业务收入相比较，可以了解酒店销售部门、管理部门的工作效率以及酒店融资业务的合理性。具体又分两种形式：一是主营业务收入以高于成本的速度增长，从而主营业务利润大量增加，表明酒店主营业务呈上升趋势，产品市场需求大。二是主营业务收入与成本成比例增长，导致利润增长，说明酒店主营业务处于某种稳定成熟的状态，利润有一定保障。

3. 资产减值损失项目分析

资产减值损失分析包括资产减值损失的构成分析以及资产减值损失变动原因分析。

4. 投资收益项目分析

投资收益分析包括投资收益的构成分析以及投资收益变动原因分析。

5. 净利润项目分析

净利润是酒店的净利，在其他条件不变的情况下，净利润越多，酒店盈利能力就越强，成就也就越显著。从表面上看，它受收入和成本的影响，但实际上，它还反映酒店产品产量及质量、品种结构、市场营销等方面的工作质量，因而，在一定程度上反映了酒店的经营管理水平。

此外，还可以根据酒店利润表的资料，对一些重要项目进行深入分析，如公允价值变动收益与营业外收支的变动情况进行分析等。

第四节 现金流量表分析

一、现金流量表分析的目的

现金流量表反映了酒店在一定时期内创造的现金数额，揭示了在一定时期内现金流动的状况，通过现金流量表分析，可以达到以下目的：

（一）从动态上了解酒店现金变动情况和变动原因

资产负债表中货币资金项目反映了酒店一定时期现金变动的结果，是静态上的现金存量，酒店从哪里取得现金，又将现金用于哪些方面，只有通过现金流量表的分析，才能从动态上说明现金的变动情况，并揭示现金变动的原因。

（二）判断酒店获取现金的能力

酒店获取现金的能力是价值评估的基础，恰当地预测经营活动现金流量是采用净现值法进行股票定价的前提。通过对现金流量表进行现金流量分析，能够对酒店获取现金的能力做出判断。

（三）评价酒店盈利的质量

利润是按权责发生制计算的，用于反映当期的财务成果，利润不代表真正实现的收益，账面上的利润满足不了酒店的资金需要，因此，盈利酒店仍然有可能发生财务危机，高质量盈利必须有相应的现金流入做保证，这就是为什么人们更重视现金流量的原因之一。

二、现金流量表总体结构

现金流量表是反映酒店在一定会计期间现金和现金等价物流入和流出的报表。现金流量是指一定会计期间内酒店现金和现金等价物的流入和流出。酒店从银行提取现金、用现金购买短期到期的国库券等现金和现金等价物之间的转换不属于现金流量。现金是指酒店库存现金以及可以随时用于支付的存款，包括库存现金、银行存款和其他货币资金（如外埠存款、银行汇票存款、银行本票存款等）等。不能随时用于支付的存款不属于现金。

现金等价物是指酒店持有的期限短、流动性强、易于转换为已知金额现金、价值变动风险很小的投资。期限短，一般是指从购买日起三个月内到期。现金等价物通常包括三个月内到期的债券投资等。权益性投资变现的金额通常不确定，因而不属于现金等价物。酒店应当根据具体情况，确定现金等价物的范围，一经确定不得随意变更。

酒店的现金流量可分为以下三大类：

（一）经营活动产生的现金流量

经营活动是指酒店投资活动和筹资活动以外的所有交易事项。经营活动产生的现金流量主要包括销售商品或提供劳务、购买商品、接受劳务、支付工资和交纳税款等流入和流出的现金和现金等价物。

(二) 投资活动产生的现金流量

投资活动是指酒店长期资产的购建和不包括在现金等价物范围内的投资及其处置活动。投资活动产生的现金流量主要包括购建固定资产、处置子公司及其他营业单位等流入和流出的现金和现金等价物。

(三) 筹资活动产生的现金流量

筹资活动是指导致酒店资本及负债规模或构成发生变化的活动。筹资活动产生的现金流量主要包括吸收投资、发行股票、分配利润、发行债券、偿还债务等流入和流出的现金和现金等价物。偿还应付账款、应付票据等应付款项属于经营活动，不属于筹资活动。

我国酒店现金流量表采用报告式结构，分类反映经营活动产生的现金流量、投资活动产生的现金流量和筹资活动产生的现金流量，最后汇总反映酒店某一期间现金及现金等价物的净增加额。表 7.3 为我国酒店现金流量表的格式。

表 7.3 现金流量表

编制酒店：　　　　　　　　　　　年　月　　　　　　　　　　　单元：元

项目	本期金额	上期金额
一、经营活动产生的现金流：		
销售商品、提供劳务收到的现金		
收到的税费返还		
收到其他与经营活动有关的现金		
经营活动现金流入小计		
购买商品、接受劳务支付的现金		
支付给职工以及为职工支付的现金		
支付的各项税费		
支付其他与经营活动有关的现金		
经营活动现金流出小计		
经营活动产生的现金流量净额		
三、投资活动产生的现金流量：		
收回投资收到的现金		
取得投资收益收到的现金		
处置固定资产、无形资产和其他长期资产收回的现金净额		
处置子公司及其他营业单位收到的现金净额		
收到其他与投资活动有关的现金		
投资活动现金流入小计		
购置固定资产、无形资产和其他长期资产支付的现金		
投资支付的现金		
取得子公司及其他营业单位支付的现金净额		

表7.3(续)

项目	本期金额	上期金额
支付其他与投资活动有关的现金		
投资活动现金流出小计		
投资活动产生的现金流量净额		
三、筹资活动产生的现金流量：		
吸收投资收到的现金		
取得借款收到的现金		
收到其他与筹资活动有关的现金		
筹资活动现金流入小计		
偿还债务支付的现金		
分配股利、利润或偿付利息支付的现金		
支付其他与筹资活动有关的现金		
筹资活动现金流出小计		
筹资活动产生的现金流量净额		
四、汇率变动现金及现金等价物的影响		
五、现金及现金等价物净增加额		
加：期初现金及现金等价物余额		
六、期末现金及现金等价物余额		

三、现金流量表分析的内容

（一）现金流量表变动情况分析

现金流量表变动情况分析主要包括现金流量表一般分析、现金流量表水平分析、现金流量表结构分析。

（二）现金流量表主要项目分析

现金流量表主要项目分析主要包括经营活动现金流量项目分析、投资活动现金流量项目分析、筹资活动现金流量项目分析和汇率变动对现金的影响分析。

1. 经营活动产生的现金流量的分析要点

（1）如果经营活动现金流量小于零，意味着酒店通过正常的商品购、产、销所带来的现金流入量不足以支付因上述经营活动而引起的货币流出。酒店正常经营活动所需的现金支付还需通过以下方式解决：①消耗现存的货币积累；②挤占本来可以用于投资的现金，推迟投资活动；③进行额外贷款融资；④拖延债务支付或加大经营活动负债。一般说来，酒店在生命周期的初始阶段经营活动现金流量往往表现为"入不敷出"状态。

（2）如果经营活动现金流量等于零，酒店经营活动现金流量处于"收支平衡"状态。酒店正常经营活动不需要额外补充流动资金，酒店经营活动也不能为酒店的投资活动以及融资活动贡献现金。从长期来看，经营活动现金流量等于零，不可能维持酒店经营活动的货币"简单再生产"。

（3）如果经营活动现金流量大于零，说明在补偿当期的非现金消耗性成本后仍有剩余。此时意味着，酒店通过正常的商品购、产、销所带来的现金流入量不但能够支付因经营活动而引起的货币流出、补偿全部当期的非现金消耗性成本，而且还有余力为投资活动提供现金支持，表明酒店所生产的产品适销对路、市场占有率高。销售回款能力较强，同时酒店的付现成本费用控制在较适宜的水平上。

2. 投资活动产生的现金流量的分析要点

（1）如果投资活动现金流量小于零，酒店投资活动现金流量处于"入不敷出"状态。投资所需资金的缺口，可以通过以下方式解决：①消耗现存的货币积累；②挤占本来可以用于经营活动的现金；③利用经营活动积累的现金补充；④额外贷款融资；⑤拖延债务支付或加大投资活动负债。必须指出的是，投资活动的现金流出，有的需要由未来的经营活动的现金流入量来补偿。如酒店固定资产的购建支出，将由未来使用有关固定资产会计期间的经营现金流量来补偿。因此，如果投资活动现金流量小于零，我们不能简单地做出否定评价。我们重点应考虑的是酒店的投资活动是否符合酒店的长期规划和短期计划，是否反映了酒店经营活动的发展和酒店扩张的内在需要。

（2）如果投资活动现金流量大于等于零。此时意味着投资活动方面的现金流入量大于流出量。这种情况的发生，或者是由于酒店在本会计期间的投资回收活动的规模大于投资支出的规模，或者是由于酒店在经营活动与筹资活动方面急需资金而不得不处理手中的长期资产以求变现等引起的。因此，必须对投资活动的现金流量原因进行具体分析。

（3）如果处置固定资产、无形资产和其他长期资产所收回的现金净额大或在整个现金流入中所占比重大，说明酒店正处于转产时期，或者未来的生产能力将受到严重影响，已经陷入深度的债务危机之中；如果购建固定资产、无形资产和其他长期资产所支付的现金金额大或在整个现金流出中所占的比重大，说明酒店未来的现金流入看好，今天的投资会获得明天的收益。

3. 筹资活动产生的现金流量的分析要点

（1）如果筹资活动现金流量大于零，表明酒店通过银行及资本市场的筹资能力较强，但应密切关注资金的使用效果，防止未来无法支付到期的负债本息而陷入债务危机。此时关键要看酒店的筹资是否已纳入酒店的发展规划，是酒店管理层以扩大投资和经营活动为目标的主动筹资行为还是酒店因投资活动和经营活动的现金流出失控而不得已的筹资行为。

（2）如果筹资活动现金流量小于零，这种情况的出现，或者是由于酒店在本会计期间集中发生偿还债务、支付筹资费用、分配股利或利润、偿付利息、融资租赁等业务，或者是因为酒店经营活动和投资活动在现金流量方面运转较好、有能力完成上述各项支付。但是，筹资活动现金流量小于零也可能是酒店在投资和酒店扩张方面没有更多作为的一种表现。

（3）如果利润表和现金流量表补充资料的财务费用同时出现负数时，表明酒店存在过多的存款,即现金富余,如果是酒店找不到新的投资方向,则为一个严重的问题。值得注意的是,由于股利的支付一般来说是不可避免的,所以酒店内部产生的现金流量净额实际上为:经营活动的现金流量净额减去现金股利支出后的余额,通常被称为"内生现金流量"。投资活动的现金流量加上内生现金流量,若为负数即所谓酒店的"财务赤字"。财务赤字要靠外部筹资来弥补,除非上年有大量的库存货币资金,否则,酒店有可能陷入财务困境。

(三)现金流量与利润综合分析。现金流量与利润综合分析主要包括经营活动现金流量与利润关系分析、现金流量表附表水平分析、现金流量表附表主要项目分析和经营活动净现金流量阶段性分析。

第五节 所有者权益变动表分析

一、所有者权益变动表分析的目的

所有者权益变动表分析,是通过所有者权益的来源及变动情况,了解会计期间内影响所有者权益增减变动的具体原因,判断构成所有者权益各个项目变动的合法性与合理性,为报表使用者提供较为真实的所有者权益总额及其变动信息。

所有者权益变动表分析的具体目的如下:

第一,可以清晰体现会计期间构成所有者权益各个项目的变动规模与结构,了解其变动趋势,反映酒店净资产的实力,提供资本保值增值的重要信息。

第二,可以进一步从全面收益角度报告更全面、更有用的财务业绩信息,以满足报表外部和内部使用者进行投资、信贷、监管及其他经济决策的需要。

第三,可以反映会计政策变更的合理性以及会计差错更正的幅度,具体报告会计政策变更和会计差错更正对所有者权益的影响数额。

第四,可以反映股权分置、股东分配政策、再筹资方案等财务政策对所有者权益的影响。

二、所有者权益变动表总体结构

所有者权益变动表是反映酒店在某一特定日期股东权益增减变动情况的报表。所有者权益变动表能全面反映一定时期所有者权益变动的情况,不仅包括所有者权益总量的增减变动,还包括所有者权益增减变动的重要结构性信息,特别是要反映直接计入所有者权益的利得和损失,便于会计信息使用者深入分析酒店股东权益的增减变化情况,并进而对酒店的资本保值增值情况做出正确判断,从而提供对决策有用的信息。

在所有者权益变动表中,酒店应当单独列示下列项目:①净利润;②直接计入所有者权益的利得和损失项目及其总额;③会计政策变更和差错更正的累积影响金额;④所有者投入资本和向所有者分配利润等;⑤提取的盈余公积;⑥实收资本、资本公积、盈余公积、未分配利润的期初和期末数额及调节情况。其中,反映"直接计入所有者权益的利得和损失"的项目即为其他综合收益项目。

所有者权益变动表以矩阵的形式列示：一方面，列示导致所有者权益变动的交易或事项，即所有者权益变动的来源，对一定时期所有者权益的变动情况进行全面反映；另一方面，按照所有者权益各组成部分（即实收资本、资本公积、盈余公积、未分配利润和库存股）列示交易或事项对所有者权益各部分的影响。表 7.4 为所有者权益变动表。

表 7.4 所有者权益变动表

编制酒店：＿＿＿＿年度　　　　　　　　　　　　　　　　　　单位：元

项目	本年利润									上年金额								
	实收资本（或股本）	其他权益工具			资本公积	减：库存股	其他综合收益	专项储备	盈余公积	未分配利润	所有者权益合计	实收资本（或股本）	其他权益工具			资本公积	减：库存股	其他综合收益	专项储备	盈余公积	未分配利润	所有者权益合计
		优先股	永续负债	其他									优先股	永续负债	其他							
一、上年年末余额																						
加：会计政策变更																						
前期差错更正																						
其他																						
二、本年年初余额																						
三、本年增减变动金额（减少以"－"号填列）																						
（一）综合收益总额																						
（二）所有者投入和减少资本																						
1. 所有者投入的普通股																						
2. 其他权益工具持有者投入资本																						
3. 股份支付计入所有者权益的金额																						
4. 其他																						
（三）利润分配																						
1. 提取盈余公积																						
2. 对所有者（或股东）的分配																						
3. 其他																						
（四）所有者权益内部结转																						
1. 资本公积转增资本（或股本）																						
2. 盈余公积转增资本（或股本）																						
3. 盈余公积弥补亏损																						
4. 设定受益计划变动额结转留存收益																						
5. 其他																						
四、本年年末余额																						

三、所有者权益变动表的分析内容

所有者权益变动表的分析，包括如下内容：

（一）所有者权益变动表的规模分析

所有者权益变动表的规模分析，是将所有者权益变动表的整体数据变动与各个项目的数据变动进行对比，揭示酒店当期所有者权益规模与各个组成要素变动的关系，解释酒店净资产的变动原因，从而进行相关分析与决策的过程。

所有者权益变动表的规模分析思路，是通过所有者权益的来源及其变动情况，了解会计期间内影响所有者权益增减变动的具体原因，判断构成所有者权益各个项目变动的合法性与合理性，为报表使用者提供较为真实的所有者权益总额及其变动信息。对于所有者权益变动表所包含的财务状况质量信息，主要应关注："输血性"变化和"盈利性"变化；所有者权益内部项目互相结转的财务效应；酒店股权结构的变化与方向性含义；会计核算因素的影响；酒店股利分配方式所包含的财务状况质量信息；等等。

（二）所有者权益变动表的构成分析

所有者权益变动表的构成分析，是对所有者权益各个子项目变动占所有者权益变动的比重予以计算，并进行分析评价，揭示酒店当期所有者权益各个子项目的比重及其变动情况，解释酒店净资产构成的变动原因，从而进行相关决策的过程。

1. 所有者权益变动表的水平分析

所有者权益变动表的水平分析是将所有者权益各个项目的本期数与基准进行对比（可以是上期数等），揭示酒店当期所有者权益各个项目的水平及其变动情况，解释酒店净资产的变动原因，借以进行相关决策的过程。

2. 所有者权益变动表的垂直分析

所有者权益变动表的垂直分析，是将所有者权益各个项目变动占所有者权益变动总额的比重予以计算，并进行分析评价。

（三）所有者权益变动表的主要项目分析

所有者权益变动表主要项目的分析，是将组成所有者权益的主要项目进行具体剖析对比，分析其变动成因、合理合法性、有无人为操控的迹象等事项的过程。

所有者权益变动表的主要项目，可以从公式7.5具体理解：

$$本期所有者权益变动额 = 净利润 + 其他综合收益税后净额 + 会计政策变更和前期差错更正的累积影响 + 所有者或股东投入资本 - 向所有者或股东分配的利润$$

(7.5)

本章小结

通过本章的学习，学生可了解酒店财务分析的目的、依据、评价方法。本章分别从资产负债表分析、利润表分析、现金流量表分析以及所有者权益变动分析等几个方面展开了介绍，使学生掌握财务分析的目的、财务报表的结构分析以及财务分析的主要内容。

知识测试

一、单选题

1. 以下项目属于经营性资产项目的是（　　）。

A. 货币资金 B. 应收账款
C. 应收票据 D. 其他应收款

2. 正常情况下，在资产负债表上，期末值不应过高的是（   ）。

A. 应收账款 B. 其他应收款
C. 存货 D. 货币资金

3. 从投资或资产的角度对资产负债表进行分析评价时，分析的内容不包括（   ）。

A. 分析总资产规模的变动状况以及各类、各项资产的变动状况，揭示资产变动的主要方面

B. 发现变动幅度较大或对总资产变动影响较大的重点类别和重点项目

C. 要注意分析资产变动的合理性与效率性

D. 注意分析会计估计变更的影响

4. 下列各项中，不属于利润表分项变动情况分析内容的是（   ）。

A. 投资收益 B. 成本费用
C. 资产减值损失 D. 营业利润

5. 下列各项中，属于反映企业所有者最终取得的财务成果的指标的是（   ）。

A. 营业收入 B. 营业利润
C. 利润总额 D. 净利润

6. 下列财务活动中不属于企业筹资活动的是（   ）。

A. 发行债券 B. 分配股利
C. 吸收权益性投资 D. 购建固定资产

二、多选题

1. 资产利用效率提高，形成资金节约，包括的绝对节约是指（   ）。

A. 产值、收入、利润、经营活动现金净流量持平，资产减少

B. 增产、增收、增利或增加经营活动现金净流量的同时，资产增加，且资产增加幅度大于增产、增收、增利或增加经营活动现金净流量的幅度

C. 减产、减收、减利或减少经营活动现金净流量的同时，资产增加

D. 增产、增收、增利或增加经营活动现金净流量的同时，资产减少

2. 进行负债结构分析时必须考虑的因素有（   ）。

A. 负债规模
B. 负债成本
C. 债务偿还期限
D. 财务风险

3. 资本公积有其特定来源，主要包括（   ）。

A. 盈余公积转入 B. 资本溢价
C. 接收捐赠 D. 从税后利润中提取

4. 下列各项中，属于营业成本分析内容的有（   ）。

A. 营业成本构成分析 　　　　　　　B. 全部营业成本完成情况分析
C. 营业外支出分析 　　　　　　　　D. 资产减值损失分析

5. 下列各项中，属于利润表综合分析的内容有（　　）。
A. 收入分析 　　　　　　　　　　　B. 成本费用分析
C. 利润额增减变动分析 　　　　　　D. 利润结构变动分析

6. 现金流量表结构分析包括（　　）。
A. 现金流入结构分析和现金流出结构分析
B. 经营活动现金流量结构分析
C. 投资活动现金流量结构分析
D. 筹资活动现金流量结构分析

7. 酒店对外报表主要包括（　　）。
A. 现金流量表 　　　　　　　　　　B. 利润表
C. 成本费用明细表 　　　　　　　　D. 资产负债表

8. 比较分析法按比较对象不同可分为（　　）。
A. 纵向分析 　　　　　　　　　　　B. 比较结构百分比
C. 横向分析 　　　　　　　　　　　D. 比较财务比率

三、判断题

1. 资产负债表结构分析通常采用水平分析法。（　　）
2. 资产负债表垂直分析是指通过计算资产负债表中各项目占总资产或权益总额的比重，分析评价企业资产结构和权益结构变动的合理程度。（　　）
3. 借助结构变动分析，再结合利润形成过程中相关的影响因素，反映利润额的变动情况，评价企业在利润形成过程中的各方面管理业绩并揭露存在的问题。（　　）
4. 成本总额的增加不一定意味着利润的下降和企业管理水平的下降。（　　）
5. 利息支出将对筹资活动现金流量和投资活动现金流量产生影响。（　　）
6. 经营活动现金流量净额大于零，说明其当期销售商品所获得的收入全部收回现金。（　　）

第八章

酒店会计实务工作中的几个关键问题

学习目标
1. 了解酒店会计工作如何支撑酒店销售业绩的提升。
2. 了解酒店会计工作如何加强供应商关系的管理。
3. 了解酒店会计工作如何促进客户关系的管理。
4. 了解酒店如何进行财务预算管理。

现代酒店会计工作是酒店经营管理的核心,任何一个部门、任何一个人都和会计工作发生着关系,凡涉及酒店资金流向的每一个环节,从采购到加工、到销售、到资金回笼再到采购,都渗透着会计工作。酒店资金的循环过程称作酒店供应链体系,供应链体系是否高效有序运转,决定酒店财务目标能否实现。目前,酒店行业的财务机构的设置一般根据不同的规模、等级和内部管理的需要而制定,没有固定一成不变的模式。酒店财务机构设置决定了财务部的特殊地位,因此,为了更好地理解财务部在整个酒店中发挥的重要作用,需要对会计工作中的几个关键问题进行学习和思考。

第一节 酒店会计工作如何支撑酒店销售业绩的提升

伴随经济全球化的发展,各个行业、领域也在不断发展,酒店业也不例外。酒店行业在发展的同时也面临着激烈的竞争环境。会计工作是酒店的关键工作内容,其会影响酒店行业的发展规模以及经济利益,因此,会计支持角度下提升酒店的销售业绩是非常关键的。

一、会计支持在酒店行业现代化发展中的作用

基于会计支持的角度进行酒店运营管理，是酒店销售逐渐融合财务管理的突出表现。酒店行业的市场竞争形势日益严峻，要减少酒店成本资金的投入，强化提升管理工作的质量与成效，提升酒店的销售业绩，是酒店现代化发展中的关键问题。酒店行业属于独立行使的市场经济体系，其面临着非常激烈的市场竞争环境，为了能够及时强化提升酒店的市场竞争力，要基于会计支持实现提升销售业绩的目标。酒店运营情况和财务管理工作是密切关联的，会计工作在酒店管理工作中是非常关键的组成部分，探析酒店的现代化发展道路，酒店行业的波动性比较大，有季节性、地域性等特征，为了能够强化提升酒店的销售业绩与市场竞争力，要求酒店能够满足客户的个性化需求，要对业务工作进行技术有效的创新。基于会计支持提升酒店销售业绩，就是基于有效的财务预算确保酒店的有序运营，酒店业竞争激烈，强化提升酒店管理工作的落实，提升酒店销售业绩是非常关键的问题。酒店业会计工作的落实可以强化提升酒店管理工作的开展，能强化提升酒店的经济效益。

严格有效的财务管控能够提升酒店销售业绩，财务管控是酒店完成工作目标获得最大经济效益的有效保证，这里会计支持的有效措施包含：注重基础工作的强化落实，制订合理有效的会计工作方案，对财务收支进行平衡。基于对酒店日常财务的有效管控，保证所有凭证都是完整而真实的，提升财务核算工作的质量。组织并落实合理有效的财务方案，减少酒店的成本资金投入，提升经济效益。财务管理工作的有序完成，为决策者提供了充足的理论依据，更能够做出精准、合理的决策。这不但能够确保酒店资金实现合理应用，更能够提升闲置资金的使用成效，提升酒店的销售业绩。财务监管对酒店持续、健康的发展来讲非常关键，其有助于酒店财政资金的正常循环，更能够规避腐败现象的产生，此外，财务监督可合理管控酒店运营情况，强化提升资源使用效率。

二、基于会计支持让酒店实现创新发展

会计支持对酒店现代化发展来讲非常关键，所有事物都是动态变化的，只有推陈出新才是不断发展，酒店行业的发展是为了能够应对激烈的市场竞争。

酒店会计工作的创新发展中广泛推广网络技术的应用，其提升了会计工作的效率。酒店可运用互联网营销，构建属于自己酒店的网站，并且积极进行网络调研，提升酒店的美誉度。酒店财务管理工作者可依据调研结果制定有针对性的营销策略，满足顾客诉求，提升顾客的满意度。人们消费需求的提升，个性化消费已经变成其向往的目标了，基于在线客服的服务工作，满足顾客诉求，在短时间之内获得顾客想要的服务，基于全新的信息交流方式，了解顾客喜好与诉求，进行有针对性的营销。基于会计支持，在互联网中进行促销销售，引导顾客的访问及消费，基于不同时间段的特征，使用不同形式的促销措施，吸引顾客的研究，提升成交量，最终实现提升酒店销售业绩的目标。

三、基于会计支持角度强化提升酒店销售业绩的有效措施

财务部门要重视影响酒店现代化发展的不良因素，不让其影响酒店财务管理的创新

能力，会计工作中，要着重考量财务治理相关问题，积极进行策划与整理，及时完善与修订，简化工作流程、提升工作效益，使财务管理工作推动酒店销售业绩的提升。财务管理工作者与销售工作者的素养方面如果存在问题，即便是其有良好的专业知识、技能，也难以推动酒店销售业绩的提升。重视会计支持在酒店销售业绩提升中的作用，要求注重财务管理工作者与销售工作者的选择，那么在招聘环节中严格把关，提升薪酬待遇，吸引更多具备专业素养与专业才能的工作者参与工作。招聘过程中一定要注意的是，要重视应聘工作者将知识转化为生产力的能力，这有利于其入岗之后的培训工作，其不但要懂得会计知识更要擅于理财，能够把专业知识和酒店销售发展进行有机融合。同时一定要对职工进行有效培训，持续、有效的培训能够提升工作人员的能力，是基于会计支持提升酒店销售业绩的有效措施。要求酒店销售工作者一定要及时进行理念更新，接受全新的事物，引导其对酒店发展趋势进行领悟，把全新的理念与会计工作进行有机融合，应用到具体工作当中。这个过程中，基于知识的传授提升职工的工作创新意识，培养出具备高素养、高能力、创新意识的销售团队，基于多种不同方式激发销售工作者的潜在能力，实现酒店销售业绩的持续增加。酒店销售工作者要积极学习现代化的财务理念、管理知识等，强化业务工作质量，自主积极地参与到工作当中来，提升责任感，继而实现提升酒店销售业绩的目标。提升酒店的生存能力，并且推动酒店的现代化发展，提升酒店经济效益，同时让酒店获得更多社会效益。

因此，经济全球化发展中各个行业领域的竞争日益激烈，酒店行业面临的竞争形势也尤为激烈，基于此，酒店要想提升自身销售业绩，在市场当中占有一定份额，一定要从会计支持的角度进行创新发展，强化提升销售工作者的责任心与上进心，对销售工作进行创新，冲破传统销售模式的束缚，为酒店的现代化发展奠定基础。

第二节　酒店会计工作如何加强供应商关系的管理

一、酒店采购成本管理现状及存在的问题

近年来，我国酒店业蓬勃发展，管理水平不断提升，酒店业的成本管理水平也取得了长足的进步。但在成本控制过程中采购成本控制还存在薄弱环节，控制水平还需要进行必要的改进。不管是倾向内部控制理论还是倾向成本控制理论都没有取得理想的效果，改变采购成本管理的现状已迫在眉睫，需要深入分析酒店业采购成本控制过程中存在哪些深层次的问题，并找出根源所在。

我国经济经过改革开放40余年的飞速发展，在原有机制下已遇到瓶颈期，粗放的经济发展方式已不可持续，必须重新审视思考我们的经济发展之路，原有的侧重满足广大消费者物质数量的生产方式将逐渐被重视物质品质和质量的发展方式所替代。我国酒店业是中国经济发展的一个缩影，高速发展的经济给酒店也带来重要机遇。当西方国家经济受制于欧债危机、金融风暴而普遍低迷的时候，我国的酒店业却方兴未艾，迫使欧洲许多酒店业巨头纷纷将目光投向中国，中国的酒店企业也不失时机地吸收借鉴外国酒

店的国际经验。它们纷纷学习国外酒店的硬件条件、管理模式及经营方式，但一个酒店要想在同行竞争中获得生存空间，必须要摸索一套适合自己的路径，在与同行的竞争中建立自己的核心竞争力。采购成本作为酒店业成本管理的重要环节往往被管理者忽视，酒店管理者在酒店野蛮生长阶段更加重视营业收入的增长，其次是营运成本，对采购成本不是特别关注。但在实际经营中，采购成本对酒店的边际效用比其他经营要素要更大。采购成本控制环节对酒店的经营非常重要。

就一般酒店而言，采购成本占酒店运营成本很大的比例，采购成本是酒店业成本控制的关键环节。采购成本理应成为酒店管理者成本控制的核心内容。然而，在我国酒店业发展的过程中，因为种种原因，对采购成本存在认识不足、组织机构设置不合理、核算模式不明晰、采购实施不科学、企业文化缺失、沟通机制不顺畅、供应商管理不够高效、对采购的监督不到位等问题。

酒店会计核算中，一是采购成本核算模式不科学。我国酒店业对厨房食材、低值易耗品等原料缺少财务过程控制，为方便核算，一般直接计入成本，缺乏对各个部门二级仓库的在线管理，缺乏对物资的明细核算，直接导致了实际在库物资的管理失控，存在大量的浪费现象。整个行业对标准成本的认识不够，导致产品生产过程中缺乏成本耗用标准，盲目地以服务为导向，导致产品成本居高不下。

二是采购环节内部沟通机制不顺畅。酒店采购环节内部沟通的效率决定着采购计划的实施效率，在一般的酒店中，采购人员一方面需要向各层级领导汇报重要物资的采购实施过程，进一步明确一些关键细节，保持纵向沟通顺畅。另一方面，采购人员需要与采购申请部门及时就采购物资的数量、质量、供货周期的相关要求进行进一步的确认，保持良好的横向沟通。我国的很多酒店的纵向和横向沟通机制不够健全，机制运行不够顺畅，造成各自为政的局面，甚至在酒店内部形成了各种利益小团体，内部信息沟通不顺畅，内耗严重，严重偏离了企业正确的经营方向，背离了企业的经营目标。

三是对采购供应商管理还不够高效。酒店业务对于供应商的管理缺乏层次，未能按照重要程度对供应商实行分类管理，对供应商的服务缺乏有效的管理手段，未能与供应商建立良好的合作关系，而只是简单的供货关系，遇到问题一味强调甲方权利，缺少正向激励，没有把供应商纳入企业的战略体系，使双方的合作关系比较脆弱，给酒店的采购实施带来不确定的风险。

二、酒店采购成本管理存在问题的原因分析

上述问题主要是指成本控制方面的问题，对成本控制目标认识不到位，整个财务核算体系对采购成本的核算模式落后，不能适应当前酒店采购成本管理的需要。

（一）对采购成本的管理对象控制能力差

很长一段时期以来我国酒店成本管理不够细致，过度重视账务核算和报表数据，酒店管理者把过多的精力都放在了营销上，而对于酒店成本疏于管理，没有站在企业发展战略的角度去关注采购成本的管理，没有分清采购成本的管理对象，导致采购成本没有得到很好的控制，企业的盈利能力大打折扣。

（二）成本管理参与人员管理意识落后

成本管理参与人员在成本控制过程中，存在普遍的错误认识：认为酒店的采购成本

管理仅仅是财务部门的事，酒店的利润是财务部门算出来的，降低企业的采购成本是酒店管理层应该思考的问题，与普通员工关系不大，广大普通员工不参与采购成本目标的制定，对目标执行、成本监督漠不关心。而且员工普遍认为采购业务非常敏感，管多了会得罪人，只干好自己的事就行，成本意识淡薄，主动参与的积极性不高，这是采购成本控制管理落后的思想根源。

（三）采购成本控制体系不完善

（1）成本控制机构及岗位设置不合理。我国酒店业务管理机构设置层级都比较少，每一层级的管理范围都比较大，对管理者的管理能力都要求非常高。酒店行业部门职责多，岗位兼职现象普遍存在，很多需要独立发挥作用的职能和岗位被简化或者直接忽略，这样的设置不适应实际的管理需要。

（2）管理人员素质低。酒店采购成本控制涉及物资使用部门、仓管部门、采购部门，这些岗位都直接或间接影响采购成本控制，但这些岗位从业人员普遍存在业务素质不高的现象，他们的成本控制手段往往比较原始，没有形成系统的成本控制理念，只凭自己的理解去工作，主动参与采购成本控制的意愿不强。

（3）信息化水平不高。多数酒店未建立专业的信息系统，没有开展采购成本信息收集、分析、研判等方面的工作。即使有简单的信息系统，但许多系统不能为采购成本的控制提供有力的支撑。

（四）成本控制技术落后

在现代社会化分工越来越细的背景下，酒店成本控制必须依靠现代化的管理手段才能完成控制目标。在实际工作中，涉及采购成本控制的部门有采购、仓管、质检、业务、财务等多个部门，任何部门的控制行为都会影响采购成本，单靠一个部门的力量无法完成控制工作，必须综合各部门的力量，借助现代化的成本控制技术，运用成熟的控制方法对采购成本综合治理，才能达到预期的效果。目前酒店成本控制技术主要有预算控制、定额控制法和标准成本控制法等，但在管理实践中，运用程度并不高。

三、酒店采购成本控制改进策略

通过前面的分析不难看出，我国酒店业采购成本控制方面问题很多。概括起来既有内控方面的问题也有成本控制策略方面的问题。酒店要想从根本上管好采购成本，就必须认真查找自身存在的问题并进行有针对性的解决。

（一）建立纵向顺畅、横向贯通的内部信息沟通机制

（1）优化采购部门纵向沟通机制。与采购部门产生纵向联系的主体主要是采购部门的分管领导、酒店的负责人及供应商等，采购部门应主动向各级领导汇报采购实施的进程，尤其是重要物资的采购细节要及时告知相关管理者，以便使后续生产环节更加顺畅。一旦出现偏差，应及时向领导反馈，主动承担责任，想办法补救，将损失降到最小，争取获得领导的谅解。采购部门与供应商的沟通也是采购沟通环节的重要组成部分。与供应商的沟通一定要把双方放到对等的平台上，采购人员尽量不要以一种居高临下的姿态与供应商进行沟通，要充分考虑供应商的合理利益与诉求，充分理解供应商的难处，只有这样供应商才能为企业提供高质量的产品和最优质的服务。对供应商传递的

采购信息一定要及时准确，明确物资数量、质量、供货周期等相关要求，就同一批次物资采购人员要做到货比三家，对市场物资供应状况进行充分的了解，寻找采购物资价格与质量的平衡点，最终确定合适的货源。在采购过程中还应拓展采购形式，充分利用"互联网+"思维，进行在线询价，与线下模式的成本、服务等进行综合比较，最终确定合适的供应商。

（2）优化采购部门横向沟通机制。与采购部门发生横向联系的部门包括提出采购申请的业务部门、管理计划的计划管理部门、对采购物资实施验收入库的仓管部门、对采购物资质量进行监督的质检部门、对采购过程实施监督的监审部门，还有负责提供车辆服务的车队等，这些部门的配合情况很大程度上决定采购计划实施的效果，每个部门都有自己的诉求，必须具有合作精神和团队精神，为前一岗位和后一岗位的工作着想，替别人多考虑，有问题多沟通，有困难多帮助，相互补台而不是相互拆台，才能确保采购实施顺畅进行。酒店管理层应组织建立沟通协调机制，就某一重要接待或者重要的物资的采购进行集中沟通，提高沟通效率，避免推诿扯皮、推卸责任的现象，采购人员应尽职尽责，回报其他部门的信任，将质量好、价格公道的产品采购进来，为优质的服务产品提供良好的物资供应。

（二）引入 ABC 分类法，构建合理的供应商管理体系

ABC 分类法又称帕累托分析法或主次因素分析法、ABC 分析法、ABC 管理法等。该方法由意大利著名经济学家维尔弗雷多·帕累托于 1879 年提出。这一方法是帕累托在研究收入分布时，将收入的多少与人数的多少用曲线形式进行了描述，这就是著名的帕累托曲线。该分析方法的主题思想就是在影响事物发展的众多因素中要分清主次，找出少数关键因素和相对不重要的次要因素，后来，帕累托法不断被拓展到其他管理方面。1963 年，现代管理学之父彼得·德鲁克（P. F. Drucker）将 ABC 分类法引入企业管理方面，成为企业提高管理效率的重要管理方法。ABC 分类法让我们对任何复杂事物都存在主次的规律认识得更加清晰。在实践中，事物的构造越复杂，这一规律就越明显。这一规律体现的恰恰是辩证法的主次矛盾的方法论。在企业的采购管理过程中，关键少数的供应商负责酒店的核心大宗原料的供应，在供应商管理上，要善于抓住关键少数，抓主要矛盾，分出优先级，从供应商的准入，到供应产品的质量、价格、服务都必须进行严格管理，密切关注核心原料的库存，督促供应商提高物流速度，严格控制物流成本，加快存货周转率，减少仓储成本，最大限度地减少采购成本，只有这样才能确保酒店核心服务产品的质量。而对不是很重要的物资供应商只需正常管理，仅在关键时候给予较高的关注。对于零星采购的价值较小的物资对供应商的选择应尽可能地简化控制手续。酒店通过 ABC 分类法，可以对酒店企业的供应商进行更加规范的管理，分清主次，重点管理，提高酒店采购环节对供应商的管理效率。

第三节　酒店会计工作如何促进客户关系的管理

一、酒店应收账款管理是客户关系的关键环节

在现阶段的酒店管理中，酒店财务工作一般由专业人士进行打理，应收账款与酒店营业收入密切相关，因此酒店要重视应收账款工作。应收账款具有一定的特点，且和酒店经济效益的增长具有相关性，部分酒店营销人员难以落实对其风险管理，也就导致酒店应收账款出现坏账现象，导致酒店经营成本增加。对此，酒店要从内部与客户两方面对相关政策进行完善，以保障酒店应收账款管理工作的质量。酒店应收账款工作特点有如下三项：

首先，等价性。酒店应收账款的显著特点为等价性。受货币政策与汇率等影响因素的变化，一般状态下应收账款的实际价值会受到影响，但酒店行业应收账款具有等价性特点，在进行账面收款工作时要保障实际价值与账面数额的等价性。

其次，可回收性。酒店对客户所提供的商品与服务，常规状态下是需要进行回收的。回收主要以货币的方式进行。除此之外，也可根据在赊销商品时，客户的担保财产进行回收处理。对于赊销商品来讲，赊销自身具有一定的风险性，也就要求酒店应收账款必须明确可回收性。

最后，时效性与风险性。在对相关商品进行赊销的过程中，应收账款要对偿还日期与偿还方式等进行明确，以保障按时按需进行还款，减少应收账款的风险。风险性存在于应收账款收回的全过程中，具有法律效应的合同能够减少应收账款风险概率。

二、酒店应收账款存在的问题

一是部分酒店缺乏对应收账款的重视。酒店通过市场营销的方式提高市场占比份额，以提升酒店经济效益的增长。但在此过程中酒店缺乏对营销风险的重视，导致酒店在赊销过程中难以控制风险。酒店应收账款数量不断增长也就导致酒店风险得不到有效控制，对此酒店应提升对应收账款的重视工作。

二是酒店应收账款责任主体不明确。在未明确责任主体的情况下，酒店应收账款得不到重视。部分酒店应收账款工作由财务部人员负责，但财务人员难以对酒店运营情况进行了解，也就导致在部分运营工作的风险评估中，信用评估会出现偏差。这一偏差的出现也在一定程度上造成了酒店坏账问题，责任主体作为酒店合作方，应收账款主体不明确会导致出现账目无法回收的不良现象。

三是应收账款管理制度不清晰。应收账款管理工作的开展要求酒店各部门之间加强沟通与交流，以保障应收账款工作的稳定性。但在现阶段的应收账款管理工作中，各部门工作较为独立，缺乏沟通与联系，也就导致相关工作的开展存在问题。管理制度主要是对工作流程的约束，但在实际的工作过程中制度表现的监管作用不明显，这也就对酒店应收账款造成了影响。

三、酒店应收账款的成本风险成因

（一）缺乏方案意识

酒店运营管理工作人员在进行营销的过程中，缺少风险防范意识，也缺少对合作方的财务状况分析，在此背景下酒店盲目与此类合作方进行赊销合作，极大地增加了酒店应收账款的风险，对酒店发展具有一定的影响。方案意识对整体方案的可实施性负责，但往往酒店营销人才缺乏方案意识，这也就导致营销人员难以考量整体性，酒店应收账款风险由此出现。

（二）核心竞争力有待提升

随着酒店行业的发展，酒店数量大幅增加，这也提升了行业竞争力。为保障在高压之下酒店竞争力的提升，酒店需要不断创新自身特色，提高自身的服务质量，以服务为酒店特色，从而使酒店口碑得以提升。但在具体的工作过程中，部分酒店同时对服务进行优化，会导致酒店发展的同质化，这也就会影响此类酒店的发展，使得酒店市场份额出现萎缩。一旦出现市场份额萎缩的现象，酒店营销人员为提升酒店效益会盲目开展营销工作，也就增加了酒店应收账款的风险。

（三）内控力不足

内控是酒店经营管理工作中的重要措施，在缺少内控力的情况下酒店日常经营管理工作的开展会存在一定的风险。在对酒店合作方进行评估的过程中，需要翔实、精准的数据，一旦此类数据出现偏差，酒店后续工作的开展会存在较大的坏账风险。同时在酒店管理过程中，内控管理的缺少会导致酒店管理工作质量难以提升。

（四）应收账款管理工作质量不高

酒店应收账款管理工作的开展能够对账款进行催收。但在实际的工作过程中，工作人员往往缺少对管理工作的落实，很少就管理内容进行分析，这也就难以发现其中存在的临期账款。长此以往酒店应收账款会大幅增长，流动资金大幅下降，也就使得酒店经营资金出现问题，酒店经营风险随之出现。

（五）缺乏坏账意识

坏账是应收账款中的常见现象，坏账的出现会导致酒店资金的流失。应收账款是酒店营销人员为完成营销指标通过赊账方式进行的销售。赊账存在一定的坏账风险，这主要是由酒店合作方发展情况所导致的。坏账在应收账款中时有发生，此类现象的出现主要是酒店营销人员缺少坏账意识所引起的，对此酒店要及时对营销人员思想与工作理念进行培训，以增强其对坏账的了解与重视，进而减少营销过程中赊销现象的出现，以此减少应收账款的坏账风险。

四、酒店应收账款成本管理的措施

（一）提升酒店应收账款成本管理意识

为有效落实酒店应收账款管理工作，酒店首先要提升酒店应收账款的成本管理意识。从赊销管理方面来讲，酒店在营销过程中要完善赊销管理制度，加强对赊销对象的评估，以降低应收账款风险，减少坏账问题的出现。从应收账款责任主体来讲，酒店要对应收账款责任人进行明确，并对其责任与业务进行明确，以提升其在管理工作中的工作质量，对客户进行细致的管理以保障酒店资金运转的灵活性。从应收账款管理制度来讲，酒店要对应收账款的管理制度进行明确，以加强酒店各部门之间的沟通与联系，保障相关工作开展的有效性。其次，应收账款制度的明确能够有利于有效制定完善的收款管理与计划，对应收账款管理具有促进作用。

酒店管理人员作为应收账款成本管理的主要负责人，酒店领导应加强对此类管理人员的培训，通过专业培训提升管理人员对应收账款的重视，进而使其加强对应收账款成本的管理。为强化管理人员职责，酒店领导可将应收账款成本管理与管理人员薪资体系挂钩，以落实酒店应收账款成本管理意识的提升。

（二）优化客户信用评价机制

作为构成酒店账款的主体，酒店要对客户的信用进行评价，单一的信用评价机制无法全方位地对客户进行评价，对此酒店要优化客户信用评价机制。对客户信用评价机制的优化可通过大数据等形式对客户信息进行统计，以对客户信用水平与债务偿还能力进行分析，以确保酒店对客户信用评价机制的完善。在对客户进行全方位的了解之后，酒店要按照客户信用机制进行等级划分，对等级较差的客户进行解除合作关系，以优化客户资源。对客户信用信息进行评价是降低应收账款的有效方式之一，对提升酒店应收账款成本管理具有积极作用。

为保障酒店对客户信用的有效评价，酒店可对合作客户进行系统化监管。酒店可在内部系统中增设客户信用评价机制板块，将合作过的客户输入系统中，系统自行根据酒店网络数据对其进行排序，进而帮助酒店更加直白地对客户信用进行了解。为保障信用评价板块的质量，酒店可指定工作人员对客户信息进行及时更新，以确保信息的有效性与时效性。

（三）加强对应收账款的全过程管理

应收账款风险的形成与账款形成的全过程具有密切关系，对此酒店管理人员要对应收账款的全过程进行管理。首先，按照上文内容对客户资源进行优化，以保障合作客户信用等级的稳定性，确保其账务偿还能力。其次，在进行赊销商品的过程中，加大对项目风险的评估，对账款的额度与还款时间等进行敲定，以减少应收账款问题的出现。全过程管理能够对应收账款进行科学的管理，能够及时地发现其中存在的问题，减少风险发生概率，基于此，酒店要加强对应收账款的全过程管理。

为保障应收账款的科学管理，酒店可组织管理小组负责应收账款管理工作，通过具体的工作模式与有效的工作制度，加强对应收账款的全过程管理，进而降低问题发生概率，有效提升应收账款管理质量。

（四）构建完善应收账款管理系统

完善的应收账款管理系统能够实现账款管理的平台化、智能化管理。在现阶段酒店应收管理工作中，部分酒店应收账款数额较大，仅凭工作人员难以对应收账款相关信息进行精准化处理，这也就要求酒店要构建应收账款管理平台。在系统平台中能够实现对应收账款全过程管理，管理人员可根据系统提示展开应收账款管理工作，以保障应收账款管理工作的科学性与流程化。在平台管理背景下，系统能够根据项目风险、还款时限、市场环境等因素对客户进行排序管理，这也就能极大地减少应收账款风险问题的出现。

应收账款是酒店财务资金的重要组成部分，为保障酒店在行业中的竞争力，酒店要重视应收账款管理。应收账款风险主要是坏账所导致，造成此类现象的因素具有多样性，其根本因素是酒店营销工作的赊销现象，对此为减少应收账款风险，在应收账款管理中，酒店管理人员要采取科学的制度与措施，对应收账款管理风险进行规避，以实现对酒店应收账款成本的有效控制。

第四节　酒店如何加强财务预算管理

目前，国内星级酒店市场虽然发展迅速，但盈利水平并不乐观，据统计，大部分酒店的主要问题在于预算管理无法科学指导工作，且不能有效激励。改进原则是：一是将战略目标细化到各期；二是科学量化预算的制定过程；三是将各个部门由单纯的收入中心或者成本中心转化为利润中心；四是对各部门可控的部门利润预算完成进行考核，并充分考虑到各方的博弈。具体方法如下：

一、建立酒店信息系统

建立酒店的信息系统主要是为了保障预算的精确性与及时性。这里的信息系统不仅是指酒店生产管理系统或财务系统，还包括了酒店各类标准物料消耗、各项标准成本以及产能利用情况。但是建立信息系统须有两个前提，一是完善酒店的内部控制，二是各部门完成全面质量管理体系。全面质量管理体系如 ISO 体系或标准作业程序 SOP（standard operating procedure）等，从质量目标为出发点，结合各岗位职责、作业指导书、制度和规范，并以量化的标准和质量记录作为考核依据。在完善的内部控制和全面质量管理体系上，才能够获取科学合理的标准成本数据，从而建立酒店的信息系统。酒店的信息系统最主要就是标准成本的建立，建立包含诸如餐饮菜肴标准成本，标准单间客房耗用成本，人员定岗定额、客房标准水电消耗成本及各项固定费用标准成本等。各项标准不再是根据经验简单估计，而是找到成本的驱动因素，以保证预算制定的精确性。通过这些模型的构建，酒店就等于构筑起了一个收入成本和资源变动的模型，对预算的精确性和及时性奠定了坚实的基础。

二、制定酒店总体战略并分解到各期

我们通过酒店的内部分析、外部分析和竞争分析等，形成战略方案。将酒店的战略方案量化为预算，并分解到各期，形成各年的销售预算、生产预算、采购预算、固定资产预算、人工成本预算等各项业务预算，并在此基础上形成预算资产负债表、预算损益表和预算现金流量表等。其中，酒店的销售收入预算是所有预算制定的基础，酒店的销售预算是最重要的环节。酒店的销售预算制定的依据收益管理法（revenue management），收益管理出现于 20 世纪 90 年代的美国，即通过科学的市场分析预测，把适当的产品，以适当的价格在适当的时间卖给适当的客源的过程。酒店收益管理对酒

店的收入预测和增长具有非常重要的意义,但是限于篇幅,此处不再赘述。

三、推行全员预算绩效管理

这个环节的关键是在进行绩效考核的同时又要注意避免"鞭打快牛"和"预算余宽",预算目标应作为最重要的指标来反映各人员的绩效,但是不能将预算目标作为唯一的指标。在酒店预算管理过程中,通过内部转移定价,将各部门转化为利润中心来考核预算完成情况,也即将酒店整体利润压力分解给各部门,对于酒店各部门的预算绩效考核,主要体现在如下方面:

(一) 销售部门

单纯考核销售部的收入完成情况会导致销售部的工作与酒店利润脱节,营销人员可以用销售收入减去对应的预算标准成本,转为利润中心,这个过程亦可视为生产部门售卖产品给营销部,营销部再对外销售,对其差额予以提成奖励,具体为:销售部门绩效奖励=(客房销售收入+餐饮销售收入-相对应的预算标准成本-营销部发生的各项工资和其他费用)×绩效奖惩比例+平衡计分卡奖罚。平衡计分卡奖罚指的是该部门在财务、顾客满意度、内部运营和学习成长这四个维度进行考核得分奖罚。

(二) 生产部门(客房部和餐饮部)

对于酒店的客房部和餐饮部,同样把其由成本中心转为利润中心,即部门预算标准成本再减去实际可控成本进行考核:生产部门绩效奖励=(部门预算标准成本-部门实际成本)×绩效奖惩比例+平衡计分卡奖罚。

(三) 采购部门(采购部或财务部)

采购部门的考核也可以通过采购标准价格与实际价格的差额转为利润中心考核。采购部门绩效奖励=(∑实际采购的原料数量×年度分月预算对应品种的标准单价-实际采购成本-采购发生的各种相关费用)×绩效奖惩比例+其他平衡计分卡奖罚

(四) 其他后勤部门

其他后勤部门主要是工程维修部和车队,也由成本中心改造为利润中心核算。以上各部门的成本需以增加内部转移定价为基础,并结合平衡计分卡指标进行考核。固定成本需划分成本控制归口管理部门,进行专项定额预算控制。

四、预算分析

在预算的分析中,要广泛采用价差、量差和结构差的分析,以及酒店特有财务指标分析(入住率、均价、每房收益、餐饮成本率等),还采用价值链分析和零基预算分析,计算各项业务(如房务部、餐饮部等)的盈亏平衡分析。总之要找出偏离预算计划的根本原因并及时反馈和纠偏。注意与各项计划的衔接:财务预算要衔接每期的销售计划、促销政策、服务创新计划、资金计划、采购计划等,将其结合为统一的整体,即不但要知道预算的"果",还要了解导致预算的"因"(各项计划),这样才能够对实际的生产和管理起到指导作用。预算分析的最终目标是酒店模型化,合理配置资源,力求将控制关口前移,以达到管理上的有效纠偏。

知识测试

一、判断题

1. 酒店应该进一步简化信用评价机制,为客户提供方便,才能争取更多的客户,从而增加酒店的收入。（ ）
2. ABC 分类法可用于构建合理的供应商管理体系。（ ）
3. 导致坏账的根本原因是财务部应收管理人员没有做好账款催收工作,与其他部门无关。（ ）
4. 应收账款风险的形成与账款形成的全过程具有密切关系,对此酒店管理人员要对应收账款的全过程进行管理。（ ）
5. 预算目标应作为最重要的指标来反映各人员的绩效。（ ）

二、论述题

1. 结合五星级酒店采购管理现状,论述酒店采购成本管理存在的问题并分析其原因。
2. 试论述财务预算管理在酒店经营中的重要性。

参考文献

[1] 梁显治，尹志安. 酒店会计：国际酒店业统一会计制度精解［M］. 北京：经济科学出版社，2007.

[2] 蔡凤乔. 酒店会计：基础、案例、实操［M］. 北京：人民邮电出版社，2016.

[3] 李文玲. 酒店会计实操从入门到精通［M］. 北京：中国铁道出版社，2013.

[4] 刘敏祥，于刚. 旅游酒店财务会计［M］. 大连：东北财经大学出版社，1995.

[5] 马桂顺. 酒店财务管理［M］. 北京：清华大学出版社，2005.

[6] 陈梅桂. 酒店财务管理操作大全［M］. 2版. 北京：人民邮电出版社，2015.

[7] 谷慧敏. 世界著名饭店集团管理精要［M］. 沈阳：辽宁科学技术出版社，2001.

[8] 徐虹. 旅游饭店财务管理．［M］. 3版. 天津：南开大学出版社，2001.

[9] 李亚利，郭郢. 饭店财务会计（高等院校旅游专业系列教材）［M］. 天津：南开大学出版社，2007.

[10] 平准. 酒店会计核算与纳税实务［M］. 北京：人民邮电出版社，2014.

[11] 赵涛. 酒店经营管理［M］. 北京：北京工业大学出版社，2006.

[12] 龚音笙. 餐饮成本控制（酒店餐饮经营管理服务系列教材）［M］. 北京：旅游教育出版社，2014.

[13] 左桂谔. 酒店财务管理［M］. 北京：北京大学出版社，2012.

[14] 陈斯雯，雷雯雯. 新编现代酒店财务管理与成本控制实务大全［M］. 北京：中国时代经济出版社，2013.

[15] 李志宏. 酒店财务管理［M］. 北京：北京理工大学出版社，2019.